国际法与涉外法治文库

上海高水平高校（学科）建设项目资助
上海高水平地方高校创新团队"中国特色社会主义涉外法治体系研究"项目

《巴塞尔协议》体系中的 比例原则研究

The Principle of Proportionality in Basel Accords System

曲光毅—— 著

上海人民出版社

目录
CONTENTS

前　言

　　巴塞尔委员会是银行业国际监管框架中监管标准和监管规则的制订者，《巴塞尔协议》及其附属文件是当前国际银行监管法的核心国际协议。《巴塞尔协议》中的资本充足率监管规则以提升银行资本的数量和质量为手段来实现提高银行稳定性和恢复能力的目的。自颁布以来，经历了数十年和4个版本的演进，《巴塞尔协议》中的资本充足率监管规则呈现统一化和严厉化的趋势。究其原因，2008年全球金融危机和欧洲主权债务危机使全球各国银行监管机关就加强银行监管和维护金融稳定达成了共识，这一共识促进了各国在国际银行监管规则制订方面达成一致。《巴塞尔协议》是国际软法，其法律约束力较低。为提升其有效性，巴塞尔委员会通过国际货币基金组织和世界银行的财政资助等制度推动了各国将《巴塞尔协议》转化为国内法，从而在保证《巴塞尔协议》制订和修改有灵活性的同时，使其强制力不断提升。随着《巴塞尔协议》适用的机构和地域范围越来越广泛，其执行机制逐渐呈现了"一刀切"的特点。"一刀切"的执行方法作为手段能够有助于实现巴塞尔委员会提升金融稳定的目的。但对于小型银行而言，复杂且严厉的监管标准和监管规则提升了合规成本，降低了利润，从而影响市场竞争力；同时，小型银行的主要服务对象——中小企业也面临着融资渠道减少、融资成本上升的困境。长此以往，包括银行业在内的整体经济发展都会受到不利影响。

巴塞尔委员会在意识到这一问题后，在《有效银行监管的核心原则》的数个原则中引入了"合比例性"的法概念，以期解决"一刀切"带来的负面影响。有学者认为《有效银行监管的核心原则》中"合比例性"的表述意味着《巴塞尔协议》中引入了经典公法原则——比例原则，但并未给出详细的论证。本书认为"合比例性"（Proportionality）和"比例原则"（The Principle of Proportionality）无论在中文还是英文文义下都无法直接对等，加之巴塞尔委员会和《巴塞尔协议》的跨学科属性更扩大了直接将"合比例性"推定为"比例原则"的理论鸿沟。从内涵上看，"合比例性"是一种法概念，比例原则是由目的正当性原则、适当性原则、必要性原则和狭义比例原则共同构成的一套具体的法原则。

因此，本书在理论层面的核心研究问题是：是否可以将《巴塞尔协议》中的"合比例性"法概念解释为比例原则？为解决这一问题，本书将应用法教义学方法。《巴塞尔协议》中的"合比例性"是为了避免不成比例的监管手段而造成的负面影响，比例原则可以通过四阶层的操作方法保证公权力行使的合法性和合理性。此外，比例原则还出现了地域和法律部门的拓展。因此，从结构、功能和拓展的角度解释，本书认为可以将《巴塞尔协议》中的"合比例性"法概念解释为比例原则。

比例原则在理论层面进入《巴塞尔协议》后，如何应用就成为实践层面的首要问题。尽管"合比例性"的法概念源远流长，但比例原则作为法原则定型并成熟应用是在第二次世界大战（简称二战）后的德国，随后比例原则拓展到欧洲人权法和欧盟法。比例原则作为欧盟法的基本原则之一，可以约束包括立法、行政、司法在内的所有公权力行为。欧盟银行监管机关在执行《巴塞尔协议》的过程中，采取了更为严格的"一刀切"手段，所有银行在相同的监管机制下都必须符合相同的监管规则，这同样对欧洲小型银行带来了负面影响。因此，在欧盟银行监管框架改革的过程中，比例原则有着各类应用方法，包括根据银行规模设定监管标准、豁免小型银行部分监管要求及司法审查监管机关措施等。

　　中国国际银行监管法的研究不可忽视中国问题和中国立场，加之中国银行监管机关是巴塞尔委员会的成员，中国是《巴塞尔协议》的坚定支持者。据此，本书提出了中国银行监管机关是否可以在执行《巴塞尔协议》过程中应用比例原则？如果可以，则如何应用？为解决这一问题，本书采用功能主义比较法的研究方法，鉴别出中国在执行《巴塞尔协议》过程中也存在"强监管"的理念和"一刀切"的方法，同时也对小型银行造成了不利影响，面临与欧洲类似的问题，虽属不同法系。本书建议可以将比例原则应用于中国银行监管，在立法上重构银行规模的定义，在行政上应用四阶层的比例原则，并探索中国在司法中应用比例原则解决银行监管争议的路径。

　　限于笔者能力，书中难免舛误，敬请读者批评指正。

导　论

一、研究背景

2007—2008 金融危机（Financial Crisis of 2007—2008）也称全球金融危机（Global Financial Crisis，GFC），促使国际社会对既有的银行业国际监管框架和监管标准进行了深入的反思和改革。参与银行业国际监管框架的各国政府意识到：爆发于一国的金融危机之所以可以迅速影响全球，很大程度上是由于各国政府对跨国金融活动及大型跨国银行监管不到位，使得大批"大而不倒"的银行客观上裹挟了监管机关。[①]因此，在各国政府的协商下催生了一大批新的银行业国际监管机构、机制以及标准，以解决跨国银行的"大而不倒"[②]问题。[③]银行业国际监管框架以巴塞尔委员会和《巴塞尔协议》为核心，对《巴塞尔协议》新兴监管规则和标准的研究也成了国际银行监管法中发展较快的领域。但随着全球金融危机的逐渐平息和各国经济的复苏，仿佛银行业国际监管框架变得不那么重要。事实上，

---

① See Gary H. Stern and Paul A. Volcker：*Too Big to Fail：The Hazards of Bank Bailouts*，Brookings Institution Press，2009，pp.1—8.

② 大而不倒（Too Big To Fail）是指政府在金融危机发生后，动用国家资源紧急救助具有系统重要性的大型银行，从而避免系统性风险的爆发，保证金融业稳定，但政府行为动用了纳税人资源，导致了公平问题。该理论是在 1984 年美国处理伊利诺伊大陆银行流动性危机时确立的。

③ 贾玉革：《金融机构"大而不倒"中的道德风险及其防范》，《中央财经大学学报》2009 年第 8 期。

在这一轮《巴塞尔协议》的发展与执行过程中仍存在很多问题。从监管机关的角度看，应对全球金融危机所产生的更为严格的监管手段可以提升银行的透明度，更好地保护金融消费者以及稳定整个金融系统，但全球金融危机带来的不安全感使得监管机关对所有银行采取了"一刀切"（One-Size-Fits-All Approach）的执行方法，即所有银行的运营都必须遵守相同的监管规范。例如，所有银行都必须采取统一的资本充足率规则；发达国家和发展中国家适用同样的监管标准。①银行业国际监管框架不同于国内法体系，它是一个以软法为主导、强制力较低、需要国内法配合的法律体系。由于全球金融危机和欧洲主权债务危机的影响，各国监管机关都以"强监管"为指导理念来维护金融稳定，加之国际货币基金组织和世界银行将其财政资助体系与《巴塞尔协议》的执行挂钩，《巴塞尔协议》俨然已从国际软法转变为硬法。

"一刀切"的执行方法和强制力的提升对所有银行都有影响。银行不得不对大量的监管规范进行新一轮的合规以回应监管机关的要求，这就必然给银行带来不断提升的运营成本。大型银行有着充足的资本和专业的合规人才，在完成新一轮合规的过程中，新增的成本一般不会对盈利产生实质性的影响。但小型银行并没有这些优势，当合规成本上升时，小型银行的经营很可能陷入窘境，甚至破产。银行业是任何一个国家乃至世界经济发展的重要一环，当小型银行无法在银行业市场中充分竞争甚至逐渐退出时，对于中小企业和普通金融消费者而言，他们的融资渠道受限，生活便利程度降低，同时大型银行可能会形成垄断，并且提升整个社会的融资成本，②监管机关可能很难避免需要重蹈应对全球金融危机中"大而不倒"银行的覆辙。显然，处理"大而不倒"的银行不能造成小型银行无法生存的问题，这就需要监管机关在执行国际监管规范过程中有一定的平衡性。由于银行监管有着明显的公法性质，在以巴塞尔委员会和《巴塞尔协议》为

---

① 霍华德·戴维斯：《国际金融监管标准不应"一刀切"》，《中国金融家》2004 年第 9 期。
② 王弟海：《银行垄断、利率管制与民企融资难》，《浙江社会科学》2011 年第 12 期。

核心的银行业国际监管框架发展过程中，规则制订者有意在《有效银行监管的核心原则》中借鉴了公法相关的法概念——"合比例性"（Proportionality），并将这一用词表述在文件中。有学者认为，《有效银行监管的核心原则》中的"合比例性"表明巴塞尔委员会在其文件中承认了比例原则（The Principle of Proportionality）。以巴塞尔委员会和《巴塞尔协议》为核心的银行业国际监管框架涉及法学、金融学、经济学、国际政治和国际关系多个学科。从跨学科的角度看，"合比例性"在不同学科背景下有不同的内涵和外延。因此，直接将"合比例性"推定为比例原则的观点无论在中文还是英文文义上都无法自圆其说。那么，这是否意味着比例原则就无法应用于以巴塞尔委员会和《巴塞尔协议》为核心的银行业国际监管框架？基于上述背景，本书对相关文献进行综述。

二、中文文献综述

（一）《巴塞尔协议》与"合比例性"研究现状

中国学者自 20 世纪 90 年代前后开始对巴塞尔银行监管委员会（简称巴塞尔委员会）及《巴塞尔资本充足协议》（简称《巴塞尔协议》）进行初步介绍，这也是中国学者研究《巴塞尔协议》的起点；随着中国经济社会发展、对外开放程度不断提升以及不断融入银行业国际监管框架，中国学者更为深入地对《巴塞尔协议》中诸如风险监管评估与预警系统等具体制度展开了研究，成果数量在持续上升；全球金融危机的发生使诸多学者聚焦于这一领域，中国学者在《巴塞尔协议》领域的成果数量也在这一时期达到了顶峰。全球金融危机虽然给全球经济带来了巨大的负面影响，但并未造成毁灭性的后果，巴塞尔委员会为因应全球金融危机，于 2010 年 9 月制订《巴塞尔协议Ⅲ》，中国学者对《巴塞尔协议》的研究也从宏观角度逐渐走向更为具体的监管规范，视角也从域外转向更为关注新的监管规范在中国的执行实践。因此，中国学者对《巴塞尔协议》的研究现状，本书将从全球金融危机爆发前和后全球金融危机时代两个不同的时间维度进行梳理。

1. 全球金融危机爆发前

20 世纪 90 年代前后，有些学者首次系统性地开始引介巴塞尔委员会和《巴塞尔协议》及其附属监管规范性文件。成立于 1974 年的巴塞尔委员会旨在为银行业国际监管提供监管能力、准入条件、资本充足率及国际银行监管合作的最低标准；[1]作为银行业国际监管基石的《巴塞尔协议》在 1988 年 7 月首次被正式提出，其主要内容包括：第一，银行资本分为核心资本和附属资本，其范围不同；第二，对于不同类别的资产进行风险加权计算；第三，执行标准化比率；第四，规定了一个 5 年的过渡期。[2]1997 年 9 月 1 日正式生效的《有效银行监管的核心原则》（简称《核心原则》）是巴塞尔委员会发布的银行业国际监管领域中另一份重要的规范性文件，其目的是指导监管机关建立有效的监管方式和风险控制机制。其首个版本中的 25 条基本原则涉及市场化原则、补充性原则、适度监管原则和动态调整原则等，这些原则使银行业国际监管框架的标准在深度和广度上有了更进一步的拓展。[3]有学者认为《巴塞尔协议》的核心是监督权力分配给母国和东道国政府，从而将《巴塞尔协议》的适用范围扩大至缔约国外。[4]也有学者认为，《巴塞尔协议》是为了通过市场风险测定和资本金范围的详细规定实现银行资本与银行经营风险的均衡，但《巴塞尔协议》并没有给出各国的具体操作方式。[5]有学者认为，尽管《巴塞尔协议》不是严格意义上的

① 唐新宇：《影响国际银行业的重要建议——巴塞尔委员会建议》，《国际金融研究》1988 年第 4 期；林志远：《巴塞尔国际银行监管委员会简介》，《中国外汇管理》1996 年第 1 期。
② 颜建国：《国际银行监管的基石——介绍〈巴塞尔协议〉》，《广州市财贸管理干部学院学报》1997 年第 1 期。
③ 贺培：《评析〈银行业有效监管核心原则〉对跨国银行业监管的指导意义》，《国际金融研究》1997 年第 11 期；巴曙松、曹海珍：《国际经济金融环境的变化与国际银行业有效监管方式的调整——评巴塞尔委员会"有效银行监管的核心原则"》，《学术界》1997 年第 6 期；于爱华、阎青鹏、吕松：《〈银行业有效监管核心原则〉及对我国银行业的借鉴》，《云南金融》1998 年第 5 期；李仁真：《论巴塞尔协议的原则架构和性质》，《国际经济法论丛》1999 年第 2 期；巴曙松：《巴塞尔委员会的基本监管原则的形成及其发展新趋势》，《投资研究》2001 年第 1 期。
④ 江曙霞：《〈巴塞尔协议〉的精神》，《中国金融》1994 年第 7 期。
⑤ 张斌：《〈巴塞尔资本充足协议〉的补充协议及其对我国银行业的影响》，《农村金融研究》1996 年第 9 期。

国际法，但可以定性为拘束性建议和软法，①其对国际银行资格做了明确的定义，这样有利于厘清银行业国际监管规范法律关系的主体，也有利于银行业国际监管的有的放矢。②这些文献不仅是开创性的介绍，中国学者也总结出了未来银行业国际监管将以风险控制为核心，向合作化、全面化及统一化监管发展的新趋势。③

此后，直至全球金融危机爆发，《巴塞尔协议》及其附属规范性文件都是中国学者主要的研究对象。1999 年起，巴塞尔委员会开始对《巴塞尔协议》的修订版本征求意见，中国学者在同一时间对修订版和具体制度进行了研究。修订版关注的风险类型变多，从信用风险拓展到信用风险、市场风险、操作风险和道德风险并重，并基于风险类型的增多，对资本充足率的计算，银行内部管理的要求及相关评级机构的监管做出了相应的修订。④同时，也有学者认为，修订版因产生了足够的国家实践和法律确信，使《巴塞尔协议》取得了习惯国际经济法的法律特性。⑤在这一阶段，许多学者已不再进行介绍性的研究，开始对以《巴塞尔协议》为核心的银行业国际监管框架提出问题及解决方案。有学者从银行业国际监管合作模式出发，认为东道国和母国的联合监管责任会造成监管资源的浪费和最后贷款人的缺位，这使得当前合作模式无法发挥最大的风险控制效果，东道国和母国应当在当前合作模式下增加双边监管协议以解决这一问题。⑥作为重要附属文件的《核心原则》也在 2006 年进行了修订，从独立性、问责制和透

---

① 吕晓莉：《论巴塞尔协议的性质》，《法学杂志》1998 年第 6 期。
② 杨松：《〈巴塞尔协议〉在国际金融领域的法律影响》，《辽宁大学学报（哲学社会科学版）》1994 年第 3 期。
③ 岳以芝：《论国际银行监管新趋势》，《南开经济研究》1996 年第 5 期；熊良俊：《国际银行业监管趋势与启示》，《世界经济》1997 年第 6 期；唐双宁：《21 世纪国际银行监管新趋势及其对我国的启示》，《金融研究》2001 年第 1 期。
④ 陈国进、沈炳熙：《自我责任、市场纪律与国际银行监管制度改革——新巴塞尔协议草案初探》，《中国金融》2001 年第 12 期。
⑤ 巴曙松：《金融风险监管框架发展中的巴塞尔新资本协议》，《国际经济评论》2003 年第 2 期。
⑥ 周仲飞：《巴塞尔国际银行监管合作模式的缺陷及完善》，《法学评论》2003 年第 1 期。

明度三个方面完善了银行监管制度,而本次修改也将使中国银行监管的规范更有弹性,并最终构建以监管机关和银行为基础、以全面风险管理为核心的银行监管法律体系。①由于中国银行监管机关——银监会(现为国家金融监督管理总局),开始将《巴塞尔协议》的相关规则转化为国内法,中国学者也开始研究《巴塞尔协议》的各项规则和变化对中国银行监管的影响。《巴塞尔协议》对中国银行监管规则的影响是全面的,中国的《商业银行法》《人民银行法》及行政法规和部门规章的订立和修改都受到其主要规则的影响,例如,《商业银行资本充足率管理办法》将《巴塞尔协议》中的资本充足率规则结合中国商业银行的具体情况规定了中国的资本充足率规则;但这一制度对不同商业银行的风险权重处理上较为单一,"一刀切"的监管方式无法适用不同银行的风险状况,不利于银行业的发展。②这一时期,以《巴塞尔协议》为核心的银行业国际监管框架形成了资本充足率、持续监管和市场纪律三大支柱,继续指引着中国银行监管的完善和发展。③全球金融危机的爆发同样对中国银行监管造成了冲击,中国学者也开始反思银行业国际监管框架的缺陷。有学者总结全球金融危机爆发的主要原因是:美国的商业银行没有遵守《巴塞尔协议》中所规定的资本充足率、风险监管规则及市场纪律,给我们的启示是应当加大银行业国际监管框架的执行。④但学者们并没有考虑到加强对银行业国际监管规范的执行可能会影响以银行业为核心的金融业发展,也即尽管实现了金融稳定,但牺牲了银行的发展。

2. 后全球金融危机时代

后全球金融危机时代在时间概念上是指 2008 年次贷危机在美国爆发后

---

① 王刚:《国际银行监管理念的最新演进——基于有效银行监管核心原则修订的分析》,《国际金融研究》2007 年第 1 期。

② 巴曙松、刘清涛、牛播坤:《向成熟国际银行标准靠拢——中国资本充足监管框架的形成及发展》,《国际贸易》2004 年第 12 期。

③ 张皑梅:《从国际银行监管三大支柱谈我国银行业监管的趋势》,《西南金融》2008 年第 5 期。

④ 向雅萍:《次贷危机下对〈新巴塞尔资本协议〉的反思》,《2008 全国博士生学术论坛(国际法)论文集——国际经济法、国际环境法分册,武汉大学国际法研究所会议论文集》。

逐渐蔓延至全球的一段时间。后全球金融危机时代，银行业国际监管在规则制订和执行层面上不断加强，其标志是银行业国际监管规范的地位提升。①后全球金融危机时代中国学者主要的研究对象是《巴塞尔协议Ⅲ》，视角上中国学者也由域外转为域外与国内相结合。学者研究不再单纯地引介国外监管制度或改革方向，而是结合新的银行业国际监管规范，提出诸如"立法""修法"等概括性的措施，在中国银行业具体领域结合实际情况落实《巴塞尔协议Ⅲ》的具体执行标准。②《巴塞尔协议Ⅲ》是针对全球金融危机出台的最具影响力的银行业国际监管规范之一，也被视为开启后全球金融危机时代的标志。③相较于前两版《巴塞尔协议》，《巴塞尔协议Ⅲ》集中填补了对系统性金融风险监管不足的漏洞，④强化了资本充足率的要求，并新增了关于流动性与杠杆率的规范，通过设定资本充足率、压力测试以及流动性风险等风险测量因素克服银行体系中对信贷和其他信用资产的风险衡量和监管不足。⑤中国银行监管机关在 2009 年成为巴塞尔委员会成员前就已开始逐步推进《巴塞尔协议》的执行者，在评估了《巴塞尔协议Ⅰ》及《巴塞尔协议Ⅱ》后，⑥有学者提出《巴塞尔协议Ⅲ》在中国的执行应统筹《巴塞尔协议Ⅱ》且逐步推进，而非一步到位。⑦而后，中国银行监管机关结合中国实际情况确定了资本充足率、杠杆率、贷款损失准

---

① 余文建、黎桂林：《后危机时代的金融监管》，《中国金融》2009 年第 17 期。

② 在《巴塞尔协议Ⅲ》出台后，相继有章彰：《巴塞尔新资本协议：监管要求与实施中的问题》，中国金融出版社 2011 年版；巴曙松、朱元倩等：《巴塞尔资本协议Ⅲ研究》，中国金融出版社 2011 年版；包勇恩：《巴塞尔Ⅲ规制资本法律制度研究》，中国政法大学出版社 2013 年版；肖祖斑：《巴塞尔资本协议与商业银行全面风险管理》，中国人民大学出版社 2014 年版；巴曙松、金玲玲等：《巴塞尔资本协议Ⅲ的实施》，中国人民大学出版社 2014 年版；等等专著出版。

③ 马煜婷：《巴塞尔协议Ⅲ：跨入"后危机时代"的国际金融监管新时代?》，《经济》2010 年第 11 期。

④ 陈颖：《系统性金融风险的国际监管路径初探——兼论〈新巴塞尔协议〉防范系统性风险的漏洞与弥补》，《福建师范大学学报（哲学社会科学版）》2010 年第 3 期。

⑤ 巴曙松、邢毓静、朱元倩等：《金融危机中的巴塞尔新资本协议》，中国金融出版社 2010 年版，第 3—10 页。

⑥ 刘啸：《〈巴塞尔协议Ⅲ〉在中国的实施》，《社科纵横（新理论版）》2013 年第 2 期。

⑦ 王建强：《统筹巴塞尔Ⅱ和Ⅲ实施，全面推进风险管理转型升级》，《银行家论坛》2011 年第 5 期。

备、流动性风险评估四项落实《巴塞尔协议Ⅲ》的监管工具，而这些监管工具无疑增加了银行的合规成本，挤压了其原本的利润空间，从而造成了银行业一定的萧条，其中小型银行比大型银行受创更为严重。①以《巴塞尔协议Ⅲ》颁布为背景，有学者分析了后金融危机时代银行业国际监管框架理念由微观审慎到宏观审慎、由效率到安全、由金融创新到金融稳定的变革，这些理念变化影响着未来的银行业国际监管框架和各国金融监管制度改革。②可以看出，无论是在监管手段上还是监管价值上，银行业国际监管的理念都从金融发展转向"强监管"，但对于"强监管"监管理念并未有反思。

与此同时，对于银行业国际监管框架中新兴的机构和组织的研究也开始兴起，其中二十国集团（G20）和金融稳定理事会的重要性不言而喻。有学者认为这两个机构在银行业国际监管框架改革中扮演了主导者和推动者的角色。首先，在规则层面，它们积极呼应《巴塞尔协议Ⅲ》，着重制订了系统重要性金融机构的监管规则并在规则上倾斜金融消费者的保护，从声誉成本的角度加强了《巴塞尔协议》的执行；③其次，在组织上，它们对原有的布雷顿森林体系所构建的全球金融监管体系进行了改革，将国际经济组织和国际监管标准制订机构均纳入组织当中，确保可以最大程度地协调银行业国际监管框架，从组织上加强银行业国际监管规范的执行；在监管机制方面，它们引入了以身作则和同行审查，从而改变了原有各自为战的监管模式。当然，中国学者同样注意到银行业国际监管框架规范的软法性质仍制约着规范的实际效果。④对于G20的改革方向，中国学者认为G20应发挥其对其他国际组织的影响，尽量降低政治因素对其内部消耗，

---

① 蔡正旺：《中国版巴塞尔协议Ⅲ对我国上市银行的影响》，《金融与经济》2011年第8期。
② 宿营：《后危机时代国际金融监管理念的变革》，武汉大学2011年法学博士论文，第11—20页。
③ 韩永红：《国际法何以得到遵守——国外研究述评与中国视角反思》，《环球法律评论》2014年第4期。
④ 廖凡：《国际金融监管的新发展：以G20和FSB为视角》，《武大国际法评论》2012年第1期。

从而在采取集体行动过程中更加有效，同时要考虑到其他非 G20 国家的利益和意见，以提升 G20 的合法性。[①]

后全球金融危机时代，中国学者同样没有放弃对银行业国际监管框架改革的关注，但是学者们的视角大多已经从单纯地引介转向了对中国的启示和借鉴意义。有学者认为，当前银行业国际监管框架可以划分为自由放任、适度约束和严格管控三种监管模式，这三种模式在不同国家都有实践，其分别对应了宽松监管、平衡监管和强监管的理念。纵观三种监管模式可以看出，发达的信息系统和出色的数据分析能力是监管成功的关键。据此，中国在进行银行监管体制改革的过程中，选择何种模式并不是主要矛盾，建立完善的数据信息系统并根据数据分析建立风险预测和处置模型至关重要。[②]也有学者认为欧盟的一体化市场和一体化监管趋势对我们有借鉴意义，可以作为改革样板，因为欧盟的改革不仅重视区域内的合作，也对双边和多变监管合作有实际操作。[③]当然，后全球金融危机时代银行业国际监管框架的改革也并非易事。有学者指出，改革需要合作，而当前的银行业国际监管框架合作缺乏正式的国际机构，这就导致银行业国际监管框架规范的效力始终处于软法的状态。要解决这一问题单凭银行业国际监管框架规范和学界的推动，效果甚微，要从国际公法的角度批判主权理论与当今全球经济社会发展的不匹配，[④]争取建立一个正式的政府间的国际组织。[⑤]但这些文献并未考虑到银行业国际监管框架中组织的非正式性和规范的弹性是因为全球经济形势瞬息万变，巴塞尔委员会需要一定的灵活性来调整《巴塞尔协议》的适用范围和监管标准，而一个正式的政府间国际组织可能会降低巴塞尔委员会和《巴塞尔协议》在银行业国际监管中的积极

---

① 何帆：《G20 向何处去》，《国际经济评论》2010 年第 4 期。

② 李诗洋：《国际金融监管模式比较及启示》，《国际融资》2010 年第 6 期。

③ 张敏、薛彦平：《国际金融危机下的欧盟金融监管体制改革》，《国际问题研究》2010 年第 5 期。

④ 黎四奇：《后危机时代金融监管国际合作法治化的难点及对策分析》，《法学评论（双月刊）》2010 年第 4 期。

⑤ 李健男：《论后金融危机时代金融监管国际合作的组织机制——全球金融集体安全机制构建思考之一》，《现代法学》2010 年第 4 期。

作用。

3."合比例性"研究现状

中国学者对"合比例性"并未有单独的研究，诸多相关研究均与各部门法相结合且与比例原则杂标。例如，有学者认为，"合比例性"是一种数学关系，在刑事诉讼法中即为比例原则，侦查监督作为刑事诉讼法的程序之一，应将"合比例性"规定为侦查监督的标准。[1]同为刑事诉讼领域，有学者认为，虽然我国2012年《刑事诉讼法》并未将比例原则作为基本原则纳入法典，但"合比例性"作为一种精神已充分体现在刑事案件划分和刑事程序当中。[2]在刑事实体法领域，有学者认为，应当构建积极刑法观的"合比例性"控制机制，并将其贯彻刑事立法和司法过程中，同时认为比例原则不是刑法内生的基本原则，因此将"合比例性"当作一种论证工具更有利于控制积极的刑法观。[3]也有学者将"合比例性"与民事法律相结合。例如，有学者认为，"民事诉讼比例性实际上是比例原则在民事诉讼领域中的具体适用"[4]，也即认为比例原则的应用即为"合比例性"。与其有相似观点的学者更为具体地应用了比例原则对金山安全公司与周鸿祎名誉权纠纷判决进行了"合比例性"分析。[5]还有学者认为"合比例性"的分析框架有适合性、必要性、狭义的合比例性三个步骤，这一分析框架可以用来确认网络服务提供者的妨害人责任。[6]在国际公法领域，有学者认为国际人道法"合比例性"即为比例性原则。[7]

---

① 姚莉、陈虎：《论侦查监督中的合比例性审查》，《人民检察》2006年第21期。
② 秦策：《比例原则在刑事诉讼法中的功能定位——兼评2012年〈刑事诉讼法〉的比例性特色》，《金陵法律评论》2015年第2期。
③ 白婧：《积极刑法观中的审慎向度及其实现——合比例性控制机制的确立与展开》，《北京化工大学学报（社会科学版）》2022年第1期。
④ 邵明：《论民事诉讼的比例性》，《贵州民族大学学报（哲学社会科学版）》2016年第5期。
⑤ 陈燕：《从比例原则看微博言论自由与名誉权的平衡——"微博第一案"两审判决的合比例性分析"》，《网络法律评论》2013年第1期。
⑥ 余佳楠：《网络服务提供者的妨害人责任 以合比例性为中心》，《中外法学》2021年第6期。
⑦ 章成、崔森：《战时比例性原则的适用法律问题研究》，《河北工业大学学报（社会科学版）》2013年第4期。

综上，中国学者在对"合比例性"进行研究时尚存遗憾：首先，学者们研究"合比例性"结合了包括刑事法、国际公法、民事法和行政法在内的诸多部门法，但尚未由学者将其与国际经济法中的问题相结合，也未有学者关注《巴塞尔协议》中"合比例性"；其次，有些学者明确指出"合比例性"仅是一种精神或论证工具，而非该部门法中的基本原则，其应用也仅限于精神和论证工具层面，不涉及比例原则，因此回避了"合比例性"向比例原则转换的问题；部分学者虽能已意识到"合比例性"和比例原则的区别，但未能详细论证二者的转换路径；部分学者将"合比例性"与比例原则在同语境下混合使用。

4.《巴塞尔协议》与"合比例性"文献综述小结

《巴塞尔协议》于 20 世纪 90 年代前后被中国学者关注，在全球金融危机爆发前，中国学者关于《巴塞尔协议》的研究主要在于引介及构建银行业国际监管框架的理论基础。2008 年全球金融危机爆发之初，这一领域的偏向于从宏观角度总结全球金融危机产生的原因以及引介域外因应全球金融危机的经验，它们的结论及建议虽给出了改革方向，但可操作性不强，很多具体细节还需要进一步研究。在后金融危机时代，加强金融监管，发挥监管机关的主导作用已成为学者们的共识，虽然在实践中还存在很多问题，且研究进展缓慢，但以《巴塞尔协议Ⅲ》为基础，以各类国际组织和论坛为框架的结构已有充分的发展。

在后全球金融危机时代，由于各国对全球金融危机所带来的损失仍有忌惮，"强监管"的理念盛行同样影响到学术界。学者们大多考虑如何监管重要性银行以及防止系统性风险，[①]一定程度上忽视了小型银行面对强监管所承受的压力。近些年，随着金融危机的负面影响不断减弱以及中国

---

① 阳建勋：《大而不倒、利益冲突与权义平衡——系统重要性金融机构监管制度的法理构造》，《现代法学》2014 年第 3 期；李爱君：《系统重要性金融机构的特殊风险法律防范》，《中国政法大学学报》2015 年第 1 期；章彰、杨瑾、沈鸿：《系统重要性银行国际监管改革进展及启示》，《金融监管研究》2015 年第 11 期；冯超：《宏观审慎管理视角下我国银行系统性风险监管研究》，湖南大学 2016 年博士论文，第 63—65 页。

《巴塞尔协议》体系中的比例原则研究

"一带一路"倡议和上海建成国际金融中心的国家战略安排，①中国学者开始根据当前国际政治经济环境以及中国的战略需求研究银行业国际监管框架。有学者认为，以发达国家为主导的银行业国际监管框架虽以各版《巴塞尔协议》为基础，但各版《巴塞尔协议》的签订都是大国博弈的结果，发达国家在各版协议中均最大限度地扩大自己的利益，防止本国银行利益受损，在此基础上尽量缩减其他国家银行监管套利的空间，以巴塞尔委员会和《巴塞尔协议》为核心的银行业国际监管框架亟须改革。②作为"一带一路"倡议的提出者，中国应该依托与"一带一路"沿线国的经济合作，展开国际间的银行监管合作，包括构建人民币结算体系、新型国际信用体系以及投融资平台，③从而提升银行业国际监管框架的效率，同时尊重各自的利益和差异性，形成有效的监管机制。④不难看出，中国学者对原有银行业国际监管框架的固有弊端已经有了一定的认识，并希望尽快依托中国所具有的战略和经济优势构建更加公平、高效的监管体制。但是，也有学者提出银行业国际监管框架当前仍以软法为主导有其客观原因，包括金融领域的复杂性、国际金融争端解决机制的缺失以及主权国家的阻碍，加之软法的灵活性较高，因而有一定的优势。⑤因此，在短期内，中国应当在现有包括 G20 和金融稳定理事会为基础的框架内，在硬化国际金融软法的过程中掌握更多的话语权；在远景目标上，应当致力于构建一个全球性的、政府间的、有约束力的银行业国际监管框架机构；⑥最终以"一带一路"倡议所构建的亚洲基础设施投资银行为基础，形成一个以新兴国家为主导的且利益平衡的银行业国际监管框架。⑦

---

① 解冬：《良法彰显国际金融中心"法治软实力"》，《上海人大月刊》2020 年第 5 期。
② 王达：《美国主导下的现行国际金融监管框架：演进、缺陷与重构》，《国际金融研究》2013 年第 10 期。
③ 郭周明、田云华、王凌峰：《"逆全球化下"建设国际金融新体制的中国方案——基于"一带一路"研究视角》，《国际金融研究》2020 年第 1 期。
④ 刘艳平、赵达：《"一带一路"倡议下金融监管国际合作制度探析》，《知与行》2020 年第 4 期。
⑤ 廖凡：《论软法在全球金融治理中的地位和作用》，《厦门大学学报（哲学社会科学版）》2016 年第 2 期。
⑥ 廖凡：《跨境金融监管合作：现状、问题和法制出路》，《政治与法律》2018 年第 12 期。
⑦ 廖凡：《全球金融治理的合法性困局及其应对》，《法学研究》2020 年第 5 期。

当今，国际政治经济力量对比瞬息万变，银行业国际监管框架中远期的目标可能需要随着中国的发展有所调整，因此将重点放在短期目标，着重研究银行业国际监管软法硬化过程中的问题尤为重要。在这一过程中，有学者提出以金融稳定理事会为基础，从监管义务、监管强度、监管权力范围以及执行机制四个维度加强金融稳定理事会的作用。[①]但也有学者翻译介绍了国外学者对《巴塞尔协议》的研究文献，认为《巴塞尔协议》实际上已经是一个非常缺乏灵活性和适应性的硬法的存在，[②]因此通过考量《巴塞尔协议》对监管跨境协作、监管套利以及系统重要性金融机构的影响，可以得出《巴塞尔协议》过度僵化不仅不能控制金融风险，反而会对金融稳定起反作用的结论，同时也提出在执行《巴塞尔协议》的过程中应该考虑银行的多样性以及银行间的竞争关系。[③]但这些文献仅就执行提出了方向，并未给出具体的理念、规范和操作方式。

（二）比例原则应用研究现状

比例原则自进入中国学界直到被应用经历了"术语"、"框架"和"发散"三个阶段。在第一阶段，学者引入了"比例原则"这一术语并对其基本内涵和历史发展做了介绍；随着研究的不断深入，比例原则在中国形成了一套完整的理论体系和理论框架，不断被应用于以行政法为代表的公法领域；由于比例原则具有阶层化、可操作性强等优势，不同部门法的学者都意识到了其价值，因此，不断将比例原则引介至不同的部门法进行应用，展开了更为深入的研究。

1. 术语阶段

奥托·迈耶于 1895 年在《德国行政法》一书中提出的比例原则，认为比例原则系"行政权力对公民的侵权必须符合目的性，采行最小侵害以及

---

① 顾宾：《硬化国际金融法的探索——金融稳定理事会（FSB）的视角》，《武大国际法评论》2016 年第 1 期。

② 罗伯塔·罗曼诺著：《寻求金融机构国际监管的多样性：对巴塞尔结构的批评与再校准（上）》，陶永祺、沈伟译，《财经法学》2016 年第 1 期。

③ 罗伯塔·罗曼诺著：《寻求金融机构国际监管的多样性：对巴塞尔结构的批评与再校准（下）》，陶永祺、沈伟译，《财经法学》2016 年第 2 期。

追求公益应有凌越私益的优越性"。①大陆学者对比例原则研究始于1990年，首次将"比例原则"引入。但与传统介绍不同的是，该文并没有从比例原则的源头展开，而是对比美国行政法中合理性原则、平衡原则、最不激烈手段原则与比例原则异同，让中国行政法学界了解了"比例原则"这一术语。②然而，这一术语起初并没有引起中国学者的重视，近10年间，仅有零星的学术成果在研究其他行政法问题时提及比例原则，大多数成果仅将比例原则作为结论中的一个建议，没有深入研究比例原则的内涵和外延，少数成果将比例原则作为行政法制度构建的一个基础原则进行论述。③此外，有学者认为非强制行政行为可以比例原则作为理论依据；④有学者认为比例原则中的适度性思维可以作为设定法律责任的原则，因为其简洁和易推行的特点具有优势；⑤也有学者认为比例原则是行政自由裁量权使用的一个实体规则。⑥

2. 框架阶段

如果说20世纪90年代中国学界对比例原则研究还停留在"术语阶段"，那么从2000年开始，研究进入了"框架阶段"，不仅学术成果的数量开始逐年攀升，而且出现了多篇详细梳理比例原则的基础、含义、历史以及在中国的应用方式的论文，为中国行政法中的比例原则应用构建了一个基本的框架。

有学者开始从比例原则源头的德国⑦和欧盟介绍比例原则的内涵及应

① 奥托·迈耶：《德国行政法》，商务印书馆2013年版，第41—57页。
② 佚名：《行政法中的比例原则》，《中国法学》1990年第1期。
③ 马怀德：《我国行政强制执行制度及立法构想》，《国家行政学院学报》2000年第2期；戚建刚：《试论行政强制执行的法律性质、瑕疵表现与救济途径》，《中央政法管理干部学院学报》2000年第4期；袁曙宏、赵永伟：《西方国家依法行政比较研究——兼论对我国依法行政的启示》，《中国法学》2000年第5期。
④ 崔卓兰：《试论非强制行政行为》，《吉林大学社会科学学报》1998年第5期。
⑤ 叶传星：《论设定法律责任的一般原则》，《法律科学·西北政法学院学报》1999年第2期。
⑥ 司久贵、杨田：《略论行政自由裁量权的行使规则》，《河南社会科学》1999年第6期。
⑦ 袁曙宏、赵永伟：《西方国家依法行政比较研究——兼论对我国依法行政的启示》，《中国法学》2000年第5期。

用方式，比例原则包括合宪性原则、有效性原则、必要性原则、狭义比例原则且可以使用在立法、行政和司法的各个方面。在借鉴比例原则的过程中要注重当地法治思维的变化，而非单纯地植入；①有的学者从传统比例原则发展的历史切入，分析了包括法国、德国、西班牙、葡萄牙等国关于比例原则的应用方式，并提出了传统比例原则可能已经不适用现代行政法的判断，比例原则要想继续应用，必须在内涵和外延上有所拓展。②这也开启了学者们关于比例原则适用范围的讨论，成为后来学者们将比例原则应用于不同部门法的基础。还有学者认为比例原则是由适当性原则、必要性原则和狭义比例原则三个相互影响和作用的子原则组成的，③而对中国而言，在立法、行政和司法中使用比例原则既可以防止"恶法"出现，也可以控制自由裁量权。④就具体应用方式而言，有学者认为，中国应用比例原则应该经历理论建设和实践两个阶段，在理论建设阶段应该解决好比例原则这一新原则和中国行政法体系中原有的法治原则及合理性原则的关系，避免产生体系上的矛盾，并且认为法治原则是中国行政法更高层级的原则，与比例原则的引入不会产生矛盾；同时，中国合理性原则实际应用过程中产生了一系列有违公平正义的案件，应当用比例原则替代现有的合理性原则。在实践阶段，虽然中国当时并没有明确规定比例原则，但在《行政处罚法》《行政诉讼法》的相关条文中无不透露着比例原则的思想，但短期内比例原则应该不会在立法实践上取得基本原则的地位，因此比例原则在中国的适用应该从行政和司法实践中进行，包括在行政处罚和行政强制中引入比例原则，在司法裁判中以比例原则作为衡量标准。⑤

---

　　①　范剑虹：《欧盟与德国的比例原则——内涵、渊源、适用与在中国的借鉴》，《浙江大学学报（人文社会科学版）》2000 年第 5 期。

　　②　黄学贤：《行政法中的比例原则简论》，《苏州大学学报》2001 年第 1 期；黄学贤：《行政法中的比例原则研究》，《法律科学·西北政法学院学报》2001 年第 1 期。

　　③　李燕：《论比例原则》，《行政法学研究》2001 年第 2 期。

　　④　杨临宏：《行政法中的比例原则研究》，《法制与社会发展》2001 年第 6 期。

　　⑤　喻文光：《论行政法上的比例原则》，中国政法大学 2001 年硕士论文，第 37—56 页。

3. 发散阶段

此后，中国学界对于比例原则的研究开始"生根发芽"，进入了"发散阶段"。所谓"发散"，可以体现在以下两个方面：首先，比例原则开始被应用于行政法领域中的方方面面。例如，在行政诉讼领域，有法官从具体案例出发，开始讨论比例原则在行政诉讼当中的应用基础和标准，以限制自由裁量权为基础，以比例原则的基本框架为标准成为早期法官的观点；①同时，也有学者认为比例原则应用于中国行政诉讼有利于维护法官权威，限制法官自由裁量权以及提升行政法规则的可操作性，但在中国行政法并未明确规定比例原则的情况下，法官应当注意维护公平正义的需要，而非机械地套用比例原则。②此类研究在行政处罚、行政强制、行政程序以及行政处分等领域皆有体现。③其次，比例原则突破行政法领域，发散至其他部门法。比例原则作为控制公权力自由裁量的工具，最先被同样具有较强公权力色彩的经济法和刑事诉讼法学者所注意。例如，有学者认为征税行为是国家权力的象征，与公民的财产权等基本权利息息相关，比例原则作为行政法领域的"皇冠原则"，应当用于分析征税行为是否符合必要性、适当性及合比例性的标准。④同理，有学者将侦查权定义为一种国家强制权，为了与刑事实体法中的罪刑相适应原则相呼应，侦查权的行使同样应当遵循比例原则。⑤晚近，对于比例原则的研究已经不局限于具有公权力色彩的部门法，其研究已遍布包括民法在内的多个

---

① 张坤世：《比例原则及其在行政诉讼中的适用——由一个具体案例引发的思考》，《行政法学研究》2002 年第 2 期。

② 李荣珍、尹霞：《试论比例原则及其在我国行政诉讼中的适用》，《海南大学学报（人文社会科学版）》2004 年第 2 期。

③ 例如余湘青：《论比例原则与公安行政强制措施的适用》，《吉林公安高等专科学校学报》2004 年第 3 期；尹晓敏：《高校处分权的行使与比例原则的适用》，《高教探索》2005 年第 3 期；单锋：《行政程序法基本原则的比较与借鉴》，《南京大学法律评论》2002 年第 1 期；胡平、王彦：《行政比例原则在海关行政执法中的现实命运——以海关行政处罚的设定和实施为视角》，《上海海关高等专科学校学报》2006 年第 4 期。

④ 施正文：《论税法的比例原则》，《涉外税务》2004 年第 2 期。

⑤ 赵杨：《论侦查比例原则的构建》，《福建公安高等专科学校学报》2004 年第 3 期。

私法领域。①

　　在国际法领域，比例原则最先被引入国际贸易法和国际投资法中。有学者就这一问题发表了一系列学术成果。有学者在《论WTO法中的比例原则》中主要从四个部分论述比例原则与WTO法的问题。在第一部分，作者从不同法系国家的角度介绍了起同样作用但操作模式和名称存在差异的比例原则，同时详述了国际法和欧共体法中哪些方面涉及比例原则，这其中有理论和实证的双重研究。在第二部分，作者涉及本书的核心问题——WTO法中的比例原则：作者梳理和介绍了几乎所有WTO法规中的比例原则的适用问题，基本模式是"法律文本规定"和"法实践分析"，从理论和实践两个角度证明比例原则在WTO法中的适用性；在第三部分，作者论述为什么比例原则要应用于WTO法中，其中最重要的原因是比例原则应用于WTO法能够产生积极的作用，同时还以WTO法规中的报复机制为例说明如何起到积极作用；在第四部分，作者以上述观点为支撑，说明比例原则在WTO法中的基本原则地位，以及展望了未来WTO法中应用比例原则的前景。当然，比例原则也是有应用障碍的，作者也提及了这一点。②还有学者认为由于WTO争端解决机构裁决的案件都是针对成员

---

　　① 对于比例原则的研究，在刑事实体法领域有：张明楷：《法益保护与比例原则》，《中国社会科学》2017年第7期；陈伟、李晓：《积极主义刑事立法的理性限制：比例原则的植入》，《河北法学》2020年第12期；蓝学友：《规制抽象危险犯的新路径：双层法益与比例原则的融合》，《法学研究》2019年第6期；田宏杰：《比例原则在刑法中的功能、定位与适用范围》，《中国人民大学学报》2019年第4期；于改之、吕小红：《比例原则的刑法适用及其展开》，《现代法学》2018年第4期；陈璇：《正当防卫与比例原则——刑法条文合宪性解释的尝试》，《环球法律评论》2016年第6期等。

　　在民商法领域有：郑晓剑：《比例原则在民法上的适用及展开》，《中国法学》2016年第2期；张兰兰：《私法比例原则之普遍性：以德国法为观察重点》，《民商法论丛》2020年第1期；诺伯特·赖希、金晶：《欧盟民法的比例原则》，《财经法学》2016年第3期；房绍坤、张泽嵩：《比例原则视域下无效法律行为转换司法适用之判断》，《社会科学战线》2020年第12期；杨梅瑰：《论比例原则在人身保险合同现金价值强制执行中的适用》，《法学杂志》2020年第9期等。

　　在知识产权法领域有：胡琛罡：《比例原则在注册商标权利边界认定中的适用》，《中华商标》2020年第5期；金玉：《以比例原则指导著作权集体管理制度的立法完善》，《江汉大学学报（社会科学版）》2020年第3期；姜广瑞：《比例原则在商标侵权判定中的适用》，《人民司法》2020年第5期等。

　　② 韩秀丽：《论WTO法中的比例原则》，厦门大学出版社2007年版，第10—200页。

方政府的涉外经济立法或行政措施的，因此比例原则有其发挥作用的空间。在现行 WTO 法体系中，包括《建立世界贸易组织马拉喀什协定》《技术性贸易壁垒协定》《保障措施协定》在内的各个条约都有比例原则的身影，但这并不意味着比例原则已经是国际贸易法体系的基本原则，仍然需要成员国的共同推动。①欧盟作为世界贸易体系的重要一环，也是比例原则的发源地，欧盟首先将比例原则应用于反倾销领域处理具体案件，这值得世界贸易法体系借鉴。②此外，比例原则进入 WTO 法有其必要性：第一，以欧盟为代表的成员国对比例原则的呼吁需要被尊重；第二，国际贸易法体系中有包括贸易自由化、基本权利及商业利益等各种复杂的利益需要平衡；第三，未来国际贸易法体系还会有新的规范出台，这些规范需要比例原则的衡量。③该学者同样介绍了将比例原则应用于国际投资法的案件，认为国际投资争端解决中心受理的 *Tecmed v. Mexico* 案裁决中第 122 段明确援引了欧洲人权法院的判例法，应用比例原则作为该案的裁决理由之一，是国际投资法开创性的一个案例。通过分析比例原则与国际投资法中的非歧视原则及公平公正待遇原则的关系，该学者认为非歧视原则希望达到的目的与比例原则是相同的，而公平公正待遇原则可以包含比例原则，三个原则并无冲突。此外，国际投资仲裁中心在随后的 *CMS v. Argentina* 和 *LG&E v. Argentina* 等案中均援引了 *Tecmed v. Mexico* 一案裁决中的第 122 段，表明比例原则在国际投资仲裁领域中的上升趋势。④此后，还有学者就比例原则应用于国际投资仲裁进行了详述，认为比例原则之所以应用于国际投资仲裁，是由于比例原则具有国际法基本原则的地位，且比例原则与国际投资仲裁中其他原则并无抵触。⑤也有学者认为比例原则应用于国

① 韩秀丽：《寻找 WTO 法中的比例原则》，《现代法学》2005 年第 4 期。
② 韩秀丽：《欧洲法院在反倾销案件中对比例原则的适用》，《欧洲研究》2005 年第 6 期。
③ 韩秀丽：《比例原则进入 WTO 法的必要性分析》，《中共福建省委党校学报》2005 年第 8 期。
④ 韩秀丽：《论比例原则在有关征收的国际投资仲裁中的开创性适用》，《甘肃政法学院学报》2008 年第 6 期。
⑤ 张庆麟、余海鸥：《论比例原则在国际投资仲裁中的适用》，《时代法学》2015 年第 4 期。

际投资仲裁的焦点在于间接征收案件，由于间接征收案件中的公共利益条款范围较大，语义不确定性较强，因此引用比例原则衡量并解释公共利益条款可以避免公共利益条款不受制约地适用。①还有学者就涉及环境的国际投资仲裁中的比例原则应用展开讨论，在总结国际投资仲裁中心诸多涉及环境的案件后发现由于环境问题没有统一的衡量标准，这些裁决大多回避了环境在投资仲裁中的影响，使环境利益始终无法作为一个主要的衡量因素体现在裁决中。该学者认为解决这一问题的路径就是引入比例原则分析对环境措施进行解释，以及对环境利益进行衡量。②也有学者从中国对外资的国家安全审查层面分析比例原则的应用，认为中国对外资的国家安全审查属于行政权的范围，对相对人的权利和义务都有影响，而且国家安全的模糊性给予审查机关较大的自由裁量权，这与比例原则应用的逻辑相同，在对外资进行国家安全审查时应当遵循比例原则的阶层化审查。③

　　除了国际贸易法和国际投资法，中国学者对比例原则应用于国际公法和国际私法也有研究。有学者选择了国际体育仲裁院长期适用比例原则进行裁决作为视角，分析了国际体育仲裁院在裁决先验性规制措施和纪律处罚措施相关争议中应用比例原则的经验，指出尽管与国际体育仲裁相关的条约已经明确了比例原则的适用，但由于比例原则个案衡量的特点，将产生公平问题，因此仍需进一步探讨比例原则应用的标准和方式。④还有学者关注到比例原则在国际卫生法领域的进展，介绍了比例原则在《国际卫生条例（2005）》中的应用，包括公共卫生事件的应对、国际关注的突发公共卫生事件临时建议和相关的国家能力。⑤在传统的国际公法领域，有学者介绍了作为欧洲基本权利保护方法的比例原则，认为比例原则之所以能够

---

　　①　买木提明·热西提、沈伟：《间接征收语境下公共利益的多重维度及比例原则的解释路径》，《中南大学学报（社会科学版）》2020 年第 4 期。
　　②　银红武：《涉环境国际投资仲裁案中比例原则的适用》，《广州大学学报（社会科学版）》2018 年第 9 期。
　　③　黄洁琼：《论比例原则在外资国家安全审查中适用》，《河北法学》2020 年第 10 期。
　　④　张鹏：《国际体育仲裁中比例原则适用研究》，《武汉体育学院学报》2019 年第 1 期。
　　⑤　邱文毅、钱进、张家祝、吴海磊：《比例原则及其在〈国际卫生条例（2005）〉》，《中华卫生杀虫药械》2014 年第 5 期。

在欧洲被广泛接受，其中的一体化因素不可忽略，而英国作为普通法系国家，对比例原则进行改造后加以应用也是比例原则能够通行的原因。①也有学者依托国际人道法的最新发展，分析当下比例原则的应用，认为当前国际人道法面临着外太空、网络以及致命性自主武器系统的威胁，但纵观比例原则在国际人道法领域的发展，在每次面临新的挑战时，比例原则都能够发展出新的理论来应对这些变化，由此可以说明比例原则是国际人道法的集中体现。因此，在应对此次三大威胁，比例原则仍应是中心原则。②在国际私法领域，有学者认为比例原则之所以可以应用，首要原因是它是一项世界性的法原则，而在跨国承认执行这一领域，惩罚性赔偿判决如果要适用比例原则需要脱离公共政策，被作为独立的承认执行条件。③在国际海洋法中，有学者针对海上执法为何要遵循比例原则撰写了《海上执法比例原则研究》一书，回答了在紧追、登临检查逮捕和武力使用等具体海上执法中如何适用比例原则，在海上执法中使用武力时应遵循何种标准等问题；依据国际法特别是国际海洋法，参考国际司法案例以及不同国家或地区执法规范展开分析，对海上执法中适用比例原则进行了系统与客观的研究。④

4. 比例原则应用文献综述小结

中国学者对比例原则应用的研究经历了术语介绍、框架构建和发散三个阶段，但在诸多学者开始应用比例原则研究不同部门法的问题时，往往忽略了一些重要问题，即：在这个领域是否可以应用比例原则？如果可以，为什么？如何应用？忽略这些问题而直接应用比例原则会产生理论论证的缺陷，使得应用比例原则理论基础不足，并导致实践意义不足。此外，还有一些与公法相关的领域，当前学者并未涉及。例如，银行监管通

---

① 安德烈亚斯·冯·阿尔诺、刘权：《欧洲基本权利保护的理论与方法——以比例原则为例》，《比较法研究》2014年第1期。

② 刘蔡宽：《新的战争形态下国际人道法适用研究——以比例原则为中心》，《湖南科技大学学报（社会科学版）》2020年第6期。

③ 刘阳：《比例原则在惩罚性赔偿判决跨国承认执行领域的适用》，《苏州大学学报（法学版）》2020年第1期。

④ 徐鹏：《海上执法比例原则研究》，上海交通大学出版社2015年版，第369—380页。

常是一个公法行为，但尚未有学者讨论比例原则应用于银行监管；同理，也尚无学者讨论比例原则应用于银行业国际监管的问题。因此，本书研究比例原则与银行监管，乃至银行业国际监管的相关问题即由此而来。

（三）中国银行业监管研究现状

1. 理论移植阶段

对于中国银行业监管的研究开始于改革开放初期。在这一时期，随着我国经济和社会与国际接轨，学者首先开始介绍外国关于银行监管的理论和实践。这一阶段的显著特征是以理论移植和国别研究为主流。

以中国视角研究巴塞尔员会和《巴塞尔协议》始终贯穿于这一阶段。有学者介绍巴塞尔委员会的组织和运作方式，[①]巴塞尔委员会在银行业监管中的主要工作和产生背景，[②]说明《巴塞尔协议》是各国关于银行业监管责任分配的协议，在银行业监管中起着举足轻重的作用。以中国为视角，有学者分析了《巴塞尔协议》对亚太地区银行业将会产生不利影响，[③]但在巴塞尔委员会和《巴塞尔协议》的起步阶段其组织形式和监管技术仍需完善。[④]对于《巴塞尔协议》的首次修订，中国学者也做了相应的介绍。有学者认为《巴塞尔协议》修订的核心是监督权力分配给母国和东道国政府，从而将《巴塞尔协议》的适用范围扩大至缔约国外。[⑤]顺应这次修订，该学者认为中国商业银行应当进行股份制和分配制度改革并增加资本以提升风险应对能力。[⑥]在《巴塞尔协议》执行后，中国银行业可以依据其资本充足率要求进行监管，尤其是在中央层面，可以制订符合《巴塞尔协议》要求

---

① 林志远：《巴塞尔国际银行监管委员会简介》，《中国外汇管理》1996 年第 1 期。
② 唐新宇：《影响国际银行业的重要建议——巴塞尔委员会建议》，《国际金融研究》1988 年第 4 期。
③ 任映国：《巴塞尔协议对西方及亚太地区银行业的影响》，《金融与经济》1992 年第 10 期。
④ 姜波克、吕秋凉：《银行监督当局国际协作的发展与巴塞尔委员会》，《世界经济》1984 年第 3 期。
⑤ 江曙霞：《〈巴塞尔协议〉的精神》，《中国金融》1994 年第 7 期。
⑥ 张斌：《〈巴塞尔资本充足协议〉的补充协议及其对我国银行业的影响》，《农村金融研究》1996 年第 9 期。

的监管框架和资本充足率标准,①这有助于中国银行业的国际化,同时促进中国经济发展。②

就区域研究而言,中国学者所研究的国家和地区范围较广。香港回归前,其作为与中国内地联系最密切的国际金融中心,香港银行监管制度最先被内地学者关注。有学者以香港银行业监管行政长官更替为契机,介绍了新任长官将以民众对金融监管制度的信心为方向进行改革,并且修订流动资产比率;③有学者介绍了香港社会资金主要来源于存款、股票、证券以及票据,同时资金流向主要是政府运作和民间流通,在这样的背景下,港府通过决策机构、监管机关、咨询组织和同业组织对香港的银行业进行监管,其中覆盖了香港的绝大多数具有银行性质的机构;④也有学者从制度层面介绍了香港的银行监管,香港银行监管以防范性规定和保护性规定为基础构建了监管架构,防范性规定的目的是防范银行承担过度的金融风险,主要规定了银行的经营范围、资本充足率、流动性以及放宽上限;而保护性规定的目的是保护社会公共利益,即以存款人为代表的群体利益,主要规定了存款保险和最后贷款人制度。⑤除香港地区外,西方发达国家的银行监管制度起初也是中国学者关注的重点。有学者对德国《联邦银行法》《一般银行法》的框架进行了译介,并总结出德国银行法具有中央银行和商业银行分离式立法、中央银行监管严格以及投资银行和商业银行统一监管的特点。⑥有学者介绍了澳大利亚的银行监管职责主要由央行承担,协调其他金融部门的职责主要由金融监管理事会承担,在银行监管过程中流动性、储备金和资本充足率是主要的监管指标。⑦有学者介绍了美国"双线三

① 白宁:《巴塞尔协议与我国中央银行监管》,《西安金融》1994 年第 9 期。
② 周启元、隋绍楠:《巴塞尔协议与我国金融国际化的思考》,《吉林大学社会科学学报》1995 年第 2 期。
③ 吴榕:《霍礼义就职后的香港银行监管制度》,《广东金融》1986 年第 2 期。
④ 汪伟、蔡苟:《香港的资金来源与运用及银行监管》,《银行与企业》1992 年第 11 期。
⑤ 王贵国:《香港的银行制度与国际合作》,《法学家》1993 年第 21 期。
⑥ 陈庆柏:《德国对银行业的法律管理》,《金融科学》1993 年第 1 期。
⑦ 秦会忠:《澳大利亚的银行监管》,《中国金融》1995 年第 12 期。

元"的银行监管体制，即联邦和州为"双线"，联邦储备系统、货币监理局和联邦存款保险公司为"三元"，认为中国应当借鉴美国的监管体制，对中国银行监管体制进行改革。①有学者介绍了法国的全能银行监管体制，这一体制以1984年银行法为基础，在财政经济部和法兰西银行下设国家信用委员会、银行业立法委员会、信用机构委员会和银行委员会共同监管法国全境的银行类金融机构，监管内容以偿付能力、流动性、风险集中度、外汇为主，中国可以借鉴法国集中式的银行监管体制并配套相应的审计制度。②有学者介绍了英国混合型的银行监管框架，英国的银行监管以政府和非政府两种形式出现，以中央银行为代表的政府监管主要制订监管政策，监测诸如资本充足性、流动性、风险性和经营状况主要风险指标，非政府监管主要以行业协会为主。③也有学者以欧盟银行法为研究对象，详细阐述了欧盟银行法作为欧盟单一市场法的重要组成部分的地位，其体系以欧盟法的形式构建而成，用以平衡欧盟银行业市场自由化和审慎监管的政策目标。④可见，欧盟银行法自构建之初就将不同价值的平衡作为基本的政策目标。

2. 执行《巴塞尔协议》阶段

在对《巴塞尔协议》和各国银行监管制度进行基础研究之后，中国学者逐渐将理论研究的重点转向了理论和规则在中国银行监管中的执行，尤其是《巴塞尔协议》在中国的执行。

这一时期全球银行监管一体化的趋势非常明显，体现在监管上，就是《巴塞尔协议》的影响力越来越大。⑤有学者认为中国欲融入世界经济体系，无可避免地要允许外资银行在中国营业，那么我们就需要以市场为导向，

①　牟益斌：《美国的银行监管体制及对我国的启示》，《中国外汇管理》1995年第5期。
②　毛晓威：《法国对银行业的监管及其启示》，《国际金融研究》1995年第7期。
③　刘云：《英国银行业监管》，《金融会计》1996年第6期。
④　李仁真：《论欧盟银行法的构架和特征》，《武汉大学学报（哲学社会科学版）》1998年第1期。
⑤　蒋莹、戴洪文：《国际金融一体化趋势与金融风险的法律防范》，《现代法学》1999年第3期。

密切监控外资银行的风险;①也有学者宏观地认为中国银行监管体制改革同样需要按照国际标准并借鉴国际经验,例如通过制订并要求所有银行达到有关资本类别的标准和资本与风险资产比率标准。②但这时的改革政策要求所有银行都必须符合,并没有考虑到银行的规模和风险程度。有学者不仅考虑到在国内对外资银行执行符合国际标准的准入制度和业务监管制度,也考虑到国内银行在海外分支机构同样需要符合《巴塞尔协议》的规定。③有学者以《核心原则》为切入点介绍了银行业国际监管框架的发展,认为巴塞尔银行监管体制实际上是一个以合作监管、资本充足以及金融风险监管为基础的原则性框架,《核心原则》细化了这一框架。④在《核心原则》基础之上,有学者说明中国银行业监管现状存在着内控不完善、监管力量不集中以及报表不真实等诸多现实问题,银行监管当局应以有效监管的 25 项基本原则为基础构建中国的银行业监管法律体系。⑤这一时期的学者和官方都赞同中国采用《巴塞尔协议》的标准进行银行监管。但有学者指出,这一过程并不是毫无阻碍的:中国存在着银行体系从计划经济体制转型而来的固有体制弊端,因此金融效率较低,执行《巴塞尔协议》的基础薄弱;中国银行监管体系立法不完善,行政执法队伍水平有待提高,因此,建议:中国应从健全银行监管体制的立法开始做起,依照中国实际情况首先提升资本充足率,在基础指标有一定的提升后再执行《巴塞尔协议》。⑥

加入世界贸易组织(WTO)是中国融入世界经济和金融体系的重要步骤,中国学者也依据世界贸易组织对银行监管的要求展开了一系列的研

---

① 熊良俊:《国际银行业监管:趋势与启示》,《经济研究参考》1996 年第 12 期。

② 迟福林、朱华友、夏汛鸽:《论中国商业银行体制改革》,《城市金融论坛》1996 年第 1 期。

③ 杨小苹、马立新:《国际银行监管比较及对我国的借鉴》,《浙江金融》1996 年第 12 期。

④ 李仁真:《论巴塞尔银行监管体制的原则框架》,《国际金融研究》1998 年第 12 期。

⑤ 李丹儿:《从〈巴塞尔核心原则〉看我国银行业的有效监管》,《金融研究》1997 年第 12 期。

⑥ 邱鹭风、杨晓东:《论巴塞尔协议在我国的实施与我国金融法制的完善》,《现代法学》1999 年第 5 期。

究。在这一阶段，WTO 规则对中国银行监管体制实际形成了一种挑战。①
中国学者重点关注的是加入 WTO 后中国银行监管法律体系的改革、对跨
国银行的监管以及《巴塞尔协议 II》对中国的影响。有学者认为在加入
WTO 后审视中国银行监管法制，其立法精神过于偏重安全和稳定，而忽
视了 WTO 所提倡的市场化和自由化精神。此外，中国银行监管制度的披
露制度、准入制度和以暂行规定和条例为主的立法体制与 WTO 的原则和
规定有着直接或间接的冲突，由此导致中国银行监管的有效性不足，实际
上难以与 WTO 的规定接轨。该学者认为加入 WTO 是改革的一个契机，
中国应当首先依据 WTO 对银行业监管的精神修订中国立法，同时充分利
用我国作为发展中国家在 WTO 中的地位，在立法过程中处理好原则与规
则的关系。②有学者认为，加入 WTO 之后，中国包括银行业在内的金融业
面临着大幅度的市场开放，而中国当前分业监管的模式和较严的准入制度
将无法适应未来的变化，我们应该在内部完善银行监管立法，降低准入门
槛，提升透明度；同时，我们也应当为未来中国商业银行"走出去"做准
备，引入银行业国际监管惯例和软法进行监管，让中国银行提前适应，为
拓展海外业务打好基础。③

　　加入 WTO 后中国金融市场迎来了诸多跨国银行，其中既有中国银行，
也有外国银行，中国学者也注意到对跨国银行的监管难题。有学者认为当
前中国跨国银行的监管不足、准入条件模糊，对中国银行的海外分支机构
保护不足。④有学者认为对跨国银行应当坚持原则性监管的方式，而《巴塞
尔协议 II》中以母国综合监管为主、东道国个别监管为辅是当前的通行规
则，中国可以坚持这一原则。⑤有学者总结了对跨国银行监管的国际惯例，

---

①　白俊伟、余方勇：《银行监管如何面对 WTO 的挑战》，《武汉金融》2002 年第 7 期。
②　李金泽：《加入 WTO 后中国银行法制的局限性及其克服》，《法律科学》2002 年第 2 期。
③　江合宁：《金融市场的开放及我国银行法的完善》，《甘肃政法学院学报》2002 年第 1 期。
④　赵宇霆：《中国跨国银行法律监管体系建构之探索》，《法制与社会发展》2000 年第 3 期。
⑤　张宇霖、王亨利、赵亚茄：《试论对跨国银行监管的法律原则》，《法学杂志》2000 年第
4 期。

包括预防性监管和补充性监管制度以及《巴塞尔协议》中的资本充足率等相关标准。对照中国的监管，中国应当禁止母国监管不足的银行进入中国市场并在国际层面加强监管合作。[①]也有学者认为跨国银行的风险需要内部控制和外部监管两种方式进行防范，内控制度以信用评级和贷款审查为主要形式，监管当局主要负责《巴塞尔协议》中诸如资本充足率的各项监管指标；同时，监管当局还应注意与跨国银行相关的市场风险。[②]还有学者对比了世界主要国家对跨国银行监管的模式，并指出，一元监管权责明确且监管效率高，但容易出现监管套利和寻租的漏洞；多元监管虽可以保持利益平衡，但效率降低，各监管机关之间容易产生矛盾。中国作为新兴经济体，不宜照搬任何一种模式，而应立足于中国的金融稳定，在加强央行监管的同时，完善自律协会监管等多元化的模式。[③]

在关注加入 WTO 后的银行监管和跨国银行的同时，中国学者也关注到中国银行监管自身的问题。有学者从理论的角度分析认为，中国银行法是平衡协调个体利益和社会利益的法律，是公法和私法融合的法律，[④]但并没有详细论述平衡的具体操作方式。一些学者也关注到小型银行的问题，统计了当时的发展数据发现四大国有银行在中国银行体系中处于绝对的主导地位，这意味着中国金融资源无法以市场为主导来进行分配，小型银行始终处于劣势地位。小型银行的存在可以促进金融资源的公平分配和银行市场的充分竞争，我们不能忽略或压制小型银行的发展。[⑤]有学者同样发现了小型银行所面临的政策困境，监管上强制性"一刀切"的方法束缚了小型银行的发展，由此带来了生存压力，该学者虽提出银行监管应当放弃"一刀切"政策，[⑥]但并未提出法律上如何具体操作小型银行的监管。也有

---

① 王中华：《跨国银行监管的国际惯例及其启示》，《国际贸易问题》2003 年第 8 期。

② 李国安：《跨国银行风险的管理与规制》，《国际经济法论丛》2002 年第 1 期。

③ 岳彩申：《跨国银行监管体制研究》，《现代法学》2001 年第 4 期。

④ 高建明：《论银行监管法律的法学基础》，《河北法学》2001 年第 6 期。

⑤ 董华南、卢峰红：《关于发展我国中小银行机构的思考》，《昆明理工大学学报（理工版）》2003 年第 5 期。

⑥ 严军：《关于中小银行监管政策偏差问题的探析》，《长春金融高等专科学校学报》2000 年第 4 期。

学者关注到当前中国银行自律监管的缺失，实际上影响到了金融消费者的保护，中国可以借鉴英国、澳大利亚等国家对金融消费者保护的经验，完善中国的银行自律监管机制。①

在这一阶段，巴塞尔委员会根据国际银行业的发展和风险状况，推出了《巴塞尔协议Ⅲ》多个征求意见稿，意在提升与当前国际银行业发展相适应的监管规范。中国学者也关注到了《巴塞尔协议Ⅲ》的最新发展，并结合中国银行业监管给出了合理化建议。有学者认为当前中国银行业市场化和内控机制不足，提出中国应当构建一个符合《巴塞尔协议Ⅲ》的银行监管框架。②也有学者注意到《巴塞尔协议Ⅲ》中资产组合的新理念，这一理念的理论基础是：在银行可承担风险的范围内能够达到收益最大化，这与成本效益分析的观点类似；指出一国不同银行发展的水平可能会有很大差距，如果全部按照最新的资产组合理念进行监管，将会导致发展落后的银行在市场上处于不利的竞争地位，③但如何避免这种情况的产生还有待进一步研究。还有学者梳理了《巴塞尔协议》自诞生之初一直到此次修订的演变过程，提出《巴塞尔协议Ⅲ》中的支柱二（监管机关作用）和支柱三（市场约束机制）是中国银行业监管改革的方向。④

3. 新型银行监管理论阶段

2008 年全球金融危机几乎打破了银行业国际监管的全部理论。中国学者在全球金融危机后主要研究的是银行业国际监管框架的改革，其中包括英美等国应对金融危机的方法以及《巴塞尔协议》的最新发展。

就中国银行监管而言，有学者认为全球金融危机产生的根源是资产证券化，⑤而可以避免资产证券化风险传导到银行的隔离机制失效加剧了这次

---

① 李金泽：《论我国银行业消费者保护与自律机制之完善》，《时代法学》2004 年第 6 期。
② 何德旭：《新巴塞尔协议与我国银行业监管》，《上海金融》2003 年第 7 期。
③ 章彰：《巴塞尔新资本协议与银行监管难题》，《经济导刊》2003 年第 Z1 期。
④ 黄辉：《〈巴塞尔协议〉的演变：银行监管新问题与新对策》，《环球法律评论》2006 年第 1 期。
⑤ 卞加振、龚晓蕾：《美国次级按揭贷款危机的触发机制及对我国银行业监管的启示》，《商业文化（学术版）》2008 年第 2 期。

金融危机的蔓延。①因此，由资产证券化演变而来的新型银行——影子银行，成为中国学者关注的重点。影子银行的概念产生于美国，在学界尚无统一定义，基本可以理解为除接受监管的存款机构以外，充当储蓄转投资中介的金融机构。②这一概念也即展示了影子银行的三个基本特征：承担银行职能；游离于监管之外；风险程度高。③全球金融危机后，全球各国及银行业国际监管组织都关注到影子银行带来的风险并加强监管，金融稳定理事会在其《影子银行：范围划定》报告中提出三点对影子银行的监管建议：第一，以信息为基础，宏观与微观相结合，将影子银行作为一个体系进行监管；第二，打破影子银行的隐蔽性，监测所有影子银行；第三，基于业务模式和系统性风险贡献度监管影子银行。④除了银行业国际监管框架组织，英美等主要发达经济国家同样针对影子银行的监管进行了制度调整：美国以《影子银行体系：金融监管的启示》报告为基础，在机构上，成立了金融危机调查委员会，其重要职能之一就是定位影子银行在本次金融危机中所扮演的角色；在立法上，美国颁行《多德-弗兰克法案》，其中多个条款涉及影子银行的监管。英国同样以报告的形式明确了在监管中影子银行应当居于主要监管对象。⑤欧盟机构发布了《另类投资基金经理指令》《衍生品的未来政策行动》《信用评级机构监管》等用以加强对基金类影子银行的监管和信用评级，欧盟机构建议成立监管大型跨境影子银行的机构。⑥

中国金融业虽起步较晚，但随着加入WTO以及经济体量的快速增长，金融体系已基本与国际接轨，因此影子银行的问题在中国同样存在。全球金融危机后，中国学者对中国影子银行的监管展开了研究。针对影子银行

① 费伟、李洋：《论银行监管有效性的资产证券化风险隔离机制》，《求索》2011年第7期。
② 李倩、申兴芳：《中国影子银行存在的问题及其监管措施》，《商》2014年第26期。
③ 龚明华、张晓朴、文竹：《影子银行的风险与监管》，《中国金融》2011年第3期。
④ 王刚、徐浩然：《影子银行体系：发展沿革、风险表现及国际监管动态》，《华北金融》2011年第10期。
⑤ 袁达松：《对影子银行加强监管的国际金融法制改革》，《法学研究》2012年第2期。
⑥ 蔡静：《国际影子银行监管改革及启示》，《青海金融》2012年第6期。

可能带来的风险，诸多学者从国际影子银行监管的理论和实践出发，结合中国银行监管体系，提出了各类监管建议。有学者认为中国影子银行可以分为三类：一是在银行内部的资产管理业务，例如人民币理财业务；二是监管外的非传统银行业机构，例如公募基金和私募基金；三是跨境金融衍生产品，如资产证券化产品。庞大的影子银行在中国已经形成了一定程度的系统性风险。针对此类风险，中国银行监管体系应扩大范围，将影子银行纳入其中十分必要；此外，应当加强影子银行的信息披露程度，谨防系统性风险集中爆发。但在监管影子银行的过程中要注意成本效益的分析。[1]有学者深入分析了中国影子银行的主要形态，认为互联网金融、民间借贷及理财产品是中国影子银行的三种主要形态。针对当前中国影子银行因监管失灵已经积聚的风险，认为我们应当渐进式地解决表外负债问题，适当放开民间接待市场并完善公司债券市场，将影子银行的规模逐渐减小。[2]有学者认为中国影子银行监测和监管制度应该具有一定的前瞻性，并且平衡金融监管与金融创新的关系。[3]无独有偶，也有学者认为监管影子银行必须遵循一系列的原则，其中之一就是监管比例原则，也即"根据影子银行对整体金融机构可能造成的风险程度，按比例分配监管资源及决定监管强度"。[4]但无论是平衡论还是比例论，只是提出相关的思路，并没有详细展开。随着对影子银行的不断深入，有学者认为中国影子银行的本质是通过不同的信贷关系进行无限的信用扩张，因此治理影子银行的关键在于控制资金供应量以及影子银行的设计复杂性。[5]有学者认为中国影子银行的具体表现形式为理财产品、资产证券化产品、资管计划以及互联网金融，它们共同展示了中国影子银行信用错配的核心特征，但影子银行不应该被完全否定，只要以功能监管和弹性监管为主轴，影子银行的发展实际是中国银

---

① 张佳、许华伟：《影子银行业务的风险及监管对策》，《经济纵横》2012年第10期。

② 沈伟：《中国的影子银行风险及规制工具选择》，《中国法学》2014年第4期。

③ 蓝虹、穆争社：《论我国影子银行的发展与监管》，《中南财经政法大学学报》2014年第6期。

④ 张晓朴：《国际影子银行体系监管及其对中国的启示》，《金融市场研究》2014年第11期。

⑤ 沈伟：《银行的影子：以银行法为中心的影子银行分析框架》，《清华法学》2017年第6期。

行业发展的一次契机。①还有学者将视角从全国性的影子银行监管转移到地方性的影子银行监管，认为中国银行监管主要是中央政府下的"一行两会"在主导，虽然地方银行监管机关有一定的辅助作用，但现实中，地方政府下的金融办公室容易受到干扰，这就给了地方性或区域性的影子银行以"可乘之机"，地方不断发生的影子银行"暴雷"事件印证了这一点。针对这一问题，该学者认为，首先，为了明晰监管机关的权责，应当提升银行监管的立法位阶；其次，设置外部监督机制，这一机制可以是垂直监督，也可以是平行监督。②

（四）中文文献综述小结

通过对文献的梳理，可以发现：尽管近10余年来中国学者对于银行业国际监管框架的研究经历了三个不同时期，研究的深度和广度都有加深，但是仍存在诸多问题：一是随着全球金融危机对社会的影响逐渐减弱，中国学者对以巴塞尔委员会和《巴塞尔协议》为核心的银行业国际监管框架关注度有明显的下降，成果数量的下降导致诸多研究并不深入，并未对《巴塞尔协议》及其附属文件中的深层次问题展开探究；二是从不同时期研究的重点变化可以看出，银行业国际监管框架的监管强度实际上取决于金融危机带来的影响，是一个动态的过程，当前银行业国际监管框架规范以软法为主也正是基于对这一动态过程的考量。中国学者在提出国际监管规范在国内的执行路径时，对这一动态过程的影响不甚敏感，尚未有对应的动态方法论。

尽管研究比例原则应用于其他领域的文献较多，例如比例原则应用于国际投资仲裁、国际贸易法等领域，但直接研究比例原则应用于以巴塞尔委员会和《巴塞尔协议》为核心的银行业国际监管框架的文献较少，即使提及或应用比例原则，也仅仅是一笔带过或直接照搬，并没有详细

---

① 朱慈蕴：《中国影子银行：兴起、本质、治理与监管创新》，《清华法学》2017年第6期。
② 陈斌彬：《论中央与地方金融监管权配置之优化——以地方性影子银行的监管为视角》，《现代法学》2020年第1期。

论证其可行性和必要性，更多的是将比例原则作为工具，直接应用于相关问题，依据并不明晰；在学者论述比例原则应用于国际法的其他领域中，大多数的分析只是针对领域需要应用比例原则的问题，并没有从整体上来看待比例原则；有学者也已经将比例原则应用于与金融监管类似的其他经济监管领域，例如税务、市场竞争及劳动关系领域。与银行业相比，虽同属经济领域，但各行业都有其各自的特点，直接移植可能会产生不兼容的问题，故其他经济领域应用比例原则只可作为本书论证时的参考，不可直接复制。银行监管的公权力性质不言而喻，须遵循比例原则应用的逻辑，我们有理由相信比例原则有应用到银行业国际监管框架的空间。①

中国银行业经历了数十年的发展，已逐渐与国际接轨，同时随着中国银行业业态的不断升级，包括影子银行在内的诸多新型银行对监管提出了更高的要求。当前中国对于新型银行的监管还存在明显的滞后性，还需理论创新和新的实践模式控制未来可能发生的系统性金融风险，而以影子银行为实例，对比例原则应用于银行监管，在国际和国内层面都有实际意义。

三、英文文献综述

外国学者在英文研究中对以巴塞尔委员会和《巴塞尔协议》为核心的银行业国际监管框架着手早于中国学者。1974 年，巴塞尔委员会成立前，已有学者讨论银行业的国际监管。有学者叙述了资本、公司金融和投资的基本理论，为构建资本监管奠定了一定的理论基础。②有学者梳理了美国货币银行近百年历史并发现近代以来美国国内的银行监管已出现弊端，因此

---

① See Alan Watson：*Legal Transplants：An Approach to Comparative Law 2nd edition*，University of Georgia Press，1993，pp.1—144.

② See Franco Modigliani and Merton H. Miller："The Cost of Capital，Corporation Finance and the Theory of Investment"，*The American Economic Review*，Volume 48，No. 3（1958），pp.261—297.

构建银行业的国际监管有其必要性。①有学者意识到资产的定价实际是与资产所承担的风险相关的，学者对这种关联做了数学模型的分析以证明其科学性。②有学者分析了欧元和美元市场连通性不断提升对国际金融市场有较大影响，其中国际资本的流动性和银行的稳定性需要在更广阔的视角下考虑，因此需要增加各国银行监管机关之间的合作，同时关注有资本业务的银行。③这些成果为巴塞尔委员会的成立和《巴塞尔协议》的颁行奠定了理论基础。经过多年的发展，有学者对巴塞尔委员会和《巴塞尔协议》做了详细的梳理，在理论上构建了较为完整的体系。④

英文研究中比例原则应用于国际法相关领域已较为普遍，在国际金融法中也有体现。有学者认为比例原则在国际法中应用可以保障人权，尤其在武力使用、自卫等领域，但由于国际法在对非国家主体发动战争的问题上有争议，所以在国际法中应用比例原则也是有争议的，主要围绕这个问题展开和论述；⑤在国际投资仲裁领域论述比例原则也有先例，有学者在专著中讨论了相关的核心问题：仲裁庭如何平衡东道国行使公权力限制投资者这一过程中的利益冲突；⑥也有学者着眼于公共利益与私人财产权在国际投资仲裁中的紧张关系，实质上是东道国权力所代表的公共利益与投资者的利益冲突，比例原则在解决这一问题中的应用和意义；⑦还有学者从国际人权法中的保留条款谈起，说明保留条款在国际人权条约中的重要性，指

① See Milton Friedman and Anna Jacobson Schwartz: *A Monetary History of the United States*, *1867—1960*, Princeton University Press, 1963, pp.676—700.

② See William F. Sharpe: "Capital Asset Prices: A Theory of Market Equilibrium under Conditions of Risk", *The Journal of Finance*, Volume 19, No.3. (1964), pp.425—442.

③ See Helmut Willibald Mayer: *Some Theoretical Problems Relating to the Euro-Dollar Market*, International Finance Section, Princeton University, 1970, pp.3—31.

④ See Charles Goodhart: *The Basel Committee on Banking Supervision: A History of the Early Years 1974—1997*, Cambridge University Press, 2011, pp.1—50.

⑤ See Michael A. Newton and Larry May: *Proportionality in International Law*, Oxford University Press, 2014, pp.299—304.

⑥ See Caroline Henckels: *Proportionality and Deference in Investor-State Arbitration*, Cambridge University Press, 2015, pp.7—19.

⑦ See Gebhard Bücheler: *Proportionality in Investor-State Arbitration*, Oxford University Press, 2015, pp.301—306.

出了对保留条款过于宽泛导致人权侵害的担忧，并提出在应用保留条款时应当采用比例原则。①也有学者讨论直接在银行业国际监管框架的相关领域中应用比例原则，即在双边投资协定的压力下，政府是否可以使用内部救助工具来救助濒临倒闭的金融机构以维持金融稳定？该学者梳理了这一问题在欧盟法和国际投资法中的情况，并认为没有任何解决办法，然后分析两者背后所代表的利益，最终提出可以应用比例原则来衡量二者利益，从而决定是否救助濒临倒闭的金融机构；此外，还认为后金融危机时代，BITs 中与金融相关的条款也应当修改；②还有学者从欧盟执行《巴塞尔协议Ⅲ》中关于银行家奖金的规定谈起，认为这是不合比例的，对金融从业人员的工资、奖金的限制应当符合比例原则；③有学者主要着眼于欧盟的跨境银行合并，提出了国家利益与跨境银行合并中机构利益和从业者利益的冲突和矛盾，并认为比例原则在衡量二者利益时可以直接应用，以确保手段和目的成比例；④还有学者从隐私权的角度论述了银行家的保密责任与客户隐私权之间的利益冲突，并提出从人权角度考虑利益冲突问题时首先应当运用比例原则。⑤

从英文文献来看，国外学者对于比例原则应用的研究范围与中国学者大致相同，都集中于国际公法、国际投资法、国际贸易法和国际人权法等领域。但国外学者对于比例原则应用于银行业国际监管框架的研究比中国学者更为深入，虽然尚未展开对比例原则应用于银行业国际监管框架的论

---

① See Andrew Legg：*The Margin of Appreciation in International Human Rights Law：Deference and Proportionality*，Oxford University Press，2012，pp.1—10.

② See Olga Aloupi："The Bail-in Resolution Tool under the Banking Recovery and Resolution Directive 2014/59：Passing through the Clashing Rocks of Bilateral Investment Treaties"，*Journal of International Banking Law and Regulation*，Volume 31，Issue 9（2016），p.139.

③ See Radek Stech："Poking the Hornet's Nest：An Analysis of EU Proposals on the Cap on Banker's Bonuses"，*Journal of International Banking Law and Regulation*，Volume 28，Issue 9（2013），pp.363—367.

④ See Sideek Mohamed："National Interests Limiting E. U. Cross-Border Bank Mergers"，*European Competition Law Review*，Volume 21（2000），pp.248—257.

⑤ See Robert Stokes："The Bankers' Duty of Confidentiality, Money Laundering and the Human Rights Act"，*Journal of Business Law*，2007，pp.502—526.

述，但比例原则的术语以及思维方式已经被作为解决银行监管中利益衡量问题的理念被多次提及。

四、研究问题

本书基于现有的中英文文献分析和研究背景，提出研究的核心问题是：是否可以将《巴塞尔协议》中的"合比例性"法概念解释为比例原则？如果可以，哪一个法域的具体应用模式可以作为例证？面临同样的问题，中国是否可以在银行监管中应用比例原则？中国如何应用？

在上述核心问题下，各章节研究问题及关联如下：

第一章回答：为什么国际监管标准制订者在《巴塞尔协议》相关文件中提出了"合比例性"法概念？《巴塞尔协议》中的资本充足率规则经过各版本的发展，在规范制订层面出现了统一化和严厉化的趋势；在执行层面出现了"一刀切"的方法。尽管这些趋势在实现金融稳定目标上大有裨益，但其给小型银行带来了过度的监管负担。因此，巴塞尔委员会在《核心原则》中提出了"合比例性"法概念。有学者认为《核心原则》中的"合比例性"法概念就是比例原则，但未有详细论证。

"合比例性"在不同学科中均有涉及，内涵和外延也有所不同，由于缺乏论证，直接将《巴塞尔协议》中的"合比例性"法概念认定为法学意义上的比例原则会产生歧义。因此，第二章提出问题：是否可以将《巴塞尔协议》相关文件中提出的"合比例性"法概念解释为比例原则？通过对比例原则结构和功能的分析，四阶层的比例原则可以解决《巴塞尔协议》执行过程中的利益冲突，加之比例原则在机构和地域范围内的拓展。因此，可以在《巴塞尔协议》中应用比例原则。

鉴于《巴塞尔协议》中关于"合比例性"的具体表述未能给出比例原则具体的应用模式，作为具体化的实例，现实中欧盟银行业监管框架中已经应用了比例原则，并提供了详细的应用模式。因此，第三章将分析：面对过度监管给小型银行带来的负面影响，欧盟银行监管框架在执行《巴塞尔协议》过程中是如何应用比例原则的?

随着中国参与银行业国际监管的程度不断加深,国内金融秩序受到以巴塞尔委员会和《巴塞尔协议》为核心的银行业国际监管框架影响也越来越深,对银行业国际监管的研究最终落脚点应当是尝试解决中国银行监管所面临的共性问题。[①]中国银行监管机关和欧盟银行监管机关同为巴塞尔委员会成员,在执行《巴塞尔协议》时面临着类似的问题,也即过度监管会给小型银行带来负面影响。第四章应用功能主义比较法,对在中国产生的与欧盟类似的问题进行分析,尝试应用比例原则解决问题。中国银行监管机关是否可以在执行《巴塞尔协议》过程中应用比例原则?如果可以,如何应用?

结论中,本书将总结本文论证的最终结果,并提出本书研究的不足和未来可以继续深入研究的问题。尤其是,比例原则也并非完美,当前比例原则应用于银行业国际监管文献中尚未注意到比例原则自身主观性较强、自由裁量程度较大、狭义比例原则无法量化等问题。因此,比例原则自身存在的问题虽不是本书的研究重点,但也将在结论部分做简要论述。

五、章节安排

基于文献综述和研究问题,为使读者能够在进入正文阅读前能够对本文的框架、论证和逻辑有概览,故本书为读者提供如下思维导图以展示章节安排和章节之间的关联性(见导图1):

六、研究方法

(一)法教义学方法

法教义学方法是在收集和整理所有法律文献的基础上,使所有文献在

---

① 宋阳、穆凯盈:《对国际经济法与国内经济法关系的再思考》,《东北大学学报(社会科学版)》2014年第2期。

《巴塞尔协议》体系中的比例原则研究

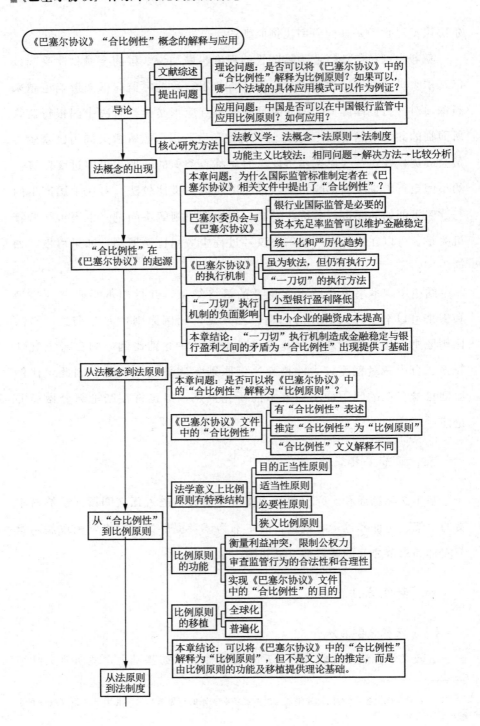

《巴塞尔协议》"合比例性"概念的解释与应用

导论
- 文献综述
- 提出问题
  - 理论问题：是否可以将《巴塞尔协议》中的"合比例性"解释为比例原则？如果可以，哪一个法域的具体应用模式可以作为例证？
  - 应用问题：中国是否可以在中国银行监管中应用比例原则？如何应用？
- 核心研究方法
  - 法教义学：法概念→法原则→法制度
  - 功能主义比较法：相同问题→解决方法→比较分析

法概念的出现

"合比例性"在《巴塞尔协议》的起源
- 本章问题：为什么国际监管标准制定者在《巴塞尔协议》相关文件中提出了"合比例性"？
- 巴塞尔委员会与《巴塞尔协议》
  - 银行业国际监管是必要的
  - 资本充足率监管可以维护金融稳定
  - 统一化和严厉化趋势
- 《巴塞尔协议》的执行机制
  - 虽为软法，但仍有执行力
  - "一刀切"的执行方法
- "一刀切"执行机制的负面影响
  - 小型银行盈利降低
  - 中小企业的融资成本提高
- 本章结论："一刀切"执行机制造成金融稳定与银行盈利之间的矛盾为"合比例性"出现提供了基础

从法概念到法原则

从"合比例性"到比例原则
- 本章问题：是否可以将《巴塞尔协议》中的"合比例性"解释为"比例原则"？
- 《巴塞尔协议》文件中的"合比例性"
  - 有"合比例性"表述
  - 推定"合比例性"为"比例原则"
  - "合比例性"文义解释不同
- 法学意义上比例原则有特殊结构
  - 目的正当性原则
  - 适当性原则
  - 必要性原则
  - 狭义比例原则
- 比例原则的功能
  - 衡量利益冲突，限制公权力
  - 审查监管行为的合法性和合理性
  - 实现《巴塞尔协议》文件中的"合比例性"的目的
- 比例原则的移植
  - 全球化
  - 普遍化
- 本章结论：可以将《巴塞尔协议》中的"合比例性"解释为"比例原则"，但不是文义上的推定，而是由比例原则的功能及移植提供理论基础。

从法原则到法制度

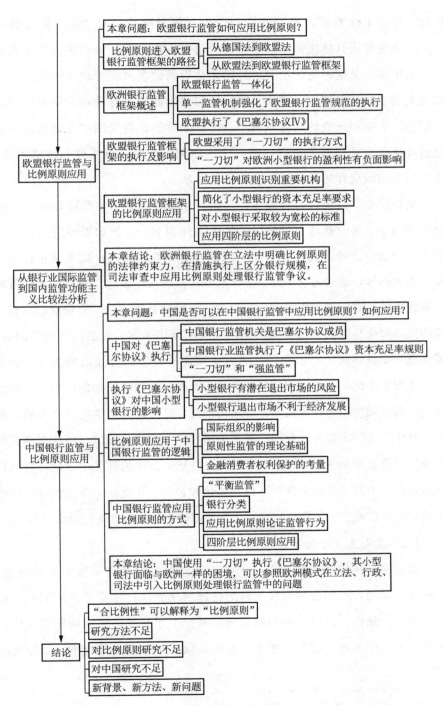

导图 1　本书章节安排

概念和理论上体系化，通过解释和应用判例及理论，对"法"加以具体化，从而为解决具体法律问题所使用的研究方法。具体化和建构是法教义学方法中两个关键的论证模型。具体化是指借助案例和理论具体化一般条款及不确定的法律概念；建构是指形成与法律渊源本身没有直接关联的法律概念。本书所研究的银行业国际监管框架中的比例原则相关问题即需要经过具体化和建构两个步骤，而对于法原则的研究，首先要明确法概念、法原则和法制度在法教义学中的区别和联系。

诸如稳定、发展、合目的性、合比例性等法概念抽象程度较高，无法直接应用于立法、司法、行政中的具体案件和事务，因此需要应用法教义学方法对法概念进行具体化，才可以构成具体的法原则；法原则相较于法概念更为具体，是因为它来源于法律规范构成的法律秩序，它是法律规范的一般化表达，有一定的推定效力。因此，法原则是从"法"中获取的、有一定约束力和指导性的标准。但法原则一般不能用于事实与法律之间的涵摄，需要进一步具体化才可以应用。通过建构能够直接进行涵摄的规范和法制度，法原则由此具备了应用性和约束性。然而，一项法原则的建构或一项法原则在新领域应用的论证需要长时间的研究，这一研究通常有两个步骤：第一，基于"法"来论证法原则，通常采用归纳的方法；第二，将法原则具体化为法制度，通常采用演绎的方法。①本书基于上述法教义学方法，对《巴塞尔协议》中的"合比例性"进行具体化和建构，实现从"合比例性"法概念到"比例原则"法原则，再到"比例原则应用"法制度论证的全过程。

（二）功能主义比较法方法

功能主义比较法方法有三个前提：不同的法律制度面临类似的问题；针对相似问题，不同法域采取不同的法律解决方法；尽管采取不同的法律解决方法，最终可以得出相似的结果。基于上述前提，采用功能主义比较法方法有三个步骤：首先，在不考虑本法域现行制度的情况下，从制度功

---

① See Thomas M. J. Möllers：*Legal Methods：How to Work with Legal Arguments*，Hart Publishing，2020，pp.306—372.

能出发找出客观问题；其次，对不同法系解决法律问题的方式逐一客观呈现；最后，从制度功能角度对问题进行评价和分析，并尝试提出解决的法律方法。本书在第一、二章采用法教义学方法，论述"合比例性"如何解释为比例原则，在第三、四章进入具体应用的论述中将采取功能主义比较法方法，对比欧盟和中国在银行业监管中的比例原则问题进行研究。[①]

（三）案例分析法

本书的案例分析法主要挑选国内外在银行监管过程中已经应用全部或部分比例原则的执法或司法案例进行分析和对比，总结出它们的相同点和不同点，从而归纳出符合现实情况的比例原则在银行业国际监管框架中的应用模式。

（四）数据分析法

本书在评估监管力度增强是否真正对银行的成本和收益有影响时，需运用简单的数据分析来证明监管增强确实会造成小型银行的经营问题，从而导致金融市场竞争的不充分。

七、创新点

（一）本书选题有一定创新

全球金融危机以来，银行业国际监管框架面临着诸多的批评和挑战，其中各国学者批评最多的就是有些银行的"大而不倒"使得银行监管机关有如惊弓之鸟，不惜一切代价维持金融稳定或保障系统重要性银行的运行。这仅在数额上分析也是非常不成比例的，如若深入研究其手段与目的间的关系，可能会发现更多不合理的地方。当然，这仅仅是银行业国际监管框架的一个典型问题。概括而言，银行监管机关在银行业国际监管框架中由于过度地恐惧风险，以致将监管权力发挥到了最大，在利益衡量的过程中往往不考虑一些重要的价值，仅以达到金融稳定为最终目标。这样的做法在短时间内能够稳定金融，但是事实上牺牲了被监管对象的权利或使

---

① See Uwe Kischel：*Comparative Law*，Oxford University Press，2019，pp.87—200.

金融消费者为大型金融机构买单，这种做法是有违公平正义原则的。本书着眼于比例原则应用于银行业国际监管框架这一领域并加以论证，就是为了解决银行业国际监管框架中的手段与目的间的关系问题，在节约监管成本的同时保障被监管对象的权利，控制监管权力，使银行业国际监管框架良性有效的运作。

（二）本书内容有一定创新

中国无论在政治上还是经济上都是国际社会重要的一员，在银行业国际监管框架中也不例外，中国的银行业监管机关——人民银行和银保监会（现国家金融监督管理总局）都是巴塞尔委员会的成员。[①]全球金融危机之后，随着中国更加深入地融入世界经济体系，我们无法在全球性的金融危机当中独善其身，积极融入银行业国际监管框架并发挥中国在规则制订中的作用十分重要。中国金融业以银行业为主导，而中国银行业经过发展已经不单是商业银行一种模式，影子银行、政策性银行等都在影响着银行业的发展。欧盟在银行监管中应用比例原则的经验相较于其他国家和地区更为成熟，但是否能够实际应用到中国银行监管中，以及如何应用都需要详细的分析和验证。因此，本书对于比例原则应用于银行业国际监管框架的研究考虑到其在中国银行监管中的适应性，并希望通过比例原则在中国的应用实践为其在银行业国际监管框架的应用提供经验和可操作的模式。比例原则在许多国家的国内法体系中是宪法层面的指导性原则，在中国同样是行政法领域的基本原则，而在国际法中，比例原则并非传统国际法学研究的一部分，但随着国际法学领域不断有新的关于利益衡量的问题出现，加之各学科之间的绝对界限已经不像以前那么明显，故在国际法中，尤其是涉及与公法密切相关的银行业国际监管框架领域，应用比例原则成为可能，这也为中国银行监管尝试应用比例原则提供了契机。[②]

---

① See BCBS："Basel Committee Membership"，https://www.bis.org/bcbs/membership.htm?m=3071，last visited on 25th December 2022.

② 蒋红珍：《比例原则适用的规范基础及其路径：行政法视角的观察》，《法学评论》2021年第1期。

（三）本书结论有一定创新

首先，在理论层面，本书挑战了在《巴塞尔协议》中将"合比例性"法概念推定为比例原则的观点，完善了《巴塞尔协议》中将"合比例性"法概念解释为比例原则的理论论证缺陷。将比例原则应用于银行业国际监管框架的逻辑厘清，而不是含混地假设一个可以应用的前提，厘清比例原则应用于银行业国际监管框架的深层原因，更有利于比例原则的应用和银行业国际监管框架的发展与完善。其次，在实践层面，中国银行监管机关在执行银行监管过程中，往往缺乏具体的行为规则：要么规范过于具体，未留下裁量空间，使监管机关"一刀切"执行；要么规范留有空白，使监管机关只能凭借经验或简单的数额分析便作出监管措施。这样的监管行为虽然在一段时间内可以起到稳定金融的监管效果，但长此以往，小型银行、中小企业和金融消费者必将丧失信心，银行业可能会呈现万马齐喑的景象。这样的局面无论在国内层面还是国际层面都是我们不愿意看到的。因此，从功能主义比较法方法的角度，借鉴欧盟在银行监管中比例原则的应用方法，对中国银行监管实践具有重要意义。其次，在实践层面，银行监管机关可以综合考量多种因素做出判断，避免造成银行业过于活跃或消沉的局面；未来，随着人民币的国际化、"一带一路"倡议和中国对外投资的数量上升以及后疫情时代对金融监管提出的更高要求，[①]中国在银行业国际监管框架中的话语权不断提升。可以预见，中国未来必会发展成为举足轻重的金融大国，应用比例原则进行监管，在保证控制风险的同时，银行业必将健康发展。

---

① 迈克尔·斯宾塞、魏晨阳：《后疫情时代全球经济金融形势评论与展望》，《国际金融》2021年第1期。

第一章 "合比例性"在《巴塞尔协议》的起源

作为一个起点问题,我们需要探究:为什么银行业国际监管框架是必要的?无论在发达国家还是发展中国家,金融业在促进经济增长方面都具有重要的作用,其中银行业居于这一过程的核心位置。[1]首先,银行是储户和贷款人之间的中介机构。银行业系统通过吸收并集中各类主体的存款,再将其作为贷款发放给需要资金的各类主体,银行为吸收存款支付的成本和从贷款中获得的收入都被称为利息。由于仅有少数储户有不定时的取款需求,这使银行能够将短期负债(存款)转换为长期资产(贷款),当储户的取款金额少于银行从贷款人处获取的利息时,银行可以获得基础性的利润,而现代国家中绝大多数主体都参与了这一过程;[2]其次,银行是资本市场上的重要机构。银行可以通过在资本市场上直接借款作为资金来源补充传统的存款,也可以发行诸如商业票据或债券、证券,还可以将其账面上的贷款打包成一种证券,即资产证券化,并出售给市场,以获得银行可

---

① See Jagadish Prasad Bist: "Financial Development and Economic Growth: Evidence from a Panel of 16 African and Non-African Low-Income Countries", *Cogent Economics & Finance*, Volume 6, Issue 1 (2018), pp.2—14; Mariusz Prochniak and Katarzyna Wasiak: "The Impact of the Financial System on Economic Growth in the Context of the Global Crisis: Empirical Evidence for the EU and OECD Countries", *Empirica*, Volume 44 (2017), pp.296—334.

② See Jeanne Gobat: "Banks: At the Heart of the Matter", *Finance & Development*, June 2022, pp.56—57.

以贷款的资金;①再次,银行是货币政策的传递机构。货币政策是国家对经济进行宏观调控的最重要工具之一。中央银行在国家层面上控制货币供应量,而银行则在其经营的市场中促进货币的流动。在国家层面,中央银行可以通过资本充足率规则提高或降低银行准备金的要求,以及在公开市场上购买和出售证券,以银行作为交易的主要对手来收缩或扩大货币供应,银行也可以通过在中央银行存放更多的准备金或增加它们持有的流动资产来收缩货币供应。②

银行存款或流动资产的急剧增加可能导致信贷紧缩,因为银行可借出的资金量减少会导致借贷成本上升,随之会损害经济增长,一旦银行经营状况恶化,无论是临时性的还是永久性的,储户都会担心他们会失去存款,可能会短时间内集中提取他们的存款,以至于银行持有的一小部分流动资产很快就被耗尽,从而造成挤兑。③为应对挤兑,银行不得不在亏损的情况下出售长期和流动性较差的资产以满足提款需求。如果损失大于资本,银行会陷入破产。银行的破产会产生比普通企业破产更广泛的影响:储户的存款可能损失,贷款关系可能破裂,企业资金链可能断裂,此外,一家银行的倒闭会导致其他银行的倒闭。④

本质上讲,银行业是以信心为基础的行业。一旦信心受损,哪怕很微小,都会引发挤兑,并有可能导致银行倒闭。在过去几十年中,银行业市场的国际化程度越来越高。全球金融危机表明,全球银行之间的相互联系比理论假设的更加紧密。有学者认为这种联系可以用"传染效应"来形容,即一个主要国家的银行产生动荡,会导致全球银行业市场的不稳定,

---

① See Andreas Jobst: "What is Securitization?", *Finance & Development*, September 2008, pp.48—49.

② See Silvia Miranda-Agrippino and Giovanni Ricco: "The Transmission of Monetary Policy Shocks", *American Economic Journal: Macroeconomics*, Volume 13, No.3 (2021), pp.74—107.

③ See Rajkamal Iyer and Manju Puri: "Understanding Bank Runs: The Importance of Depositor-Bank Relationships and Networks", *The American Economic Review*, Volume 102, No.4 (2012), pp.1414—1445.

④ See Gerard Caprio and Daniela Klingebiel: "Bank Insolvencies: Cross-Country Experience", *The World Bank Policy Research Department Policy Research Working Paper*, 1620 (1996), pp.1—10.

但一国所采取的银行监管措施不足以应对全球性的系统性金融风险。[①]因此，对银行业构建一个国际监管框架在应对全球性金融风险过程中尤为必要。[②]

本章首先简要介绍巴塞尔委员会和《巴塞尔协议》的概况，主要关注《巴塞尔协议》中的核心监管工具——资本充足率规则。通过分析各版本《巴塞尔协议》资本充足率规则的演进，找出规则制订层面《巴塞尔协议》所展现的趋势及影响；其次，剖析《巴塞尔协议》的执行机制，说明《巴塞尔协议》执行过程中所采用的"一刀切"的方法以及这一方法对小型银行和中小型企业的负面影响；最后回答，为什么《巴塞尔协议》相关文件会提出"合比例性"法概念。

第一节 巴塞尔委员会与《巴塞尔协议》

巴塞尔银行监管委员会（The Basel Committee on Banking Supervision，简称巴塞尔委员会或委员会）总部设在国际清算银行，其任务是为银行审慎监管在国际层面制订标准，为各国银行监管机关就银行监管事项进行定期合作提供一个论坛，以提高全球银行监管的质量并维持金融稳定。[③]但巴塞尔委员会没有任何正式的超国家权力，它的决定不具有法律约束力，只能依靠其成员的承诺和主动执行来完成任务。[④]自成立以来，巴塞尔委员会的成员已从 10 国扩大到 28 个司法管辖区的 45 个机构，这些机构包括各国中央银行和负责监管本国银行业务的机关，其中中国的人民

---

① 徐飞、唐建新、程利敏：《国际贸易网络与股价崩盘传染：竞争性货币贬值视角》，《国际金融研究》2018 年第 12 期。

② See Stijn Claessens, Ayhan Kose, Luc Laeven and Fabian Valencia: *Financial Crises: Causes, Consequences, and Policy Responses*, International Monetary Fund, 2014, pp.61—93.

③ 李健男：《论后金融危机时代金融监管国际合作的组织机制——全球金融集体安全机制构建思考之一》，《现代法学》2010 年第 4 期。

④ See BCBS: "Basel Committee Charter", https://www.bis.org/bcbs/charter.htm? m = 3070, last visited on 25th December 2022.

银行和银保监会、欧盟的中央银行和中央银行单一监管机制均为巴塞尔委员会的成员。①巴塞尔委员会自成立以来，通过以资本充足率规则为核心的《巴塞尔协议》及其附属文件，建立了一系列银行监管的国际标准。

一、巴塞尔委员会概况

1974 年 6 月 28 日，位于联邦德国的赫斯塔特银行在外汇市场遭受了 4.5 亿美元的损失，占其总资本的一半以上，联邦德国当局紧急关闭了赫斯塔特银行并联合德累斯顿银行和德意志银行等大银行对其进行了救助，由于缺乏信息和资金，最终救助失败。在联邦德国境内，民众对于银行的信心受损而引发挤兑，监管当局和大银行的救助依然没有奏效，结果造成受到牵连的小银行不得不被迫关门；在国际市场上，赫斯塔特银行关闭造成的一个严重后果是使外汇现货交易业务的清算机制陷入混乱，结果对国际同业市场造成了严重影响，尤其使意大利和日本的有关银行遭受了极其严重的资金困难。在这一背景下，旨在通过构建银行业国际监管框架来提升银行监管的质量并最终加强全球金融稳定的十国集团中央银行行长于 1974 年底共同成立了巴塞尔委员会。②

巴塞尔委员会成立之初旨在通过银行监管机关之间的国际合作缩小不同国家间银行业国际监管的差距，将更多的银行纳入国际监管框架中，同时使委员会所制订的规范充分和一致地适用到成员国。1975 年 9 月，委员会发布了《关于监管银行境外机构的报告——协约》（简称《协约》）。《协约》的目的是为各国监管机关在监管银行国外机构方面的合作制订基础准则，并提出提高监管效率的方法。《协约》首次提出了东道国和母国监管机关之间对银行的外国分行、子公司和与外国银行合资的企业分担监

① See BCBS："Basel Committee Membership"，https://www.bis.org/bcbs/membership.htm?m=3071，last visited on 25th December 2022.
② See Emmanuel Mourlon-Druol："'Trust is Good，Control is Better'：The 1974 Herstatt Bank Crisis and its Implications for International Regulatory Reform"，*Business History*，Volume 57，Issue 2（2015），pp.1—19.

管责任的原则，以及银行监管应当从三个基本层面进行：流动性、以资本数量为评价标准的偿付能力、外汇操作规范。①1983 年 5 月，《协约》修订并重新发布《银行境外机构监管原则》。二者相比，后者将以资本数量为评价标准的偿付能力提升到了更重要的位置且对不同形式的银行境外机构有了更细化的标准。②1990 年 4 月，委员会发布《金融市场监管参与机关信息交换规范》，以补充《银行境外机构监管原则》，这一规范旨在打通银行监管机关和证券监管机关之间的信息流动，以提升金融稳定。③1992 年 7 月，委员会重新制订《协约》，以《国际银行集团及其跨境机构的最低监管标准》的形式发布，这一规范明确了东道国合母国对国家银行集团及其跨境机构的监管责任。④1996 年 10 月，委员会发布了一份关于跨境银行业监管的报告，提出了克服对国际银行跨境业务进行有效综合监管的障碍的建议，其中包括信息共享和东道国与母国共同加强监管。随后，该报告得到了 140 个国家监管机关的认可，有助于在母国和东道国的监管机关之间建立起关系。⑤

　　通过一系列的基础性规范，委员会可以通过不同国家银行监管机关信息交换来识别全球金融体系中正在发生或即将发生的风险，分享银行监管难题及解决方法、技术，促进共同理解并改善跨境银行监管合作；可以建立并推广银行监管的全球标准、规则和经验；可以减少不同国家监管面的

---

① See BCBS："Report on the Supervision of Banks, Foreign Establishments-Concordat", 28 September 1975, https://www.bis.org/publ/bcbs00a.pdf, pp.1—5, last visited on 25th December 2022.

② See BCBS："Principles for the Supervision of Banks, Foreign Establishments-Concordat", 28 May 1983, https://www.bis.org/publ/bcbsc312.pdf, pp.1—7, last visited on 25th December 2022.

③ See BCBS："Exchanges of Information between Supervisors of Participants in the Financial Markets", 28 April 1990, https://www.bis.org/publ/bcbs07a.pdf, pp.1—7, last visited on 25th December 2022.

④ See BCBS："Minimum Standards for the Supervision of International Banking Groups and their Cross-Border Establishments", 28 July 1992, https://www.bis.org/publ/bcbsc314.pdf, pp.1—6, last visited on 25th December 2022.

⑤ See BCBS："The Supervision of Cross-Border Banking", 4 October 1996, https://www.bis.org/publ/bcbs27.pdf, pp.1—29, last visited on 25th December 2022.

质量差距;可以监测委员会的标准在成员国和其他国家的执行情况,以确保其及时、一致和有效地执行。在履行这些义务的过程中,委员会始终以全球金融稳定为终极目标,不断提高其银行监管的质量。[1]

随着委员会对银行业国际监管规范基础的奠定,资本充足率很快成为委员会关注的焦点。20 世纪 80 年代初,拉丁美洲债务危机的爆发加剧了委员会对主要国际银行的资本充足率在国际金融风险不断积聚的情况下持续恶化的担忧。[2]在十国集团央行行长的支持下,委员会成员决定通过更严格的监管标准和更有约束力的多国协议来加强国际银行系统的稳定性,以防止银行因逐利而不断扩张,阻止银行放弃对资本充足率国际标准的维持。为使资本充足率规则成为国际标准,委员会对衡量银行资产负债表内外的风险采用加权计算的方法。当资本充足率规则和对资产进行风险加权计算的方法达成共识时,《巴塞尔协议》应运而生,并于 1988 年 7 月发布。[3]直至今日,《巴塞尔协议》及其附属文件一直是银行业国际监管框架的核心国际协议,但也正因为《巴塞尔协议》以资本充足率为核心的监管方法使得银行业国际监管框架中始终存在稳定和发展两种价值的矛盾。

二、资本充足率监管的基本理论

《巴塞尔协议》是巴塞尔委员会为维持资本市场稳定、减少国际银行间的不公平竞争、降低银行系统性信用风险和市场风险而推出的银行资本充足率的最低要求。那么,何谓资本?为什么巴塞尔委员会选择以资本充足率作为核心监管方法在国际层面对全球银行业进行监管?

---

① See BCBS: "Basel Committee Charter", https://www.bis.org/bcbs/charter.htm?m = 3070, last visited on 25th December 2022.

② See Piet Clement and Ivo Maes: "The BIS and the Latin American Debt Crisis of the 1980s", *National Bank of Belgium Working Paper*, No.247 (2013), pp.1—5.

③ See Charles Goodhart: *The Basel Committee on Banking Supervision: A History of the Early Years 1974—1997*, Cambridge University Press, 2011, pp.6、151.

　　普遍意义上，资本是商人以营利为目的成立企业时投入的资金。[①]在银行业的背景下，资本是一家银行从股东和储户那里获得的资金和资金产生的利润。根据来源不同，我们可以把银行资本分为经济资本和监管资本：经济资本是指在没有资本监管的情况下，股东会提供给银行的资金数量；相比之下，监管资本是银行监管机关综合平衡了银行成本收益与社会公共利益的情况下，制订强执性规则，要求银行持有的资金数量。[②]监管机关可以通过银行牌照的行政许可制度保证这一强制性规则的执行。[③]理论上，银行作为金融市场的中介机构，存款是银行最常见的资本来源形式，存款可以按需提取，是银行的短期负债；通常情况下，银行的盈利模式是持有其所吸收的存款总量的一部分，并将剩余部分用于发放贷款作为长期资产获得利润。然而，现实的经济状况是瞬息万变的，银行的资本与其他营利性组织一样可能发生损失：一方面，交易对手方的违约会使其受损；另一方面，银行作为整个金融系统的核心，在金融危机中可能因系统性的风险而受到损失。巨大的损失可能会导致银行挤兑，但如果银行持有充足数量的资本，就能够弥补损失，从而维持银行稳定运转，同时保证单一银行机构不发生影响整个银行业的系统性风险。[④]从历史上看，赫斯塔特银行危机，即使是一家中小型银行的倒闭，其传染力也可能相当严重。鉴于银行是金融市场的中介机构，其稳定是由资本充足程度所保证的，银行机构必须遵守监管机关的最低资本充足率要求。[⑤]因此，监管资本在防范系统性金融风

---

　　① See Geoffrey M. Hodgson："What is Capital? Economists and Sociologists Have Changed its Meaning：Should it be Changed Back?"，*Cambridge Journal of Economics*，Volume 38，No.5 (2014)，p.2.

　　② See Abel Elizaldea and Rafael Repullob："Economic and Regulatory Capital in Banking：what Is the Difference?"，*International Journal of Central Banking*，Volume 3，No.3 (2007)，pp.87—92.

　　③ See Richard A. Werner："How do Banks Create Money，and Why Can Other Firms not do the Same? An Explanation for the Coexistence of Lending and Deposit-Taking"，*International Review of Financial Analysis*，Volume 36 (2014)，p.75.

　　④ See Sir Ross Cranston，Emilios Avgouleas，Kristin van Zwieten，Christopher Hare and Theodor van Sante：*Principles of Banking Law Third Edition*，Oxford University Press，2018，pp.28—29.

　　⑤ See Richard A. Werner："A Lost Century in Economics：Three Theories of Banking and the Conclusive Evidence"，*International Review of Financial Analysis*，Volume 46 (2016)，pp.374—375.

险中尤为重要。[1]

资本充足率监管还有其自身优势。首先,资本充足率监管是一种预防性的事前监管措施。与存款保险制度相比,资本充足率监管预设了风险随时可能发生的现实状况,并且避免了事后补救的道德风险;[2]其次,银行与存款人和贷款人之间存在普遍的信息不对称,资本充足率监管可以向利益相关者提供关于银行财务状况的准确信息,减少银行和主要利益相关者之间的信息不对称;[3]最后,银行作为金融企业也有可能进入破产程序,但由于银行的特殊性,只有在有足够的资本来偿付的情况下,才能有效地解决一家即将倒闭的银行。[4]此外,银行之间以及金融系统内部都是相互关联的,负面的外部因素很容易传导至其他银行而产生连锁反应。[5]银行大面积倒闭会威胁整个国家乃至全世界金融系统的稳定。因此,必须不惜一切代价维护银行稳定和金融稳定。在这种背景下,资本充足率监管被认为是保持银行和金融稳定最有效的工具之一。

三、《巴塞尔协议》资本充足率规则的演进

银行业国际监管框架中最重要的资本充足率监管规范制订者是巴塞尔委员会。巴塞尔委员会成立之前,资本充足率监管在国际层面是没有统一规范的,由各主权国家在国内层面根据本国实际状况制订规范。一些国家的银行监管机关受新自由主义经济学的影响,认为银行作为市场主体能够

---

[1] See Caio Ferreira, Nigel Jenkinson and Christopher Wilson: "From Basel I to Basel III: Sequencing Implementation in Developing Economies", *IMF Working Paper*, WP/19/127 (2019), pp.11—13.

[2] See Russell Cooper and Thomas W. Ross: "Bank Runs: Deposit Insurance and Capital Requirements", *International Economic Review*, Volume 43, No.1 (2002), pp.55—72.

[3] See Giovanni Dell'Ariccia: "Asymmetric Information and the Structure of the Banking Industry", *European Economic Review*, Volume 45, Issue 10 (2001), pp.1957—1980.

[4] See Daniela Laas and Caroline Franziska Siegel: "Basel III versus Solvency II: An Analysis of Regulatory Consistency under the New Capital Standards", *The Journal of Risk and Insurance*, Volume 84, No.4 (2017), pp.1231—1267.

[5] See Marco Bodellini: *International Bank Crisis Management: A Transatlantic Perspective*, Bloomsbury Publishing, 2022, p.27.

根据市场和自身状况确定最佳的资本数量，不需要通过强制性的规范要求。[1]然而，在 20 世纪 80 年代末，这种观念发生了变化，巴塞尔委员会成员国认识到资本充足率规则仅在一国范围内执行并不足以消除因国家间资本充足率规则的差异而产生的竞争不平等，全球需要一个多国协议来加强国际银行业的稳定性。在此背景下，委员会在对 1987 年 12 月发表的咨询文件进行讨论后，以资本充足率规则为核心的第一版《巴塞尔协议》得到了十国集团理事的批准，并于 1988 年 7 月向银行发布。[2]此后，经历数十年的发展，《巴塞尔协议》中的资本充足率规则在不同版本的演进中有了新的内涵和外延。

(一)《巴塞尔协议》：填补空白

随着银行业务不断拓展至全球各国，加之不同国家的银行监管规则各异，跨国经营的银行为扩大利润会寻找监管规则相对宽松的国家经营；此外，由于缺乏国际公认的银行监管标准，各国可能会受到税收增加的诱惑，通过向跨国经营的银行提供更有利的监管规则来吸引它们，[3]这些显然为积聚全球金融风险提供了温床。资本充足率监管是一个有效的工具，可以首先应对单个银行危机，然后再面对系统性金融危机。在这种情况下，1988 年的《巴塞尔协议 I》填补了银行业国际监管框架中适用于国际活跃银行的资本充足率规则空白。[4]由于资本是为了保护银行免受其业务活动中所蕴含的风险，所以需要根据银行资产的风险程度来确定银行的资本充足率。据此，首先，《巴塞尔协议 I》将监管资本分为核心资本和补充资本两级，其中：核心资本至少占 50%，其构成主要是股东

---

[1]　See Heikki Patomaki："Neoliberalism and the Global Financial Crisis"，*New Political Science*，Volume 31，No.4（2009），pp.441—442.

[2]　See Laurent Balthazar：*From Basel 1 to Basel 3：The Integration of State-of-the-Art Risk Modelling in Banking Regulation*，Springer，2006，pp.12—13.

[3]　巴曙松、沈长征：《国际金融监管改革趋势与中国金融监管改革的政策选择》，《西南金融》2013 年第 8 期。

[4]　See BCBS："International Convergence of Capital Measurement and Capital Standards"，15 July 1988，https://www.bis.org/publ/bcbs04a.pdf，para.7，last visited on 25th December 2022.

投资资本与留存利润之和，其他资本则纳入补充资本，其比例可以与核心资本相当；①其次，《巴塞尔协议Ⅰ》引入了风险加权资产计算（Risk-Weighted Assets）和最低资本充足率两种制度。风险加权资产计算是指假设银行表内的不同资产具有不同的风险水平，在计算资产数量时，根据资产风险水平的不同乘以相应的权重后得出最终需要的资本数量。换句话说，资产被归为不同的类别，每个类别都根据其风险水平被赋予一个百分比。百分比越高，包含在其中的资产风险性就越高，银行被要求持有的资本就越多。②《巴塞尔协议Ⅰ》首次为国际活跃银行指定了一个关于资本充足率的最低标准，并要求国际活跃银行在过渡期结束时达到这一标准，其要求国际活跃银行经过风险加权计算的资本最低占总资本的 8%。③例如，如果一项价值 100 万元的资产被赋予 20% 的风险权重，这意味着在其资产负债表中拥有这项资产的银行必须持有至少 1.6 万元的无风险资本。

尽管《巴塞尔协议Ⅰ》在增加国际银行持有的资本量方面发挥了积极作用，但它仍然存在一些缺陷。一是适用范围扩大，但《巴塞尔协议Ⅰ》没有定义国际活跃银行，使得在适用过程中监管机关将国际活跃银行理解为有国际业务的银行；二是在风险加权资产计算制度中，《巴塞尔协议Ⅰ》只考虑了信用风险，未能充分考虑市场风险和操作风险。④

（二）《巴塞尔协议Ⅱ》：修订与完善

为了解决《巴塞尔协议Ⅰ》的缺陷，委员会在 2004 年通过了《巴塞尔协议Ⅱ》，对《巴塞尔协议Ⅰ》进行了重大修改。⑤《巴塞尔协议Ⅱ》引入了三大支柱：以修订后的最低资本充足率要求为基础的第一支柱；以监管

① See BCBS："International Convergence of Capital Measurement and Capital Standards"，15 July 1988，https：//www.bis.org/publ/bcbs04a.pdf，para.12—14，last visited on 25th December 2022.

② Ibid.，para.28.

③ Ibid.，para.44.

④ Ibid.，para.31—32.

⑤ See BCBS："Basel Ⅱ：International Convergence of Capital Measurement and Capital Standards：A Revised Framework"，10 June 2004，https：//www.bis.org/publ/bcbs107.pdf，para.1，last visited on 25th December 2022.

审查程序为基础的第二支柱；以市场纪律为基础的第三支柱。①除三大支柱外，《巴塞尔协议Ⅱ》也对前一版本的诸多问题进行了回应。

1. 适用范围问题

《巴塞尔协议Ⅱ》在第一部分开宗明义，改变原有适用于国际活跃银行的单一表述，将适用范围做了详细阐述。为了确保监管机关能够捕捉到整个银行系统的风险，将多元化混业经营的金融集团纳入适用范围中。通常，多元化混业经营的金融集团会设立金融控股公司来经营包括银行、证券和保险在内的全部金融业务，《巴塞尔协议Ⅱ》在最大程度上将包括国际活跃银行在内的所有银行、证券及保险业务纳入其适用范围。因此，金融集团、金融控股公司、国际活跃银行、证券公司及保险公司都在《巴塞尔协议Ⅱ》的适用范围中。②例如，中国的光大集团和中信集团，都是集商业银行、保险公司、信托公司和证券公司于一体的多元化混业经营的金融集团，其金融风险也较为集中。③相较于《巴塞尔协议Ⅰ》，国际活跃银行的内涵和外延更加明确，但实际上《巴塞尔协议Ⅱ》的适用范围有了进一步的扩展，全球金融系统中的绝大多数机构都将纳入到其适用范围。

2. 风险加权计算资产问题

委员会在公布《巴塞尔协议Ⅰ》后就意识到忽略市场风险和操作风险而进行风险加权计算资产无法完全控制金融风险。1996年1月，委员会发布了《巴塞尔协议Ⅰ修正案》（也称《市场风险修正案》），将市场风险纳入风险加权资产计算中考量。市场风险是指因市场价格变动而导致资产负债表内和表外款项损失的风险，主要包括：利率风险、股票风险、外汇风险和商品风险。④《市场风险修正案》首次允许银行使用内部模型作为衡量

---

① See BCBS："Basel II：International Convergence of Capital Measurement and Capital Standards：A Revised Framework"，10 June 2004，https://www.bis.org/publ/bcbs107.pdf，para.4，last visited on 25th December 2022.

② Ibid.，para.20—39.

③ 李志辉、李源、李政：《基于 Shapley Value 方法的金融控股公司综合经营风险评估研究——以光大集团和中信集团为例》，《南开经济研究》2015年第1期。

④ See BCBS："Amendment to the Capital Accord to Incorporate Market Risks"，10 June 2004，https://www.bis.org/publ/bcbs24.pdf，pp.1—6，last visited on 25th December 2022.

其市场风险的基础。①《巴塞尔协议Ⅱ》沿用了《市场风险修正案》中的市场风险和内部模型制度，并增加了操作风险制度。操作风险指的是由于银行内部流程、人员和系统不完善或由于外部事件而导致损失的风险，例如法律变化风险。②之所以允许银行采用内部模型对资产进行风险加权计算，是因为委员会认为银行对于其自身的经济资本情况的了解处于最佳程度，比监管机关更适合确定监管资本的数量，但这一制度也为未来金融风险的积聚埋下隐患。③

《巴塞尔协议Ⅱ》在全球金融危机爆发前已经在各主要经济体的银行业监管框架中执行，这使得银行大幅减少了所持有的资本数量，加之监管机关缺乏对银行内部模型监管所需的复杂技术，最终成为导致全球金融危机发生的因素之一。④由于委员会没有预见到在危机最严重时全球都对资本和流动性有强烈的需求，同时忽略了监管机关介入银行内部管理以限制银行增加杠杆率的重要性，《巴塞尔协议Ⅱ》未能在预防和控制金融危机方面达到其预定目标。

(三)《巴塞尔协议Ⅲ》：因应全球金融危机

全球金融危机暴露了《巴塞尔协议Ⅱ》在资本充足率和流动性监管方面的不足，这些不足伴随着银行治理和风险管理的缺陷以及信贷的过度增长最终造成了全球金融危机的爆发。针对这些风险因素，2010年7月，委员会成员国就资本充足率标准和流动性改革方案达成了一致；9月，央行行长和监管负责人小组（GHOS）宣布提高商业银行的全球最低资本充足率标准；11月，新的资本充足率和流动性标准在G20国家领导人峰会

---

① See BCBS: "Amendment to the Capital Accord to Incorporate Market Risks", 10 June 2004, https://www.bis.org/publ/bcbs24.pdf, pp.1—6, last visited on 25th December 2022.

② See BCBS: "Basel Ⅱ: International Convergence of Capital Measurement and Capital Standards: A Revised Framework", 10 June 2004, https://www.bis.org/publ/bcbs107.pdf, para.644, last visited on 25th December 2022.

③ See Andrea Beltratti and Giovanna Paladino: "Basel Ⅱ and Regulatory Arbitrage Evidence from Financial Crises", *Journal of Empirical Finance*, Volume 39 (2016), pp.180—196.

④ See Francesco Cannata and Mario Quagliariello: "The Role of Basel Ⅱ in the Subprime Financial Crisis: Guilty or Not Guilty?", *CAREFIN Research Paper*, No.3/09 (2009), pp.1—16.

上得到认可;①随后在12月的巴塞尔委员会会议上达成一致，委员会随之正式发布了《巴塞尔协议Ⅲ：流动性风险测量、标准和监测的国际框架》和《巴塞尔协议Ⅲ：提高银行和银行系统复原力的全球监管框架》，旨在增强《巴塞尔协议Ⅱ》所确立的三大支柱并在若干领域进行扩展。这一系列文件共同构成了《巴塞尔协议Ⅲ》。

《巴塞尔协议Ⅲ》作为对全球金融危机的回应，希望通过提高银行监管资本的数量和质量以强化全球资本和流动性规则，最终使全球银行业更具弹性。②首先，监管资本总额将由一级资本（持续经营资本）和二级资本（破产清算资本）共同构成，其中一级资本又包括普通一级权益资本和其他一级资本。③对于监管资本数量的要求更改为：普通一级权益资本必须在任何时候都至少是风险加权计算资产的4.5%；一级资本必须在任何时候都至少是风险加权计算资产的6%；总资本必须在任何时候都至少占风险加权计算资产的8%。④一级资本必须主要由股本、储备金和留存利润组成。⑤通过监管资本的划分规则、最低资本充足率规则及各级资本组成规则的修改，《巴塞尔协议Ⅲ》使得监管资本的质量、一致性和透明度都得到了大幅提高。此外，监管机关在全球金融危机期间根据《巴塞尔协议Ⅱ》要求银行增加资本储备，但这一机制由于当时整个市场中的资本不足，没能发挥应有的作用。据此，《巴塞尔协议Ⅲ》还推出了减少顺周期性，促进逆周期性的缓冲措施，这意味着监管资本与经济周期相关联。⑥强有力的资本充足率要求是银行业稳定的一个必要条件，但全球金融危机证明只有资本充足率要求并不能防止危机发生。因此，《巴塞尔协议Ⅲ》通过引入流动性

---

① See Ludger Schuknecht and Vincent Siegerink: "The Political Economy of the G20 Agenda on Financial Regulation", *European Journal of Political Economy*, Volume 65 (2020), pp.1—4.

② See BCBS: "Basel Ⅲ: A Global Regulatory Framework for More Resilient Banks and Banking Systems", 16 December 2010, https://www.bis.org/publ/bcbs189-dec2010.pdf, para.1, last visited on 25th December 2022.

③ Ibid., para.49.

④ Ibid., para.50.

⑤ Ibid., para.52.

⑥ Ibid., para.18—19.

标准制度来回应全球金融危机。与全球资本标准一样,流动性标准也将确立一个最低标准,以防止各国逐低竞争。首先,《巴塞尔协议Ⅲ》制订了流动性覆盖率(LCR)标准,要求银行有足够且高质量的流动性资产在一个月的紧急情况下生存下来;其次,制订了净稳定资金比率(NSFR)标准,要求银行在一年内有最低限度稳定的资金以应对流动性风险和表外的流动性需求。[①]自此,以《巴塞尔协议Ⅲ》为核心的银行业国际监管框架基本形成,在此后的一段时间,委员会不断地对《巴塞尔协议Ⅲ》进行调整和改革。

(四)《巴塞尔协议Ⅳ》:改革与未来

《巴塞尔协议Ⅲ》中银行仍然可以使用其内部模型来进行风险加权资产计算,委员会认为这种标准仍然有漏洞,需要更多和更高质量的资本和更高的缓冲区来维持金融稳定。[②]委员会于2017年12月通过了《巴塞尔协议Ⅲ:危机后改革的终结》,旨在补充《巴塞尔协议Ⅲ》中的各项文件。[③]尽管新措施仍在《巴塞尔协议Ⅲ》的框架内,但其对银行的影响程度颇深,故被学术界称为《巴塞尔协议Ⅳ》。[④]《巴塞尔协议Ⅳ》直接对风险加权资产计算进行了改革,从而间接地影响到银行监管资本数量的标准。[⑤]

《巴塞尔协议Ⅳ》对信用风险和操作风险的计算进行了统一。

鉴于信用风险是各版本《巴塞尔协议》一直关注且应用于风险加权资产计算制度中的一类风险,同时也是银行承担的可能造成最大不利影响的风险,委员会认为统一确定信用风险的方法是有必要的。委员会允许银行

---

① See BCBS: "Basel III: A Global Regulatory Framework for more Resilient Banks and Banking Systems", 16 December 2010, https://www.bis.org/publ/bcbs189-dec2010.pdf, para.42, last visited on 25th December 2022.

② See M. Magnus, A. Margerit, B. Mesnard and A. Korpas: "Upgrading the Basel Standards: From Basel III to Basel IV?", *Economic Governance Support Unit*, *European Parliament Briefing Paper*, PE 587.361 (2017), pp.1—15.

③ See BCBS: "Basel III: Finalising Post-Crisis Reforms", 07 December 2017, https://www.bis.org/bcbs/publ/d424.pdf, p.1, last visited on 25th December 2022.

④ See Peter Yeoh: "Basel IV: International Bank Capital Regulation Solution or the Beginnings of a Solution?", *Business Law Review*, Volume 39, Issue 5 (2018), p.181.

⑤ See Martin Neisen and Stefan Roth: *Basel IV: The Next Generation of Risk Weighted Assets 2nd Edition*, Wiley-VCH, 2018, pp.1—7.

选择两种方法来计算其信用风险：第一种是标准化的方法，即根据风险敞口大小不同来分配确定的风险权重；第二种方法是基于内部评级的方法，允许银行使用其内部评级系统来衡量信用风险，但需得到银行监管机关的明确批准。[①]与信用风险类似，委员会也将计算操作风险的方法进行了统一，在计算操作风险时应当考虑三个因素：根据财务报表中的数据来计算操作风险；根据监管规则给定的系数来计算操作风险；根据银行历史受损状况来计算操作风险。新的计算方法均适用于多元化混业经营的金融集团和国际活跃银行，对于非国际活跃银行是否适用，委员会将自由裁量权赋予成员国的监管机关。[②]通过计算方法上的改革，《巴塞尔协议Ⅳ》将有助于减少风险资产评估的过度变化，同时提高银行风险资本比率的统一性和透明度。

纵观各版本《巴塞尔协议》的资本充足率规则，可以判断：以巴塞尔委员会和《巴塞尔协议》为核心的银行业国际监管框架在规则制订方面一直强调通过提升银行资本的数量和质量来提高银行的稳定性和恢复能力，在可以预见的未来，这一方向不会改变。此外，各版本《巴塞尔协议》的资本充足率规则在演进过程中由于受到金融危机的影响，加强银行监管成为国际标准制订者的指导思想，尽管前期在改革过程中有一定的波动，但此类规则仍呈现出明显的统一化和严厉化的趋势，尤其在《巴塞尔协议Ⅲ》和《巴塞尔协议Ⅳ》出台后，这一趋势愈发明显。这一趋势在各版本《巴塞尔协议》的演进过程中有如下体现：首先，所考虑的风险因素从单纯考虑信用风险转变为综合考虑信用风险、市场风险和操作风险；其次，合规项目从资本充足率扩充为与资本充足率相关的多项要求，例如增加了流动性比率和净稳定资金比率等；再次，计算方法从多元化的风险加权资产计算制度转化为单一化的风险加权资产计算方法；最后，通过各项监管

---

① See BCBS: "Basel III: Finalising Post-Crisis Reforms", 07 December 2017, https://www.bis.org/bcbs/publ/d424.pdf, p.3, last visited on 25th December 2022.

② Ibid., p.128.

规则的演进,《巴塞尔协议》资本充足率规则对银行所持资本的数量和质量要求均有提升。银行业国际监管框架的主要目标是防范银行带来的系统性风险,维持金融稳定,从而促进经济可持续发展。但有机构和学者发现增加银行持有资本的数量和质量给银行带来了负担并降低了利润,以欧洲为例,《巴塞尔协议Ⅲ》使欧洲银行业的净资产收益率下降了4%,①《巴塞尔协议Ⅳ》对于欧洲规模最大的一些银行而言要增加持有1.5万亿欧元的资本。②可见,在规则制订层面,金融稳定与银行盈利之间已经出现矛盾。③为此,需要进一步思考的是,这一对矛盾是否在各国执行《巴塞尔协议》的过程中实际发生?一旦发生,其影响如何?

第二节 《巴塞尔协议》的执行机制

在《巴塞尔协议》制订并颁布后,根据《巴塞尔委员会章程》,委员会成员国同意在其境内全面执行《巴塞尔协议》中的资本充足率最低标准,同时委员会并不禁止成员国在执行过程中采用更高标准。④2012年1月,央行行长和监管负责人小组(GHOS)还批准了委员会提出的监测成员国执行《巴塞尔协议Ⅲ》的综合程序,即监管一致性评估项目(RCAP)。RCAP的目的是监测《巴塞尔协议Ⅲ》中的规则是否被成员国及时采用并评估所采用标准的一致性和完整性,同时纠正偏离监管框架的执行方式。⑤据此,可以总结《巴塞尔协议》的执行机制有四个层次:

---

① 陆静:《巴塞尔协议Ⅲ及其对国际银行业的影响》,《国际金融研究》2011年第3期。

② See PwC:"'Basel IV':Big Bang—or the Endgame of Basel III? BCBS Finalises on Risk-Weighted Assets (RWA)", December 2017, https://www.pwc.com/il/he/bankim/assets/2018/basel-iv-big-bang-or-endgame-of-basel-iii-201712.pdf, p.9, last visited on 25th December 2022.

③ See Ayodeji Michael Obadire, Vusani Moyo and Ntungufhadzeni Freddy Munzhelele:"Basel III Capital Regulations and Bank Efficiency:Evidence from Selected African Countries", *International Journal of Financial Studies*, Volume 10, No.3 (2022), pp.1—22.

④ See BCBS:"Basel Committee Charter", https://www.bis.org/bcbs/charter.htm?m=3070, last visited on 25th December 2022.

⑤ See BCBS:"RCAP:Role, Remit and Methodology", https://www.bis.org/bcbs/implementation/rcap_role.htm, last visited on 25th December 2022.

第一，组织层次。在这一层次，成员国会通过政治程序决定成立可以在国际层面协调银行业监管的国际组织；

第二，规则制订层次。在这一层次，各成员国的银行监管机关会在技术层面制订符合委员会宗旨和目标的监管规则；

第三，国内执行层次。在规则制订之后，各成员国应当根据对委员会的承诺通过国内的立法程序，将监管规则转化为国内法，从而使国际协议获得法律约束力；

第四，监测和评估层次。委员会通过 RCAP 对各国执行《巴塞尔协议》的及时性、完整性和一致性进行监测和评估。[1]

当前，在第一层次和第四层次，以巴塞尔委员会为核心国际组织的银行业国际监管框架通过多年的实践已完成了组织和评估程序的构建；第三层次是各主权国家的具体执行机制。委员会为进一步提升《巴塞尔协议》的影响力和执行程度，已将执行机制的重点放在规则执行层次。[2]在规则制订层次，银行业国际监管框架是塑造全球经济秩序的一种重要工具。与处理国际贸易和货币事务的国际组织都是正式的政府间国际组织相比，巴塞尔委员会并不是一个正式的政府间国际组织，其国际法律地位并不清晰。[3]因此，委员会所制订的《巴塞尔协议》和作出的与之相关的承诺都不具有法律效力，在国际法层面只是一个无法律约束力的事项，此类国际法文件可以称为"软法"。那么，我们首先要回答的问题是，什么是软法？与其他国际经济事务规范相比，软法在银行业国际监管框架中有何特殊性？软法是否降低了《巴塞尔协议》的执行程度？

---

① See Douglas W. Arner and Michael Taylor："The Global Financial Crisis and the Financial Stability Board：Hardening the Soft Law of International Financial Regulation?"，*University of New South Wales Law Journal*，Volume 32（2009），p.5.

② See Peter Majcher：Increased Bank Capital Requirements：Neither Panacea nor Poison，*Procedia Economics and Finance*，Volume 25（2015）pp.253—255.

③ 李健男：《论后金融危机时代金融监管国际合作的组织机制——全球金融集体安全机制构建思考之一》，《现代法学》2010 年第 4 期。

一、《巴塞尔协议》与软法

（一）何谓软法

软法通常是指非正式且没有法律约束力的各类指导、指令、监管原则、承诺或备忘录；[①]与之相对的硬法指的是正式规定有法律约束力的文件，例如国际条约、议定书或公约。[②]

国际贸易领域中，国际条约长期以来具有特殊地位。条约与习惯法不同，习惯法是从各国一贯的实践中总结出的国际法；条约是专门反映国家间协商过程的文本，通常需要国家立法机构的批准才能生效。[③]因此，条约不仅比习惯国际法更准确地表达承诺，而且还具有合法性，意味着被治理者的同意。[④]条约较为流行的原因在于其民主性。作为硬法的一种，即公认的国际法渊源，条约被视为特别适合应对国际贸易领域的问题。此外，由于条约需要众多政府参与，包括国家元首的领导和立法机构的批准，如果国家不履行其条约义务，可能会面临巨大的声誉成本损失。[⑤]简言之，倾向于履行承诺的国家声誉良好，有助于它们在需要维护国家利益时与习惯国际法保持一致；[⑥]而当国家未能履行其承诺时，它们向其他国家展现了不可信任的一面，从而影响了其未来与他国合作的前景。[⑦]国际条约还有助于国际组织成立。基于硬法建立的国际秩序通常沟通成本巨大，因此参与者希

---

① See Emily Crawford: *Non-Binding Norms in International Humanitarian Law: Efficacy, Legitimacy, and Legality*, Oxford University Press, 2021, pp.8—83.

② See Kenneth W. Abbott and Duncan Snidal: "Hard and Soft Law in International Governance", *International Organization*, Volume 54, No.3 (2000), pp.421—422.

③ See Laurence R. Helfer and Ingrid B. Wuerth: "Customary International Law: An Instrument Choice Perspective", *Michigan Journal of International Law*, Volume 37 Issue 4 (2016), pp.563—568.

④ See Chris Brummer: *Minilateralism: How Trade Alliances, Soft Law and Financial Engineering are Redefining Economic Statecraft*, Cambridge University Press, 2014, p.94.

⑤ 王学东：《国家声誉在大国崛起中的作用》，《国际政治科学》2005年第1期。

⑥ See George W. Downs and Michael A. Jones: "Reputation, Compliance, and International Law", *The Journal of Legal Studies*, Volume 31, No.S1 (2002), pp.S95—S114.

⑦ See Andrew Guzman: *How International Law Works: A Rational Choice Theory*, Oxford University Press, 2007, pp.71—111.

望确保签署方都履行其承诺。①因此,条约的签署使各方就条约中所协商的问题和开展的活动具有透明度,从而更容易发现并惩罚不履约方。此外,国际组织还是成员国之间就条约条款进行协商和潜在争议解决的平台。例如,世界贸易组织及其前身《关税及贸易总协定》就是这类国际组织。②

1948年,美国及其主要经济伙伴创设了《关税及贸易总协定》,主要通过谈判降低关税,促进更自由、更公平的贸易。随着时间的推移,《关税及贸易总协定》在美国的推动下,通过多轮条约谈判,逐渐涵盖了签署国为减少贸易壁垒而作出的实质性承诺,例如,争端解决机制和秘书处。③随着WTO于1995年成立,这一演变过程达到了顶峰。WTO是一个正式的国际组织,具有国际法主体资格。④除了享有解释条约的权力外,WTO还享有比《关税及贸易总协定》更有效、更正式的惩戒机制。最重要的是,WTO可以通过争端解决机制,授权受损害国家通过中止所涉协议项下的同等义务或其他义务进行报复。⑤因此,WTO的执行策略采用了"针锋相对的方法":"如果甲国被发现违反了其对乙国的义务,而甲国拒绝对违约行为进行补救,乙国可以中止其对甲国市场准入义务的同等措施。"⑥WTO还有一个上诉机构来监督争端解决机制的执行,受理审查争端解决机制的判决,并在此过程中允许对成员国做出的承诺进行强有力的

---

① See Gregory Shaffer and Mark A. Pollack:"Hard vs. Soft Law:Alternatives,Complements and Antagonists in International Governance",*Minnesota Law Review*,Volume 94(2010),pp.706—718.

② See John H. Jackson:*Sovereignty,the WTO,and Changing Fundamentals of International Law*,Cambridge University Press,2006,pp.3—17.

③ See Chris Brummer:*Soft Law and the Global Financial System:Rule Making in the 21st Century*,Cambridge University Press,2015,p.120.

④ See Joost Pauwelyn:"The Transformation of World Trade",*Michigan Law Review*,Volume 104,Issue 1(2005),pp.24—29.

⑤ 孟琪:《WTO争端解决机制中报复制度的完善与重构》,《国际经济合作》2016年第7期。

⑥ See Jide Nzelibe:"The Credibility Imperative:The Political Dynamics of Retaliation in the World Trade Organization's Dispute Resolution Mechanism",*Theoretical Inquiries in Law*,Volume 6,Issue 1(2000),pp.215—216.

监督和执行。[1]WTO的条约和争端解决机制也体现了硬法的特点。

与以硬法为基础的国际贸易秩序相比，以巴塞尔委员会和《巴塞尔协议》为核心的银行业国际监管框中的标准都是以软法为基础而构建的。[2]《巴塞尔协议》不是通过联合国或国际货币基金组织等既定国际组织协调的程序而制订的，而是通过欧洲、美国和其他少数国家各银行监管机关之间的一系列非正式会议颁布的。《巴塞尔协议》是为金融危机暴露出的银行监管缺陷而制订的，意在为一个有恢复力的银行业提供制度基础，避免系统性风险的积累。具体来说，《巴塞尔协议》通过资本充足率监管、流动性监管和杠杆率监管等工具来实现其最终目的。[3]

（二）银行业国际监管框架中的软法渊源

银行业国际监管框架中的渊源并未经过政府间的磋商程序及国内的民主程序，此外，协调和标准制订工作并非由成员国国家元首主导，而是由成员国中央银行、监管机关以及财政部门主导。[4]巴塞尔委员会的45个成员包括来自28个司法管辖区的央行和银行监管机关，但其制订的标准却被绝大多数国家和地区遵守。[5]银行业国际监管框架中的渊源是非正式的，其立法机构相较于合法性充足的国际条约也不甚充足。简言之，银行业国际监管框架中的软法渊源不具有法律约束力，因此被定性为国际软法。银行业国际监管框架中的软法渊源产生的形式多种多样，可以根据三种基本类型进行分类：

---

① See Geraldo Vidigal："Living without the Appellate Body：Multilateral，Bilateral and Plurilateral Solutions to the WTO Dispute Settlement Crisis"，*The Journal of World Investment & Trade*，Volume 20，Issue 6（2019），pp.863—864.

② See Chris Brummer："Why Soft Law Dominates International Finance—and not Trade"，*Journal of International Economic Law*，Volume 13，Issue 3（2010），pp.623—643.

③ See Jean Galbraith and David T. Zaring："Soft Law as Foreign Relations Law"，*Cornell Law Review*，Volume 99，No.4（2014），pp.785—787.

④ See David Zaring："Informal Procedure，Hard and Soft，in International Administration"，*Chicago Journal of International Law*，Volume 5，No.2（2005），pp.547—601.

⑤ See BCBS："Basel Committee Membership"，https://www.bis.org/bcbs/membership.htm，last visited on 25th December 2022.

1. 国际银行监管法实践的总结

银行业国际监管框架中的软法渊源通常采用总结国际银行监管法中最佳实践的形式，通过经验规则促进银行监管规范的完善。[①]通常，在涉及资本充足率和流动性规则中采用了各国普遍接受的实践形式。

2. 监管报告

国家监管机关收集、评估并最终用于制订政策的数据所形成的监管报告是银行业国际监管框架中的第二种重要形式。报告包含了相关的金融数据及其对全球金融市场影响的官方事实和监管意见。在此过程中，报告为政策制订奠定基础并产生规范性的科学依据，有助于确定国家监管方法的适当性。此外，它们还有助于银行监管机关确立默示承诺。例如，如果报告发现某些监管行为存在缺陷或无效，则报告的签署方至少默认承诺不采用该等做法。通过这种方式，报告可以具有类似承诺的性质，因为在签署方对未来行动拥有广泛的自由裁量权的情况下，银行不会从事与报告中表达的价值观或规范冲突的行为。因此，监管报告通常是经过谈判达成的文书。[②]

3. 信息共享和执行协作机制

信息共享协议在国际层面解决了监管机关因执法范围有限而无法获取国际银行信息的问题。《巴塞尔协议》中的支柱三就对信息披露做了新的要求。[③]同时，执行协作协议规定了不同国家同意在国外执行其国内规则和义务时相互提供协助的条款。通过这类协议，监管机关缩小了跨国案件中出现的信息不对称。

（三）软法主导银行业国际监管框架的优势

银行业国际监管框架中的规范普遍以软法的各种渊源存在是规范研究

---

① See David Zaring："Best Practices"，*New York University Law Review*，Volume 81，No.1 (2006)，pp.294—350.

② See Lucia Quaglia："The Politics of State Compliance with International 'Soft Law' in Finance"，*Governance*，Volume 32，Issue 1 (2019)，pp.45—62.

③ See BCBS："Pillar 3 Disclosure Requirements-Updated Framework"，11 December 2018，https://www.bis.org/bcbs/publ/d455.pdf，last visited on 25th December 2022.

的共识。①那么没有约束力的软法如何执行? 在构建银行业国际监管框架时为何不选择有执行力的硬法? 软法在银行业国际监管框架中有如下优势。

1. 软法并非毫无执行力,银行业国际监管框架中的规则有间接执行机制

现实中,为了体现对《巴塞尔协议》的支持,许多国家将遵守《巴塞尔协议》的相关规则作为银行进入本国金融市场的前提条件;诸如美国和欧盟此类银行业发达的重要市场也要求外资银行在进入市场前,其母国满足《巴塞尔协议》。②此外,国际货币基金组织和世界银行将《巴塞尔协议》的执行作为评估一国银行监管措施是否适当的一个标准,高标准地执行《巴塞尔协议》往往是国际货币基金组织和世界银行发放贷款的基础。在这个意义上,成员国可以利用国际货币基金组织和世界银行的有条件贷款来引导国内银行遵守《巴塞尔协议》。③

然而间接的执行机制并不能从根本上改变银行业国际监管框架中软法的性质,但学者们从成本角度再次论证了软法可以主导银行业国际监管框架的原因:首先,软法的缔约成本较低,各国不仅寻求对做出可信的承诺和规范以执行监管政策,而且还寻求快速有效的监管方式。从这个角度来看,硬法有时并不能满足。④缔结条约通常需要国家元首或其代表和国内立法机构进行数月甚至数年的谈判,一旦缔结,条约内容就很难改变,这增加了通过条约制订的规则与实践不一致的风险。⑤相比之下,软法提供了一种成本低的达成共识的方式。由于其非正式地位,软法的制订不一定需要

---

① See Gregory C. Shaffer and Mark A. Pollack, "Hard Versus Soft Law in International Security", *Boston College Law Review*, Volume 52, Issue 4 (2011), pp.1147—1239.

② See Birgit Rost: *Handbook of Transnational Economic Governance Regimes*, Brill Nijhoff, 2010, pp.319—328.

③ See Michael S. Barr and Geoffrey P. Miller: "Global Administrative Law: The View from Basel", *European Journal of International Law*, Volume 17, Issue 1 (2006), pp.15—46.

④ See Kenneth W. Abbott and Duncan Snidal: "Hard and Soft Law in International Governance", *Legalization and World Politics*, Volume 54, No.3 (2000), pp.421—456.

⑤ See Jacob Gersen and Eric Posner: "Soft Law: Lessons from Congressional Practice", *Stanford Law Review*, Volume 61, Issue 3 (2008), pp.573—627.

国家元首的参与或冗长的当局批准程序，取而代之的是行政机关和行业专家之间主导下可以达成协议的过程，这意味着外部人士的干预较少，谈判成本较低。由于软法的灵活性，只要各方之间存在协议，各方也可以相对容易地修订或补充协议。其次，软法还涉及更少的主权让渡成本，即软法较少地限制一国在本国领域内行使国家权力的能力。当一个国家不再能够行使其国家权力时，主权让渡成本就会上升。[①]硬法通常具有较大的限制性，也即国家在缔结条约的过程中让渡了较多的主权。例如，硬法下的报复和互相指责是大多数国家的手段。这些手段所带来的后果单独或共同影响一个国家在签署条约后获得其政策优惠的能力。因此，缔约国会发现自己在实际的行为范围及其确保自身政策选择和利益方面受到更多限制。硬法的主权成本特别高，因为硬法要求一个国家接受其他国家对其本国重大政治或经济事件一定程度的干预。[②]国际协议可能以默示或明示的方式授权国际组织或超国家组织以可能限制国家治理各类问题能力的方式行事。学者们指出，软法的非正式地位使各方能够避免这种主权让渡成本。[③]在银行监管领域，由于协议不具有法律约束力，各国银行监管机关可以选择不采纳国际组织规则的某些内容。这一规定不仅适用于监管报告提出的政策建议，也适用于阐述实践的文书中具有规范性的条款。此外，即使软法可能表示有意寻求某一特定的行动，如果后来的情况表明行动不符合签署方的最大利益，国家也可以不履行该等软性承诺。学者认为，只要不存在强制性的法律义务，这些违背承诺的行为不会带来声誉减损的后果。[④]简言之，大多数软法协议通常以附条件的语言来制订，其性质不是国际法意义上的

---

① See David Epstein and Sharyn O'Halloran: "Sovereignty and Delegation in International Organizations", *The Law and Politics of International Delegation*, Volume 71, No.1（2008），pp.89—92.

② See Michael C. Dorf: "Dynamic Incorporation of Foreign Law", *Cornell Law Faculty Publications*, Paper 114（2008），pp.132—146.

③ See Kenneth W. Abbott and Duncan Snidal: "Hard and Soft Law in International Governance", *Legalization and World Politics*, Volume 54, No.3（2000），pp.421—456.

④ See Oona A. Hathaway: "Between Power and Principle: An Integrated Theory of International Law", *The University of Chicago Law Review*, Volume 72, No.2（2005），pp.469—536.

法律文书。因此，即使各方做出可能损害国家声誉的行为，也不承担任何国际法律义务，所以监管机关在管理自身事务时能保持灵活性，并且各方有机会了解特定政策选择的影响。①

2. 软法有助于降低政策问题领域经常存在的不确定性风险，从而促进协议的达成②

通常，人们对采用任何特定的方法都有相当大的怀疑或担忧。潜在的问题可能没有得到很好地理解，因此各国无法预见制度化安排的所有可能后果。③错误的标准不仅会使本国金融公司处于不利地位，而且还可能因公司负担过重或监管不够严格而导致银行业市场的效率低下。因此，签订长期的协议存在相当大的不确定性。银行监管尤其如此，因为银行监管可能涉及新的金融产品、投资工具或投资策略，所以监管无法及时获得有关任何特定规则影响的完整信息，导致监管的滞后。④

硬法也可以通过使有争议的术语或不准确或模糊的定义来处理这一问题。⑤但这样降低了全球协调的效果，因为如果没有充分或全面的协议，不确定性仍可能破坏协议，而且条约可能包含保留条款或允许缔约国退出。然而，即使如此，退出条约可能需要数十年才能执行。⑥因此，硬法经常将权力授予国际组织或特别法庭，后者将负责随着情况的发展执行和解释协议。然而，后一种方法不仅涉及高昂的主权让渡成本，而且对于减轻最终普遍存在于国际经济协议中的不确定性所带来的基本风险也鲜有作用。相

① See Julia Black："Forms and Paradoxes of Principles Based Regulation", *LSE Law*, *Society and Economy Working Papers*, 13 (2008), pp.1—36.

② See Chris Brummer: *Soft Law and the Global Financial System: Rule Making in the 21st Century*, *Second Edition*, Cambridge University Press, 2015, p.131.

③ See Andrew T. Guzman: "The Design of International Agreements", *European Journal of International Law*, Volume 16, Issue 4 (2005), p.591.

④ 陈栋、于艳华：《基于产品生命周期理论的金融监管滞后性研究》，《时代金融》2015 年第 11 期。

⑤ See Donald C. Langevoort: "Global Securities Regulation after the Financial Crisis", *Journal of International Economic Law*, Volume 13, Issue 3 (2010), pp.799—815.

⑥ See Daniel Müller: "Reservations and Time: Is There Only One Right Moment to Formulate and to React to Reservations?", *European Journal of International Law*, Volume 24, Issue 4 (2013), pp.1113—1134.

比之下，软法通过采用允许参与者避免非法律义务，为这些方法提供了有吸引力的替代方案。通过避免形式合法性，协议各方能够看到规则在实践中的影响，以便更好地评估其利益的得失；同时，它们保留了灵活性，以避免规则可能带来的其他不利的后果。从这个角度来看，软法为个人和集体了解规则提供了策略，各方从而可以随着时间的推移解决问题。特别是在金融监管背景下，软法允许各方试验，并在新的影响成本的事件出现时改变方向。此外，软法是一种沟通机制，各国可以通过软法向对方发出信号，表明其采取特定监管行动或采取特定监管方式的意图。

值得补充的是，软法的价值也受到了国际关系和国际法学者的推崇，他们认为软法本身就是一种权力或具有说服力的力量。近年来，有学者将国际金融体系描述为由各国的监管网络组成，通过监管同行的互动，促进集体解决问题和创新。监管网络成功的关键在于在这些网络中，决策是由一批技术熟练的监管专家来做出，对监管共同的期望，使他们能够免除耗时耗力的条约和正式的国际组织。[1]监管机关执行并依赖不太正式的工具，使他们能够做出快速反应，跟上快速变化的金融市场。

综上，软法虽理论上没有法律约束力和强制执行力，但现实中软法在银行业国际监管框架中通过间接执行机制仍产生了部分约束力和执行力，主要国家的银行业市场准入制度、国际经济组织财政资助制度的背书都加强了《巴塞尔协议》的执行，加之软法制订成本低，灵活性强，因此在银行业国际监管框架的执行机制中占据了主导地位。在此基础上，巴塞尔委员会为了进一步加强《巴塞尔协议》及其附属文件的执行，在规则指定层次之后，也在具体执行机制中向各成员提出了具体的执行方法。

二、《巴塞尔协议》中"一刀切"的执行方法

考虑到全球银行业的关联性和系统性风险的特殊性，软法的优势在银

---

[1]　See Nicholas W. Turner: "The Financial Action Task Force: International Regulatory Convergence through Soft Law", *The New York Law School Law Review*, Volume 59, Issue 3（2015），pp.548—559.

第一章　"合比例性"在《巴塞尔协议》的起源

行业国际监管框架执行机制中的优势能够增加其防止和遏制系统性风险的功能，但全球金融危机给我们的另一个启示是：一旦危机爆发，国家监管机关采取措施的滞后性很可能加剧危机。简言之，在全球金融领域，哪怕是轻微的延迟和监管滞后，都有可能导致灾难。①除了时间敏感性的考虑外，银行业国际监管框架中的软法还增强了中央银行的独立性。中央银行的独立性是指中央银行在履行法定义务时不受任何外部机构的干涉。②由于巴塞尔委员会不是正式的政府间国际组织，包括欧洲央行和中国央行在内的许多中央银行可以获得巴塞委员会成员资格，直接参与《巴塞尔协议》的制订、修改和执行。此外，由于各国的政治经济背景和金融体系结构有很大的不同，加之软法的存在，委员会允许各国根据自己的特殊情况进行规则的执行。③在此背景下，我们需要回答《巴塞尔协议》本身是否在规则制订层次形成了"一刀切"的执行机制？

（一）适用机构范围的扩大

《巴塞尔协议》中的资本充足率规则在不同方面都有所发展，包括适用范围和资本的数量和质量。《巴塞尔协议》的制订是为了防止跨国经营的银行给全球金融系统带来系统性风险，因此，制订《巴塞尔协议》伊始，对国际活跃银行的监管一直是委员会重点。在《巴塞尔协议Ⅰ》中，适用范围明确为国际活跃银行，但执行标准不得低于协议标准。随着时间的推移，当《巴塞尔协议Ⅱ》在2004年公布时，其对适用范围做了详细的阐释：不仅提到了国际上活跃的银行，而且还提到了有金融控股公司、有重大风险暴露的银行和其他重要银行及其分支机构。《巴塞尔协议Ⅲ》和《巴塞尔协议Ⅳ》在资本充足率规则上进一步采取了标准化和统一性较高

① See Jun Wang, Jinghua Tan, Jiujiu Chen and Hanlei Jin: "A Knowledge-aware and Time-sensitive Financial News Recommendation System Based on Firm Relation Derivation", *International Conference on Data Mining Workshops* (ICDMW), 2021, pp.1104—1111.

② See Peter Conti-Brown and Rosa Maria Lastra: *Research Handbook on Central Banking*, Edward Elgar Publishing, 2018, p.158.

③ See Christian Tietje and Matthias Lehmann: "The Role and Prospects of International Law in Financial Regulation and Supervision", *Journal of International Economic Law*, Volume 13, Issue 3 (2010), pp.663—682.

的计算方法，要求银行使用标准化方法处理信用风险，统一由监管机关设定银行适用于其风险敞口的风险权重，最终计算出风险加权资产的数量。这意味着银行不使用其内部模型来计算风险加权资产，其自主性进一步削减。在《巴塞尔协议Ⅲ》和《巴塞尔协议Ⅳ》中，银行的国际业务已不再是委员会的主要关注点，国际活跃银行的概念设定只是为了解释一些标准，而不是作为制订规则的主要目标，委员会已经默认将《巴塞尔协议》中的相关标准适用于包括国际活跃银行在内的所有银行。

（二）适用地域范围的扩大

由于国际货币基金组织和世界银行等国际组织提供的财政援助与《巴塞尔协议》的执行挂钩，加之发达经济体市场和国家声誉的间接执行机制，《巴塞尔协议》标准的执行迅速超出了属于巴塞尔委员会成员的司法辖区，其数量在不断扩大。1993 年 9 月，巴塞尔委员会发表声明，确认十国集团国家有重大国际银行业务的银行都已执行《巴塞尔协议Ⅰ》规定的最低资本充足率要求，在《巴塞尔协议Ⅱ》于 2004 年公布之前，有 120 个国家的银行采用了《巴塞尔协议Ⅰ》的规则。[①]《巴塞尔协议Ⅲ》更是在非巴塞尔委员会成员的司法辖区的执行中取得了实质性进展。2012 年，只有 6 个非巴塞尔委员会国家执行了《巴塞尔协议Ⅲ》的相关标准；2014 年增加到 44 个；到 2016 年底超过了 60 个；到 2018 年，约有 70 个非巴塞尔委员会成员辖区已经颁布了关于《巴塞尔协议Ⅲ》中资本充足率的最终规则，[②]这其中不乏中国和欧盟区中的一些新兴市场经济体。

无论是机构范围还是地域范围的扩大都有诸多动因。首先，许多新兴市场经济体基于经济原因执行《巴塞尔协议》，一方面，进入发达经济体市场需要符合《巴塞尔协议》的规则；另一方面，新兴市场经济体试图从

---

① See BCBS: "A Brief History of the Basel Committee", October 2014, http://www.spaeth. ru/HS20152016/artikel_14.pdf, pp.1—3, last visited on 25th December 2022.

② See BCBS: "Implementation of Basel Standards: A Report to G20 Leaders on Implementation of the Basel III Regulatory Reforms", July 2017, https://www.bis.org/bcbs/publ/d412.pdf, pp.4—5, last visited on 25th December 2022.

发达经济体国家的银行业监管框架中吸取经验，健全本国的金融体系，同时对外展示自己的安全性和稳定性。因此，无论一国的银行业发展状况和监管技术如何，基于经济原因，许多新兴市场经济体都愿意执行《巴塞尔协议》。①其次，国际银行业在过去几十年迅速扩张，国际银行和金融集团的机构数量和业务量都急剧增加。以2022年为例，第一季度，银行的跨境业务量增加了1.4万亿美元，是有记录以来第三大单季度增长量。②由于巴塞尔委员会的声誉良好，包括贷款人、投资者和信用评级机构在内的许多市场参与者也希望执行《巴塞尔协议》的规则，因为这些规则的制订经过了银行业发达国家诸多专家的论证。因此，银行的跨境业务越多，就越有动力去执行巴塞尔标准。再次，如果银行业国际监管规则被标准化，可以节省收集和分析银行业市场信息的成本，监管机关可以采用国际公认的标准对市场进行监管。此外，信用评级机构也倾向于使用标准化的银行业信息，了解一个管辖区的银行遵守《巴塞尔协议》的情况。如果了解一个国家不采用这些国际标准的相关成本会更高。因此，为了保持信息披露的低成本及获得较高的信用评级，国家和银行有合理的理由来执行《巴塞尔协议》。③

随着《巴塞尔协议》适用机构范围的不断扩大，包括中小银行，甚至有些国家不涉及国际业务的银行也都适用《巴塞尔协议》，加之《巴塞尔协议》中资本充足率规则有统一化和严厉化的发展趋势，从而在执行《巴塞尔协议》的过程中出现了"一刀切"的趋势。从全球范围看，《巴塞尔

---

① See Thorsten Beck and Liliana Rojas-Suarez: "Making Basel III Work for Emerging Markets and Developing Economies: A CGD Task Force Report", April 2019, https://www.cgdev.org/sites/default/files/making-basel-iii-work-emerging-markets-developing-economies.pdf, pp. 43—56, last visited on 25th December 2022.

② See BIS: "BIS International Banking Statistics and Global Liquidity Indicators at End-March 2022", 28 July 2022, https://www.bis.org/statistics/rppb2210.pdf, pp.1—2, last visited on 25th December 2022.

③ See Mahir Binici, Michael Hutchison and Evan Weicheng Miao: "Are Credit Rating Agencies Discredited? Measuring Market Price Effects from Agency Sovereign Debt Announcements", *BIS Working Papers*, No.704 (2018), pp.2—4.

协议》不仅被发达国家接受，越来越多的新兴市场经济体也基于扩大国际业务和盈利的目的接受了《巴塞尔协议》。

"一刀切"的执行方法有明显的优势。一是从数据上看，在资本充足率规则等方面的"一刀切"执行方法可以有效应对全球金融危机带来的风险，从而有利于实现《巴塞尔协议》防止系统性金融风险，维持全球金融稳定的目；二是对银行监管机关而言，"一刀切"的执行方法加强了监管权力和机关独立性，使其可以通过更有力的监管措施迫使银行接受监管，完成合规；三是监管措施实际上简化了，不需要复杂的分类和个案分析即可完成监管，一定程度上节约了行政成本。[1]但这些优势都是从监管机关角度出发进行的归纳，而对于银行尤其是小型银行，"一刀切"的执行方法可能会产生负面影响。

第三节　"一刀切"执行机制的负面影响

如果以上述"一刀切"的方法（One-Size-Fits-All Approach）执行《巴塞尔协议》，可以提升所有银行所持有资本的数量和质量，从而促进全球金融体系的稳定和可恢复，[2]企业也会因为《巴塞尔协议》提供的经济稳定性而长期受益。[3]但巴塞尔委员会并没有仔细评估这一执行方法可能造成的后果，尤其对新兴市场经济体、小型银行和中小企业的负面影响。[4]

---

[1]　See Muhammad Suhail Rizwan, Muhammad Moinuddin, Barbara L'Huillier and Dawood Ashraf: "Does a One-Size-Fits-All Approach to Financial Regulations Alleviate Default Risk? The Case of Dual Banking Systems", *Journal of Regulatory Economics*, Volume 53 (2018), pp.37—74.

[2]　See Jochen Schanz, David Aikman, Paul Collazos, Marc Farag, David Gregory and Sujit Kapadia: "The Long-Term Economic Impact of Higher Capital Levels", *BIS Papers Chapters in: Bank for International Settlements* (ed.), *Macroprudential Regulation and Policy*, Volume 60 (2011), pp.1—9.

[3]　See OECD: *Financing SMEs and Entrepreneurs 2022: An OECD Scoreboard*, OECD Publishing, 2022, pp.25—28.

[4]　See Viral V. Acharya: "The Dodd-Frank Act and Basel III: Intentions, Unintended Consequences, and Lessons for Emerging Markets", *ADBI Working Paper Series*, No.392 (2012), pp.22—28.

一、"一刀切"对小型银行的影响

虽然《巴塞尔协议》的目的是促进全球经济的长期稳定，但其执行可能会阻碍经济增长。[①]《巴塞尔协议》的执行会以两种方式减少整体经济活动：第一，通过提升银行的合规成本，提高发放贷款的成本；第二，通过提高银行资本充足率，减少可用贷款总量，而银行的成本将以更高的利率形式转嫁给交易相对方。[②]此外，由于在银行业中收益和风险呈正比，为了合规，银行将减少对高风险资产的保留，而选择持有低收益的资产，以保证银行的稳定和可持续经营。就具体影响而言，首先，《巴塞尔协议》将导致规模较小、实力较弱的银行被合规能力更强的大型银行挤出市场；其次，《巴塞尔协议》将对银行的盈利能力造成进一步的压力；最后，《巴塞尔协议》将降低银行的金融功能。由于消费者信贷供应的减少和银行资本保留导致的货币流量减少，对小型银行尤其不利。这些不利影响最终将反映在整个经济上，甚至导致经济衰退。

在"一刀切"的执行方法下，小型银行将受到《巴塞尔协议》的影响更大。一是全球金融危机下的低利润率和高失业率对小型银行产生了负面影响，《巴塞尔协议》的资本充足率规则将加剧了这种不成比例的压力；[③]二是风险加权资产计算制度中将对小型银行产生更大的影响，因为小型银行的客户以普通金融消费者和中小企业为主，以《巴塞尔协议》的标准来计算风险加权资产，小型银行受到的限制会更多。[④]此外，由于小型银行获得的资金有限，而企业客户的贷款风险相对较大，因此小型银行通常将很

① See Ahmed Al-Darwish, Michael Hafeman, Gregorio Impavido, Malcolm Kemp and Padraic O'Malley: "Possible Unintended Consequences of Basel III and Solvency II", *IMF Working Paper*, WP/11/187 (2011), pp.13&51.

② See Andre O. Santos and Douglas Elliott: "Estimating the Costs of Financial Regulation", *IMF Working Paper*, SDN/12/11 (2012), pp.10—22.

③ See Sami Ben Naceur, Jeremy Pepy and Caroline Roulet: "Basel III and Bank-Lending: Evidence from the United States and Europe", *IMF Working Paper*, No.2017/245 (2017), pp.22—24.

④ See Joseph G. Haubrich: "A Brief History of Bank Capital Requirements in the United States", *Federal Reserve Bank of Cleveland*, *Economic Commentary*, (2020), pp.4—5.

难筹集到额外的资本来抵消向小企业贷款的风险，由于许多小企业和初创企业都依赖小型银行的贷款来经营，小型银行受限的影响可能使这些小企业同时出现经营问题，从而对经济整体产生负面影响。①

二、"一刀切"对中小企业的影响

《巴塞尔协议》不仅会对小型银行产生不成比例的负面影响，而且也会对中小企业产生不成比例的影响。以风险加权资产计算制度为例，中小企业和个人将被赋予75％的零售风险加权；②相比之下，向具有高信用等级的主权政府和中央银行提供的贷款是0％的风险加权，向具有高信用等级的大型公司提供的贷款仅有20％的风险加权。③银行作为资金提供者并不会承担这部分成本，只会由中小企业以更高的贷款利率和减少信贷供应的形式承担。④考虑到中小企业在整个经济中的作用，如果它们中有许多因为《巴塞尔协议》的执行而无法获得融资，其结果将是全球经济和就业的减少。另一个重要问题是，由于信贷贷款供应减少，中小企业和初创企业之间贷款的竞争将加剧。向同一家小型银行申请贷款的中小企业和初创企业一般会被赋予相同的风险权重，由于银行仍要为其利润考虑，最终结果可能是将更需要贷款和更有潜力的初创企业挤出。⑤长此以往，同样不利于整体经济的发展。

《巴塞尔协议》虽为软法，但由于其成本较低的优势，加之发达国家和其他国际组织的支持，其执行力并不低。巴塞尔委员会在全球金融危机后进一步加强了《巴塞尔协议》的执行，从规则制定层面看，规则适用的

① See Naoyuki Yoshino and Farhad Taghizadeh-Hesary："The Role of SMEs in Asia and Their Difficulties in Accessing Finance"，*ADBI Working Paper Series*，No.911（2018），pp.14—16.

② See BCBS："Basel III：Finalising Post-Crisis Reforms"，07 December 2017，https://www.bis.org/bcbs/publ/d424.pdf，para.38—58，last visited on 25th December 2022.

③ Ibid.，para.7—11.

④ See Sasan Bakhtiari，Robert Breunig，Lisa Magnani and Jacquelyn Zhang："Financial Constraints and Small and Medium Enterprises：A Review"，*IZA Discussion Paper Series*，No.12936（2020），pp.27—30.

⑤ See OECD：*New Approaches to SME and Entrepreneurship Financing：Broadening the Range of Instruments*，OECD Publishing，2015，p.9.

机构范围和地域范围有扩大的趋势,呈现"一刀切"的执行方法。事实上,"一刀切"的执行方法从监管机关角度出发有一定优势,但从更宏观的角度来看,"一刀切"会对小型银行和中小企业带来负面影响,从而影响整体经济的发展。由此可见,以巴塞尔委员会和《巴塞尔协议》为核心的银行业国际监管框架中存在金融稳定与经济发展的矛盾。

第四节 本章结论

本章分析了以巴塞尔委员会和《巴塞尔协议》为核心的银行业国际监管框架从无到再到发展的原因和全过程,巴塞尔委员会根据资本充足率监管的基本原理构建了银行业国际监管框架中的规则和标准。通过分析资本充足率规则的演进可以看出,银行业国际监管标准呈统一化和严格化的趋势。由于《巴塞尔协议》以软法为主要形式,软法有利于提升《巴塞尔协议》在全球的影响力和执行,进而提升全球银行业的稳定性和可恢复性为加强其执行。

委员会在执行的机构范围和地域范围都有扩大,在资本充足率规则的执行上有"一刀切"的执行方式。执行资本充足率规则以维护金融稳定是银行业国际监管框架的基本宗旨和根本目标,无可厚非。但在执行过程中,通过"一刀切"的方式让不同规模的银行遵守相同的监管规则显现了监管机关的自相矛盾,不必要的和不适当的监管会给银行带来额外的成本,并占用银行的合规人员、时间和资源。对于小型银行而言,较高的资本充足率要求会减少提供贷款的数量;对于中小企业而言,信贷支持不足会对整体经济的发展造成不利影响。监管机关应该警惕将监管规则强加给那些没有能力在市场竞争中遵守这些规则的银行,从而将其推向破产。这种方式不但不会降低金融风险,反而势必增加风险。过度的监管助长了对小型银行的淘汰,影响原有银行市场的自由竞争。[1]因此,巴塞尔委员会的

---

① See Chiaku Chukwuogor and Jill Wetmore: "Comparative Performance Evaluation of Small, Medium, and Large U.S. Banks", *Banks and Bank Systems*, Volume 1, Issue 2 (2006), pp.134—135.

"一刀切"执行机制会造成对银行盈利的负面影响，整体经济的萧条并不能改善银行系统的稳定性，也就无法实现银行业国际监管框架的根本目标。

巴塞尔委员会也意识到其监管措施产生了金融稳定与银行盈利之间的不平衡，因此在《有效银行监管的核心原则》中提出了"合比例性"的法概念。巴塞尔委员会"合比例性"的法概念要求采取一种平衡的监管方法，任何针对金融风险的监管措施都要与银行的规模、业务模式和可能产生的风险成比例。在本书第二章将使用法教义学方法来分析：《巴塞尔协议》相关文件中"合比例性"法概念是如何具体操作的？这一法概念是否等同于法学意义上的比例原则？

第二章 从"合比例性"到比例原则

"一刀切"的执行机制虽然提升了全球银行业的稳定性,但给小型银行和中小企业造成了不成比例的影响。现实中,不同司法辖区的银行监管机关都希望在金融稳定和银行业发展两个核心目标之间取得合理的平衡。例如,在新兴市场经济体,由于这些国家缺乏足够的银行机构使得金融普适性不足,造成整个社会经济发展缓慢和社会公平问题,因此当地银行监管机关会偏向于银行业发展这一目标。由于许多新兴经济体几乎没有跨境的银行系统,即使有,其引发的金融危机所带来的系统性影响和全球连锁效应也较小,因此金融稳定可能不是当地银行监管机关的主要关注点。①此外,全球金融危机期间不同司法管辖区和银行监管机关之间的差异可能导致不同的问题。例如,美国的金融危机是由次级贷款和资产证券化引起的,西班牙的银行危机则是由各种当地因素如房地产泡沫和不良公司治理等因素共同构成的,而哥伦比亚在全球金融危机期间并没有面对特别重大的金融问题。②因此,各国银行监管机关面临不同的问题,在执行《巴塞尔

---

① See Ananda S. Upadhyaya and Dharmendra Singh: *Financial Inclusion in Emerging Markets: A Road Map for Sustainable Growth*, Palgrave Macmillan, 2021, pp.73—93.

② See Stijn Claessens, Giovanni Dell'Ariccia, Deniz Igan and Luc Laeven: "Cross-Country Experiences and Policy Implications from the Global Financial Crisis", *Economic Policy*, Volume 25, No.62, Crisis Issue (2010), pp.267—293.

协议》的过程中需要不同的对策。①如果完全依照巴塞尔委员会提出的"一刀切"的执行机制可能会产生较高的执行成本，而且无法一定可以解决一个国家银行业中存在的特殊问题。

巴塞尔委员会也意识到上述问题，希望在各国执行《巴塞尔协议》的过程中给予指导，并最终建立一个有效且审慎的银行业国际监管框架。在这个框架中，各国可以考虑其银行业体系的特点，包括其辖区内银行的复杂性、性质、银行监管目标和法律框架的特点等，委员会通过《有效银行监管的核心原则》中的"合比例性"法概念实现这一目的。

第一节　《巴塞尔协议》文件中的"合比例性"

1997 年首次发布的《有效银行监管的核心原则》是巴塞尔委员会对银行和银行业系统进行健全且审慎监管的最低执行标准，各国将其作为评估本国银行监管体系质量的标准，并确定未来的执行工作，以达到委员会的要求。委员会通过《核心原则评估方法》对一个国家遵守这些原则的现状进行评估，②同时国际货币基金组织和世界银行也在金融业评估计划（FSAP）中使用《核心原则》，以评估各国银行监管体系和实践的有效性。③2011 年 3 月，为了应对全球金融危机带来的全球金融市场和监管形势的重大变化，委员会合并了《核心原则》和《核心原则评估方法》，并更新了《核心原则》的内容，修订的目的是确保《核心原则》对促进所有国

---

① See Stijn Claessensand Ayhan Kose："Financial Crises Explanations，Types，and Implications"，*IMF Working Paper*，No.WP/13/28（2013），pp.11—22.

② See BCBS："Core Principles Methodology"，05 October 2006，https：//www.bis.org/publ/bcbs130.pdf，p.1，last visited on 25th December 2022.

③ See World Bank："Assessment Standards and Tools of Financial Sector Assessment Program（FSAP）"，https：//www. worldbank. org/en/programs/financial-sector-assessment-program♯2，last visited on 25th December 2022；International Monetary Fund："Financial sector Assessment program（FsAp）"，https：//www.imf.org/en/Publications/fssa，last visited on 25th December 2022；同时参见黄宪、杨媚、黄彤彤：《"有效银行监管核心原则"的实施与银行风险承担——基于法系特征与经济发展的跨国实证》，《金融监管研究》2019 年第 3 期。

家的有效银行监管随着时间和环境的变化而继续具有相关性。现行的《核心原则》在 2012 年 9 月于土耳其伊斯坦布尔举行的第 17 届国际银行监管机关会议上通过并得到了各国银行监管机关的认可。①

《核心原则》包含了 29 条核心原则，其结构更加合理。原则 1—13 主要对监管机关做出要求，包括监管机关的权力、责任和职能。其中，原则 1—7 涉及银行监管机关的设置和权力配置，包括对银行进行行政许可的权力、日常监督的权力和危机干预的权力；原则 8—13 涉及现场和非现场监管的方法；原则 14—29 包括了委员会对银行的要求，强调了银行内部公司治理、风险管理和合规的重要性。其中健全的公司治理（原则 14）、风险管理（原则 15）和内部控制与审计（原则 26）是银行和银行业系统安全和健全的基础，辅以强有力的资本充足率要求（原则 16）和银行如何识别、衡量和控制其重大风险的标准（原则 17—25 和 29），共同构成了委员会对银行的要求。总体而言，银行公司治理质量、资本充足率和重大风险管理的质量决定了银行整体的风险状况，并最终反映在银行的财务报表中（原则 27、28）。②

委员会为实现其目的，要求《核心原则》必须要适用于绝大多数司法管辖区，这些司法辖区中的银行必然既包括国际活跃银行也包括小型非复杂银行。为改善"一刀切"的执行机制，委员会要求监管机关履行自身职责时应遵循"合比例性"方法。简言之，《核心原则》要求监管机关采用基于风险的方法进行对银行进行评估和监管，将更多的时间和资源用于规模更大、业务更复杂且风险更大的银行；在银行监管机关执行《巴塞尔协议》时，应将"合比例性"嵌入《核心原则》中与风险相关的方法中，通过这些方法实现监管与银行的风险状况和系统重要性"合比例"。③然而由于"合比例性"并不是《核心原则》中的单独原则，我们需要明确委员会要求哪些方法中必须嵌入"合比例性"以及委员会给出的操作模式是否足够具体。

①②　See BCBS："The Basel Core Principles—Executive Summary"，30 July 2020，https://www.bis.org/fsi/fsisummaries/bcps.pdf，pp.1—3，last visited on 25th December 2022.

③　See BCBS："Core principles for Effective Banking supervision"，14 September 2012，https://www.bis.org/publ/bcbs230.pdf，para.11—18，last visited on 25th December 2022.

一、《有效银行监管的核心原则》中的"合比例性"①

巴塞尔委员会在审查各国执行状况时力求在提高健全监管的标准方面取得适当的平衡，使《核心原则》与《巴塞尔协议》相配合成为一个灵活且全球适用的银行业国际监管框架。通过嵌入"合比例性"法概念，《核心原则》及其评估方法可以适用不同的司法辖区和银行体系，对银行的评估也不再是单一标准，不同银行的评估标准将与其风险状况和系统重要性"成比例"。《核心原则》确立了健全监管的标准，监管机关可将其作为基准来评估其监管系统的质量，委员会将《巴塞尔协议》中的标准分为基本标准和附加标准，两种标准都作为评估方法的一部分。基本标准规定了健全监管实践的最低要求，对所有国家普遍适用；附加标准纳入了"合比例性"法概念，要求在评估时必须考虑一国的监管实践与银行风险状况和系统重要性的"合比例性"。②除了直接在文件中要求采用"合比例性"法概念外，《核心原则》还在具体原则中嵌入了"合比例性"法概念。

（一）原则8——监管方法和原则9——监管技术和工具中都强调了"合比例性"

原则8——监管方法指的是："有效的银行监管体系要求监管机关对每个银行和银行集团的风险状况进行前瞻性评估，监管机关的措施要在与银行的系统重要性'成比例'的前提下，对来自银行和整个银行系统的风险进行识别、评估和处置、建立早期干预的框架，并与其他有关机关合作制订监管计划，以便在银行不可持续经营时采取有序的解决方式。"③

---

① 《有效银行监管的核心原则》中的"合比例性"表述原文参见本文附录1。

② See BCBS："Core Principles for Effective Banking Supervision"，14 September 2012，https://www.bis.org/publ/bcbs230.pdf，para.29—35，last visited on 25th December 2022.

③ Ibid.，para.41："principle 8—Supervisory approach：An effective system of banking supervision requires the supervisor to develop and maintain a forward-looking assessment of the risk profile of individual banks and banking groups，proportionate to their systemic importance；identify，assess and address risks emanating from banks and the banking system as a whole；have a framework in place for early intervention；and have plans in place，in partnership with other relevant authorities，to take action to resolve banks in an orderly manner if they become non-viable."

原则 8 的基本标准：

第一，监管机关应当持续评估银行或银行集团所面临的风险，包括更广泛的集团中的实体所带来的风险；以及银行或银行集团对银行系统的安全性和稳健性造成的影响。

第二，根据银行和信息共享系统，监管机关在处理问题银行时应考虑到银行的风险状况和系统重要性，当发现化解银行风险有障碍时，应采取必要且适当的措施，如改变业务结构、内部管理模式等。任何监管措施都要考虑到银行的系统重要性和监管措施对正在进行业务的健全性和稳定性的影响。

第三，原则 8 是没有附加标准的原则，所有银行都应适用上述基本标准。[①]

原则 9——监管技术和工具指的是："监管机关应使用一系列适当的监管技术和工具来落实监管方法，并在考虑到银行的风险状况和系统重要性的基础上，'成比例'地部署监管资源。"[②]

原则 9 的基本标准：监管机关应采用适当的现场和非现场组合方式以评估银行和银行集团的经营状况、风险状况、内部控制系统以及为解决监管问题所需的纠正措施。现场和非现场监管措施的具体组合可以是根据国家和银行的特定条件和情况确定。监督机关定期评估其现场和非现场措施的质量、有效性和整合程度，并根据需要动态修正其措施。

原则 9 的额外标准：监管机关应有一个定期独立审查的框架，例如由内部审计部门或第三方评估机构对其现有的一系列监管工具及其使用的适当性和有效性进行审查，并酌情作出改变。

---

① See BCBS："Core Principles for Effective Banking Supervision"，14 September 2012，https://www.bis.org/publ/bcbs230.pdf，para.71.

② Ibid.，para.41："Principle 9—Supervisory techniques and tools：The supervisor uses an appropriate range of techniques and tools to implement the supervisory approach core principles for Effective Banking supervision and deploys supervisory resources on a proportionate basis，taking into account the risk profile and systemic importance of banks."

（二）原则 16——资本充足率是《核心原则》中集中体现"合比例性"原则

原则 16 指的是："监管机关应为银行制订审慎和适当的资本充足率要求，这一要求应与银行在其经营的市场和宏观经济条件下所承担和呈现的风险成比例。监管机关在确定资本的组成部分时，要考虑到它们吸收损失的能力。至少对于国际活跃银行，资本充足率要求不低于适用的巴塞尔标准。"①言外之意，对于非国际活跃银行，在"合比例性"法概念的指导下，可以有一定的裁量空间。

原则 16 的基本标准：

第一，法律、法规或监管机关要求银行计算并持续遵守规定的最低资本充足率要求，同时规定合格的资本组合，确保银行在持续经营基础上可永久吸收损失的资本要素保持充足。

第二，对于适用在国际活跃银行规则来说，资本的定义、风险覆盖率、计算方法和充足率的要求都不得低于巴塞尔标准中的规定。

第三，监管机关有权在必要时对所有重大风险敞口施加特定的资本充足率要求，而所施加的特定资本充足率要求必须于风险敞口成比例。

第四，资本充足率要求应反映银行的风险状况和系统重要性。在其经营的市场和宏观经济条件下，反映银行的风险状况和系统重要性，并限制银行和银行业的杠杆率的增加。允许成员国的法律、法规规定的总体资本充足率标准高于适用的巴塞尔标准，高标准必须与成员国银行的风险状况和系统重要性成比例。

第五，监管机关有权要求银行采取前瞻性的资本管理方法，包括设定资本水平并管理可用资本，以应对可能产生不利影响的事件或市场条件的变化；制订可行的应急安排，根据银行的风险状况和系统重要性，在出现压力时酌情维持或加强资本状况。

---

① See BCBS: "Core Principles for Effective Banking Supervision", 14 September 2012, https://www.bis.org/publ/bcbs230.pdf, para.71.

原则 16 的额外标准主要针对非国际活跃银行和银行集团中的不同实体：对于非国际活跃银行，资本充足率要求，包括资本的定义、风险范围、计算方法、适用范围和所需资本，与适用于国际活跃银行的巴塞尔标准的原则大致一致；监管机关要求根据风险的分配，在银行集团的不同实体内充分分配资本。①

《核心原则》正文中对"合比例性"使用的表述为"Proportionality"，"合比例性"要么单独出现，要么与"概念"（Concept）相连接，其中细化"合比例性"的表述有原则 8、原则 9 和原则 16，三个基本原则都有具体的操作模式。在三个原则中，"合比例性"并未直接出现，而是通过"成比例的"（Proportionate）一词展示。

二、《核心原则》中的"合比例性"与《巴塞尔协议》三大支柱

通过《核心原则》所展现的"合比例性"是《巴塞尔协议》体系中的重要组成部分，其目的是确保银行监管有效地促进金融稳定，而不会给小型银行造成过度负担。②同时，《巴塞尔协议》三大支柱都将"合比例性"概念纳入其规范中：首先，在支柱一的最低资本充足率要求规范中《巴塞尔协议》对最低资本充足率要求采取了分级方法，较小和不复杂的银行相比较大和较复杂的银行最低资本充足率要求低，这确保了较小的银行不会因过高的资本要求而负担过重。③其次，在支柱二的监管审查程序中，监管审查程序应根据银行的规模和复杂性而量身定制，而非对所有银行"一刀切"，较小和较不复杂的银行受到的监管审查不如较大和较复杂的银行严格；最后，在支柱三市场纪律中也承认"合比例性"的重要性，允许较小

---

① See BCBS: "Core Principles for Effective Banking Supervision", 14 September 2012, https://www.bis.org/publ/bcbs230.pdf, para.71.

② See Congressional Research Service Report: "An Analysis of the Regulatory Burden on Small Banks", https://crsreports.congress.gov/product/pdf/R/R43999, 2015, pp.1—7, last visited on 25th December 2022.

③ See Raihan Zamil: "Proportionality in Banking Regulation: who, what and how?", SUERF Policy Brief, No.147, August 2021, pp.1—5.

和不太复杂的银行在信息披露中自主掌握更大的灵活性。①

总体而言，《核心原则》和《巴塞尔协议》体系三大支柱中的"合比例性"使监管在促进金融稳定方面是有效的，同时最大限度地减少规模较小和不太复杂银行的负担。通过根据每家银行的具体风险状况和业务模式调整监管规定，《巴塞尔协议》体系为各种规模的银行提供了一个更公平的竞争环境，同时确保了金融稳定。②有学者认为《核心原则》已经将比例原则作为基本原则纳入《巴塞尔协议》中，但并未给出具体的论证理由，而是直接将文本中的"合比例性"推定为比例原则（The Principle of Proportionality）。③

笔者认为：首先，无论从中文还是英文语义都无法将两个术语推定为等同；其次，这一推定忽略了比例原则作为法原则的特殊性。事实上，有诸多"合比例性"概念并没有转化为比例原则；最后，以巴塞尔委员会和《巴塞尔协议》为核心的银行业国际监管框架中包含了政府间国际组织和以软法为主要形式的国际协议，其中不仅涉及法学学科，还有政治学、国际关系等学科理论的支撑，《巴塞尔协议》的监管规范和监管标准还蕴含了金融学的相关理论。因此，直接将文本中的"合比例性"概念推定为比例原则有论证缺陷。法教义学方法要求在建构法原则时应当经过：法概念到法原则，再到法制度的全过程。当前《巴塞尔协议》中已经提出了"合比例性"法概念。因此，本章将采用法教义学方法，论证银行业国际监管框架中的"合比例性"为何可以解释为比例原则，从而弥补比例原则进入《巴塞尔协议》理论论证的缺陷。

① See Intellidex："Proportionality in South African Banking Regulation and Supervision"，May 2022，pp.17—27.

② See BCBS："Basel III：A Global Regulatory Framework for more Resilient Banks and Banking Systems"，16 December 2010，https://www.bis.org/publ/bcbs189-dec2010.pdf，pp.14—65，last visited on 25th December 2022.

③ See Kern Alexander："Financial Inclusion and Banking Regulation：The Role of Proportionality"，*Law and Contemporary Problems*，Volume 84（2021），p.148.

三、"合比例性"的跨学科文义分析

政治学意义上,"合比例性"概念与西方政治学和哲学思想一样古老。希腊哲学家们将"合比例性"作为统治者正确统治的指导原则,[①]例如,亚里士多德因其基于节制、合比例与和谐的极端之间的"中庸之道"思想而闻名。[②]在启蒙时代,"合比例性"的核心地位得到了确认并至今一直影响着西方国家的政府体系。约翰·洛克在他的《政府论》中论证了将"合比例性"作为控制权力标准的合理性。[③]在近现代政治学中,有学者从政党角度定义"合比例性",他们认为政党获得的议会席位与他们获得的选票应当是成比例的,如果偏差较大,则该政党参与选举是不成功的。[④]更有学者认为"合比例性"在政治学领域文献中的定义已经没有争议,形成了通说,新发展出的定义仅仅是角度不同而已。[⑤]在政治学领域,即使学者使用了"比例原则",也与法学意义上的比例原则不同。例如,有政治学学者将比例原则当作政治决策程序中的一个模型,其基本特征是社会所有群体对政治决策的影响与他们数量上的力量成比例。[⑥]

经济学意义上,著名经济学家阿尔弗雷德·马歇尔也使用"合比例性"作为消费者均衡中的基本规则,其含义是:如果一个人拥有一件可以用于多种用途的东西,他会以所有用途中具有成比例的边际效用使用它。[⑦]

金融学意义上,学者利用"合比例性"设定有关金融比率的假说。有

---

① See Alan Ryan: *On Politics: A History of Political Thought: From Herodotus to the Present*, Liveright, 2020, p.83.

② See J. L. Stocks: "The Golden Mean", *The Monist*, Volume 41, No.2 (1931), pp.161—179.

③ See John Locke: *Two Treatises of Government*, Cambridge University Press, 1988, p.119.

④ See Arend Lijphart: *Electoral Systems and Party Systems: A Study of Twenty-Seven Democracies, 1945—1990*, Oxford University Press, 1994, p.19.

⑤ See Hans Riedwyl and Jürg Steiner: "What Is Proportionality Anyhow?", *Comparative Politics*, Volume 27, No.3 (1995), p.358.

⑥ See Jürg Steiner: "The Principles of Majority and Proportionality", *British Journal of Political Science*, Volume 1, Issue 1 (1971), p.63.

⑦ See H.L. Ahuja: *Principles of Microeconomics: A New-Look Textbook of Microeconomic Theory, 22e*, Schand, 2020, p.291.

学者认为"合比例性假说"是指：使用金融比率作为大小差异控制的一个重要假设是分子和分母之间合比例。在比较某一时间点和时间段各公司的金融比率时，都假定了这种严格的"合比例性"。[①]此后，金融学学者还将"合比例性假说"与金融稳定和会计核算的相关理论结合起来研究。[②]

在不同学科中使用"合比例性"概念，其文义上的内涵和外延是不同的，即便是使用比例原则，其含义也与法学意义上的比例原则不同。因此，直接将《巴塞尔协议》相关文件中的"合比例性"概念推定为"比例原则"缺乏论证基础。笔者认为，当前《巴塞尔协议》相关文件中的"合比例性"仅是法概念，并不能构成法原则。下文将回答：法学意义上的比例原则为何，特点及功能如何？是否可以将《巴塞尔协议》相关文件中的"合比例性"解释为比例原则？

第二节　法学意义上比例原则的结构

1215 年，《大宪章》以法律文件的形式承认了"合比例性"，其中第 20 条是这样表述的："自由民犯轻罪者，应视其犯罪之程度科以罚金。犯重罪者，应视其罪之大小，没收其财产，酌留给养必需之部分。对于商人，应依同样手续办理，惟免除其货物。自由农人犯罪者，应同样科以罚金，惟免除其农具。上述之罚金，除有邻居正直之人宣誓证明外，不得科处之。"[③]

---

① See Susan Fieldsend, Nicholas Longford and Stuart Mcleay: "Industry Effects and the Proportionality Assumption in Ratio Analysis. A Variance Component Analysis", *Journal of Business Finance & Accounting*, Volume 14, Issue 4 (1987), p.497.

② See Juha-Pekka Kallunki, Teppo Martikainen and Jukka Perttunen: "The Proportionality of Financial Ratios: Implications for Ratio Classifications", *Applied Financial Economics*, Volume 6, Issue 6 (1996), p.535; P.S. Sudarsanam and R.J. Taffler: "Financial Ratio Proportionality and Inter-Temporal Stability: An Empirical Analysis", *Journal of Banking & Finance*, Volume 19, Issue 1 (1995), p.45.

③ 参见维基百科：英国大宪章，https://zh.m.wikisource.org/zh/%E8%8B%B1%E5%9c%8B%E5%A4%A7%E6%86%B2%E7%AB%A0，最后访问日期：2022 年 12 月 25 日。

法学意义上的"合比例性"法概念作为公法原则之一的法律渊源可以追溯到 18 世纪末的德国行政法。当时的德国行政法以警察法为基础框架，比例原则也首次被纳入警察法中作为限制警察权力的工具；几乎在同一时代，比例原则由普鲁士最高行政法院通过一系列案件发展成为司法原则。[1] 1928 年，德国法学家 Fritz Fleiner 在评述 1912 年普鲁士最高院判决时写道："不要用大炮打麻雀。"此被视为比例原则的经典表述。[2]根据比例原则，公权力机关不能对私人领域施加任何形式的负担或限制，除非为了实现公共利益且在绝对必要的情况下，同时限制必须是成比例的。[3]二战后，尽管比例原则并未明确地规定在《联邦德国基本法》中，但在德国联邦宪法法院得到了一系列判例的支持。[4]1958 年，德国联邦宪法法院在药店案中运用了正式且完整的比例原则方法，因此"药店案"被视为比例原则的起点。"药店案"涉及巴伐利亚州对药店的经营许可规则，根据州立法，只有在保证药店可以盈利且持续经营的情况下，新药店才能被授予经营许可证。在实践中，这意味着每个地区每七八千名居民不能有超过一家药店。[5]这一立法保护了现有药店的盈利，阻碍了新的经营者进入市场，具有保护主义和反竞争的市场效果。然而，法院并没有直接分析立法机构的动机；相反，它应用了正式且完整的比例原则测试，并认为巴伐利亚州的立法对于实现立法目的是没有必要的，州政府可以选择对经营者权利限制性较小的替代方案。[6]自此，法学意义上的比例原则通过成文法和判例的归纳

----

① See Kenneth F. Ledford: "Formalizing the Rule of Law in Prussia: The Supreme Administrative Law Court, 1876—1914", *Central European History*, Volume 37, No.2 (2004), pp.203—224.

② See Bernard Stirn: *Towards a European Public Law*, Oxford University Press, 2017, p.110.

③ See Brian Bix and Horacio Spector: *Rights: Concepts and Contexts 1st Edition*, Routledge, 2012, pp.463—486.

④ See Mordechai Kremnitzer, Talya Steiner and Andrej Lang: *Proportionality in Action: Comparative and Empirical Perspectives on the Judicial Practice*, Cambridge University Press, 2020, pp.22—133.

⑤ See Niels Petersen: "The German Constitutional Court and Legislative Capture", *International Journal of Constitutional Law*, Volume 12, Issue 3 (2014), pp.664—668.

⑥ See Niels Petersen and Konstantin Chatziathanasiou: "Balancing Competences? Proportionality as an Instrument to Regulate the Exercise of Competences after the PSPP Judgment of the *Bundesverfassungsgericht*", *European Constitutional Law Review*, Volume 17, Issue 2 (2021), pp.318—319.

完成了从"合比例性"法概念到"比例原则"法原则的建构。

法学意义上完整的比例原则应当由四个子原则，即目的正当性原则、适当性原则、必要性原则和狭义比例原则共同构成。①

一、目的正当性原则

目的正当性原则是指国家措施所欲达到的目的须正当。

正当性与合法性不同，正当性是一个价值判断的表述，一国范围内可以支撑正当性的价值主要来自宪法权利和公共利益。

宪法权利是指宪法中规定的相对于国家公权力的个人权利。"相对"可以理解为国家在行使公权力的过程中对于个人权利有避免限制的消极义务及采取措施进行保护的积极义务，国家通过立法、行政和司法三权来履行义务。②当然，并不是所有权利都可以在宪法中找到对应的表述，因此通过对宪法权利条款解释而得来的权利也可以作为正当性的来源。

公共利益是指社会整体利益的总和，不专指宪法权利所代表的利益。对环境、可持续发展、国家安全、公共秩序等都可能成为公共利益的组成部分，但并不是每一种公共利益都可以成为正当性的来源。③因此，公共利益的范围及分类是判断目的正当性的主要问题。对公共利益的范围采用狭窄的做法可能会影响公权力的行使，而过于宽泛的方法又会扩大公权力的范围。因此，在确定公共利益性质时，必须建立一般标准，在一般标准之上进行个案衡量。④

---

① See Matthias Klatt and Moritz Meister: *The Constitutional Structure of Proportionality*, Oxford University Press, 2012, pp.7—14.

② See Dan Friedmann and Daphne Barak-Erez: *Human Rights in Private Law*, Bloomsbury Publishing, 2002, p.13.

③ See Abdulkadir Gilgir: "The Necessity, Public Interest, and Proportionality in International Investment Law: A comparative Analysis", *University of Baltimore Journal of International Law*, Volume 6, Issue 2, Article 3 (2018), pp.240—249.

④ See Aileen McHarg: "Reconciling Human Rights and the Public Interest: Conceptual Problems and Doctrinal Uncertainty in the Jurisprudence of the European court of Human Rights", *The Modern Law Review*, Volume 62, No.5 (1999), pp.671—696.

二、适当性原则

适当性原则又称"合理联系原则",是指国家措施必须有助于达成目的,也即国家措施作为手段,其实施必须与目的有合理的联系;反之,如果手段的实施无助于目的的实现,那么这种手段的使用将是不成比例的。适当性原则需要判断的不是手段是否恰当或正确,也不需要判断是否有其他更恰当和正确的手段可以实现目的,在这一阶段,适当性原则只需要解决手段是否能够有助于实现目的的问题。①

因此,适当性原则并不要求所选择的手段是唯一能够实现目的的手段。事实上,多种手段能够达成同一目的的情况是普遍的。在这种情况下,所有的手段都可以被认为与目的有合理的联系。②例如,为了实现金融稳定这一目的,对银行监管的过程中,国家既可以要求银行保持一定的资本充足率,还可以要求银行加强内部的风险控制。适当性原则也不要求所选择的手段能够完全实现目的,只要目的可以部分被实现就满足了适当性原则的要求。只要国家选择的手段没有推进目的或者对目的没有影响,就无法通过适当性原则测试。在这一阶段,适当性原则不对手段和目的进行衡量,也就是说即使"用大炮打小鸟"也可以通过适当性原则的测试。

三、必要性原则

必要性原则也称"最小侵害原则",是指国家必须在所有可能实现目的的手段中选择对相对人权利限制最小的手段。

必要性原则测试的前提是国家措施已经通过了前两个子原则的测试。因此,在必要性测试中不对国家措施的目的进行评价,只对国家所选的手段进行必要性测试。必要性原则只有在有几种可供选择的合理手段来实现

---

① See Julian Rivers: "Proportionality and Variable Intensity of Review", *The Cambridge Law Journal*, Volume 65, No.1 (2006), pp.174—189.

② See Nicholas Emiliou: *The Principle of Proportionality in European Law*, *A Comparative Study*, Kluwer Law International, 1996, p.28.

目的时，才会被触发，而每种手段对权利的限制程度是不同的。必要性原则测试是帕累托最优的体现。事实上，必要性测试通常会比较两种同样可以实现目的的合理手段。在这种情况下，国家应该选择对权利限制最小的手段。①

必要性原则测试包括两个要素：一是假设存在替代的手段，这些手段同样可以达成目的；二是替代手段对相对人权利的限制程度要低于现有手段。如果这两个假设为真，我们可以得出结论，目标手段不能通过必要性原则测试，也即目标手段没有必要；如果这两个假设有一个为假，那么我们可以得出结论，目标手段可以用必要性原则测试，也即目标手段是有必要的。②

四、狭义比例原则

狭义比例原则也称"平衡性原则"，是指国家所采取的手段造成相对人权利的侵害与国家所欲达成目的之间，应该有相当的平衡，也即不能为了达成很小的目的，而使相对人蒙受过大的损失，即"合法的手段"和"合法的目的"之间，存在的损害比例必须相当。

狭义比例原则测试是一个结果导向的测试。任何国家措施都必须通过狭义比例原则测试才能够最终通过比例原则全过程的测试。狭义比例原则测试反映了两个相互竞争利益之间的平衡，其基础是要求国家措施所获利益与它所造成的伤害之间要成比例，如果国家措施对权利造成的伤害超过了它所获得的利益，则无法通过狭义比例原则测试。③平衡也是一个过程，相当于将国家措施所获利益放在天平的一边，将受到侵害的利益放在另一

---

① See Toni Marzal："From Hercules to Pareto: of Bathos, Proportionality, and EU Law"，*International Journal of Constitutional Law*，Volume 15，Issue 3（2017），pp.637—639.

② See Zhong Xing Tan："The Proportionality Puzzle in Contract Law: A Challenge for Private Law Theory?"，*Canadian Journal of Law & Jurisprudence*，Volume 33，Issue 1（2020），pp.215—244.

③ See Jacco Bomhoff："Balancing, the Global and the Local Judicial Balancing as a Problematic Topic in Comparative（Constitutional）Law"，*Hastings International and Comparative Law Review*，Volume 31，No.2，Article 2（2008），pp.560—567.

边，使他们达成一个合理的平衡状态。在平衡的过程中，应该建立一个可操作的规则，确定天平每一端的重要性，并最终决定国家措施是否能够通过狭义比例原则的测试。但问题是：通常情况下天平两端的利益是无法准确量化的；相反，由于不同的政治经济和文化历史背景，使得平衡两端利益更为复杂。①

综上，通过对法学意义上比例原则建构过程和结构分析，再次确认，不仅在文义上《巴塞尔协议》相关文件中的"合比例性"不能推定为比例原则；从结构和应用模式上看《核心原则》中的原则 8、9 和 16，也不具备与法学意义上比例原则相同的四阶层应用模式。如果要将《巴塞尔协议》相关文件中的"合比例性"概念在理论上解释为比例原则，就必须通过其他路径。本书希望通过分析比例原则的功能，提出新的论证路径：如果法学意义上比例原则的功能可以实现《巴塞尔协议》相关文件中的"合比例性"希望达成的目的，即可以将"合比例性"概念解释为比例原则。

第三节 比例原则的功能

比例原则可以发挥什么样的功能，从不同的观察角度来看也会有不同的发现，而不同的理论架构中所建构的比例原则所具体展现的功能也有所不同。②如前所述，《巴塞尔协议》引入"合比例性"法概念是为了解决"一刀切"的执行方式所引发的金融稳定与银行盈利性之间矛盾。本节将探讨比例原则的功能是否可以实现这一目的？

---

① See Moshe Cohen-Eliya and Iddo Porat: "American Balancing and German Proportionality: The Historical Origins", *International Journal of Constitutional Law*, Volume 8, No. 2 (2010), p.263.

② See Mads Andenas and Stefan Zleptnig: "Proportionality and Balancing in WTO Law: A Comparative Perspective", *Cambridge Review of International Affairs*, Volume 20, Issue 1 (2007), pp.371—381.

一、比例原则的基本功能

（一）控制裁量权

比例原则源于控制公权力的警察法，因此，限制和控制公权力的自由裁量是其基本功能。与公权力相对的公民权利只应该受到公共利益所必要的限制，因此国家在选择手段时，应选择对公民权利造成最小负担的。比例原则可以成为所有国家权力行为选择过程的指导原则，指引国家行为朝合法且合理的方向发展，包括立法、行政及司法行为，都可以受比例原则的指导，其中尤以干预性的行政行为最为典型。[①]在行政行为方面，比例原则可以作为控制并检验行政裁量权行使的核心法律工具，[②]其设定国家公权力裁量权的行使准则，并同时设定了用以评估裁量权大小的标准：公权力所采取以达成合法目标的手段，必须选择较小限制，且对个人权利造成的影响也不得与所欲追求的目标比例失衡。国家权力行为的民主监督即是通过比例原则与法治原则两者间的紧密关系来加以保证，即要求国家公权力行为必须合比例地行使并最终符合法治原则，现代国家法秩序中要求行政机关在行使权力需要平衡所有相关利益，并根据该权衡结果行使其自由裁量权。[③]

（二）平衡利益冲突

依据法律、政策所制订的规则应当清楚明确地分配相冲突的利益与价值，如果界限不清晰，则需司法权对相冲突的利益与价值，根据不同权利、价值与利益的重要性，进行必要的取舍，比例原则则可以提供有架构且谨慎的检验方式以进行权衡。[④]因此在法律上，比例原则可以主导争议规则与原则之间特定且多变的实质关系，并提供理性的法律工具，以进行必

①③　林明锵：《比例原则之功能与危机》，《月旦法学杂志》2014 年第 8 期。

②　See Nicholas Emiliou：*The Principle of Proportionality in European Law：A Comparative Study*，Springer Netherlands，1996，p.142.

④　See Kai Möller：*The Global Model of Constitutional Rights*，Oxford University Press，2012，pp.99—133.

要的取舍,①比例原则即可充当权衡的架构和模式。在不同的法律利益和目标之间进行平衡的过程中,比例原则要求操作者对个案中所有相关的规范和事实要素进行具体的评估,在确定了案件的相关要素之后,立法和司法权应该根据正义的价值来权衡这些要素,以便在平衡过程中对每一个要素进行论证,并最终得出可行的措施。可见,比例原则在处理国家权力行使过程中的利益冲突起着重要作用。②

(三)合理化司法裁判

司法裁判结果的客观性一直是司法追求的目标,但结果的客观性必须由发现、论证和陈述的客观性共同保证。③但法律适用的过程是由法官为主导的,这使得在绝对客观基础上适用法律几无可能。但我们可以假设,法官越是感到受到某些法原则的约束,裁判就越客观,也就越容易预测特定类别案件的结果。比例原则以其特定的四阶层结构可以使裁判更合理。首先,通过比例原则法官可以限制其在解决特定类型的具体案件时必须考虑论点的范围;其次,由于以比例原则为指导意味着考虑的论点更少,思维方式和论证步骤更明确。简单地说,比例原则意味着国家为了达到目标,公权力行为必须是合适的和必要的。④在法官审查相对开放性规范时,比例原则有助于建构开放性规范与立法目标间的关系,赋予该开放性规范具体内容;为了限制法官的自由裁量权,比例原则可以要求司法裁判过程应有足够的理性法律论述,通过四阶层的比例原则应用,将争议中利益与冲突明确展现,法官通过严密的说理使裁判更具合理性,强化法官责任。⑤因此,更广义来说,比例原则可以通过其特定结构提升司法裁判合理性;此

---

① See Dafni Diliagka:*The Legality of Public Pension Reforms in Times of Financial Crisis*:*The Case of Greece*,Nomos Publishing House,2018,pp.186—188.

② See Aharon Barak:"Proportionality and Principled Balancing",*Law & Ethics of Human Rights*,Volume 4,Issue 1 (2010),pp.3—16.

③ 王志勇:《"司法裁判的客观性"之辨析》,《法制与社会发展》2019年第3期。

④ See Amos Tversky and Daniel Kahneman:"Judgment under Uncertainty:Heuristics and Biases",*Science New Series*,Volume 185,No.4157 (1974),pp.1124—1131.

⑤ See Evelyn Elllis:*The Principle of Proportionality in the Laws of Europe*,Hart Publishing,1999,pp.95—100.

外，比例原则还可以通过详细的论证正当化公权力对权利的干预或限制，在衡量的过程中提升司法裁判的合理性。[①]

二、比例原则在银行监管中的潜在功能

将比例原则应用于银行监管领域，是否可以解决金融稳定和银行盈利性之间的矛盾？应是可否在银行业国际监管框架中应用比例原则的主要考量。从功能上看，比例原则源于需要将以规则、制裁和监管为形式的公权力干预限制在实现预期政策目标实际需要的范围内，[②]与限制银行监管机关将实现金融稳定所采取的监管措施限制在合理范围内是契合的。

银行监管机关的目标通常包括宏观上的金融稳定和微观上的金融消费者权利保护。在这一领域，银行监管机关通常以限制措施为基础，以期实现金融稳定的目标，但避免过度限制银行业的发展和过度限制竞争或限制市场参与者的多样性也应纳入银行监管机关的考虑之中。按照比例原则对银行监管措施的合理性和合法性进行衡量有利于达成二者之间的平衡。在银行监管中，比例原则的适用意味着银行的规模、系统重要性、复杂性和风险概况等要素都将被监管机关纳入考量范围，监管机关的目标应该是避免规模较小且不复杂的银行承担过多的合规成本或监管负担，以避免在没有明确审慎理由的情况下过度削弱其竞争地位；[③]比例原则在银行监管中的目的可以是促进对具有系统重要性或被视为高风险的银行有效分配稀缺的监管资源和监管措施。因此，它与基于风险的监管概念密切相关。当然，这种方法也有助于减轻规模较小、不太复杂和健康银行的监管负担。这与监管的比例原则目标非常吻合。在此背景下，适用比例原则必然意味着对

---

① 林明锵：《比例原则之功能与危机》，《月旦法学杂志》2014 年第 8 期。

② See PwC New zealand："Financial Markets Authority Efficiency, Effectiveness and Baseline Review, Final Report", https://www.mbie.govt.nz/assets/final-report-financial-markets-authority-efficiency-effectiveness-and-baseline-review.pdf, 2019, p.28, last visited on 25th December 2022.

③ See Congressional Research Service Report："An Analysis of the Regulatory Burden on small Banks", https://crsreports.congress.gov/product/pdf/R/R43999, 2015, pp.1—7, last visited on 25th December 2022.

不同的银行应用不同的监管要求。[1]当然，比例原则的应用也并不是完美的。监管机关可能通过应用比例原则关注小型银行的经营状况，从而造成竞争扭曲，阻止本应有序的行业重组。另外，比例原则在银行监管背景下通常涉及对银行施加更简单、风险更低的要求，这可能鼓励受益于简化规则的银行采取更为激进的业务模式，从而提升风险行为。[2]

总的来说，比例原则在银行监管中如果要达成相应目的至少应满足三个条件：第一，采用简化的要求不应损害关键的审慎监管措施，特别是增强对受监管的银行和金融体系的信心所需的必要资本和流动性支持；第二，监管机关应充分了解和控制受益于简化监管规则银行的整体风险状况；第三，比例原则不应保护小型银行免受竞争，尤其是在产能过剩以及在整合有助于促进更高效的银行业的情况下。比例原则在银行监管中可能在哪些层面发挥相应功能，是否能够达成《巴塞尔协议》中"合比例性"法概念所希望达成的目标？

（一）审慎监管功能

比例原则的适用方式因司法辖区和部门法而异，[3]而在银行监管领域也缺乏关于如何适用比例原则的规范指导。[4]例如，在欧盟银行业监管框架中，银行监管规范订立前已经应用比例原则对监管措施进行了评估，给予小型银行一定的监管豁免，比例原则最常用于市场风险框架、量化流动性

---

[1]　See Jens-Hinrich Binder："Proportionality at the Resolution Stage：Calibration of Resolution Measures and the Public Interest Test"，*European Business Organization Law Review*，Volume 21（2020），pp.453—474.

[2]　International Cooperative Banking Association："Regulation and Sustainability of Cooperative Bank：Across Country Study"，https://www.ica.coop/sites/default/files/news-item-attachments/full-report-regulation-and-sustainability-final-2124565230.pdf，pp.49—55，last visited on 25th December 2022.

[3]　See Kai Ambos，Antony Duff，Julian Roberts，Thomas Weigend and Alexander Heinze：*Core Concepts in Criminal Law and Criminal Justice*，Cambridge University Press，2019，pp.213—260.

[4]　See Thomas Cottier，Roberto Echandi，Rafael Leal-Arcas，Rachel Liechti，Tetyana Payosova and Charlotte Sieber-Gasser："The Principle of Proportionality in International Law"，*NCCR Trade Working Paper*，No.2012/38（2012），pp.4—10.

标准和大额风险敞口登记以及信息披露义务等监管措施中。总体而言，大多数监管旨在降低复杂性，但不一定降低严格程度。在未承诺执行《巴塞尔协议》且绝大多数在当地注册的银行不太可能处于国际上活跃的非巴塞尔委员会成员司法辖区，比例原则的适用方式差异更大。①

　　不同司法辖区对其执行《巴塞尔协议》采用不同的方法。例如，尽管《巴塞尔协议Ⅰ》简单明了地表明适用于一国银行系统内的所有银行，但有些司法辖区仍倾向于进行修改，以反映国家的具体情况，对规模较小的金融机构和系统重要性较高的金融机构之间的规则进行区别。相比之下，随着各国转向《巴塞尔协议Ⅲ》监管标准的执行，采用差异化更大和更具多面性的比例原则成为各国的主要选择，这也提升了银行业国际监管的审慎程度。②尽管在非巴塞尔委员会司法辖区适用了一系列比例原则的方法，但有学者认为，过度依赖比例原则可能会损害全球监管标准的预期利益，增加公平竞争领域的担忧，并使进行跨国监管的任务变得复杂。为了促进监管符合比例原则，一些机构更多地依赖基于比例原则的方法，强调对金融机构的整体评估。相比之下，也有机构则开发了更结构化的方法。与此同时，基于比例原则的方法被用于评估银行的治理质量，这需要监管机关作出更为复杂的判断。关键在于在监管中使用比例原则并非一种选择，而是监管的固有组成部分，使得监管资源能够更好地分配给风险最大的公司。此外，它还有助于监管机关更好地将银行的风险概况与其财务缓冲和风险管理安排的质量相匹配。③

　　（二）政策制订功能

　　比例原则的应用可能对银行监管政策制订有影响：一方面，所采取的

---

　　① See Stefan Hohl, Maria Cynthia Sison, Tomas Stastny and Raihan Zamil: "The Basel Framework in 100 Jurisdictions: Implementation Status and Proportionality Practices", *FSI Insights on Policy Implementation*, No.11 (2018), pp.3—29.

　　② See Reza Siregar: "Macro-Prudential Approaches to Banking Regulation: Perspectives of Selected Asian Central Banks", *ADBI Working Paper Series*, No.325 (2011), pp.23—24.

　　③ See Jaime Arancibia: *Judicial Review of Commercial Regulation*, Oxford University Press, 2011, pp.133—196.

各种比例原则方法可能很好地反映各国银行市场的不同特点；另一方面，监管政策中所涉及的不同利益可以在政策制订过程中得到有效的平衡，使冲突的利益不会在后续政策执行的过程中产生负面影响。例如，在美国，只有少数资产总额达到或超过 2 500 亿美元或资产负债表对外敞口总额达到或超过 100 亿美元的银行受限于《巴塞尔协议Ⅲ》的监管标准，而额外的资本充足率要求适用于美国全球系统重要性金融集团。就流动性覆盖率而言，全面的流动性覆盖率通常要求适用于采用先进监管资本计量方法的美国银行机构及其合并资产达到或超过 100 亿美元的子公司，这些政策都是监管机关衡量冲突利益后做出的。[1]在欧盟，除了规模较小的银行外，几乎所有银行均受限于《巴塞尔协议Ⅲ》。[2]在此背景下，未来监管政策制订开始前可以应用比例原则采取适当的银行分类方法，将银行分为多个类别；这些类别被用作区分适用比例原则的基础。理想情况下，分类不仅可用于制订具体的审慎监管政策，还可用于制订监管标准和要求。[3]被视为对国内和国际经济具有系统重要性的银行，无论其业务模式的复杂性如何，均应遵守最严格的监管规则和监管政策；与之相对的较小规模的银行，即使业务复杂性较强，但承载的风险程度不高，在适用比例原则的过程中即可宽松对待。

在银行监管政策中适用比例原则有利于在全球金融体系中政策执行的有效性。在国际层面开展额外工作以确定比例原则操作方式可作为监管机关的参考。由于新兴市场经济体需要确保其监管框架在国际上仍被视为足够严格，因此这些参考可能对新兴市场经济体尤其有价值。

比例原则在控制裁量权、衡量利益冲突及司法审查当中都可以发挥重

---

① See CRS："Enhanced Prudential Regulation of Large Banks"，May 2019，*CRS Report*，R45711，pp.2—4.

② See Michele Fratianni and John C. Pattison："Basel III in Reality"，*Journal of Economic Integration*，Volume 30，No.1（2015），pp.2—20.

③ See Danny Busch and Mirik B. J. van Rijn："Towards Single Supervision and Resolution of Systemically Important Non-Bank Financial Institutions in the European Union"，*European Business Organization Law Review*，Volume 19（2018），pp.301—363.

要作用，而其在银行监管中的潜在功能可以解决国内银行监管的利益冲突问题也被印证。因此，尽管文义解释无法直接进行，但比例原则可以在功能上实现《巴塞尔协议》引入"合比例性"法概念的目的，由此可以完善理论论证的缺陷。

第四节　比例原则的移植

尽管理论上《巴塞尔协议》中"合比例性"解释为比例原则已无障碍，但从法律移植的角度，比例原则是否有移植到其他法域和部门法的先例？本节将从法律移植角度论证将比例原则引入《巴塞尔协议》的可行性。

一、比例原则的全球化

18 世纪源自德国行政法的比例原则在二战后通过德国联邦宪法法院的判例最终得以确立。在德国，长期以来，比例原则一直被用作对行政行为进行司法审查的原则，这主要基于两个原因：首先，比例原则与基本权利保护相关；其次，它可以涵盖所有的国家行为。[1]20 世纪 70 年代以来，随着欧洲法院和欧洲人权法院将比例原则进行移植，[2]而后，欧盟许多国家也迅速移植比例原则，例如：意大利通过欧洲法院的判决认可比例原则，奥地利通过肯定《欧洲人权公约》的宪法地位接纳比例原则。[3]经过西欧各国的移植，比例原则迅速拓展到世界各国的法律体系中，可以说是德国在法学领域中最成功的出口产品。[4]其中东欧、北美、南美、大洋洲、非洲、中

---

[1]　范剑虹：《欧盟与德国的比例原则——内涵、渊源、适用与在中国的借鉴》，《浙江大学学报（人文社会科学版）》2000 年第 5 期。

[2]　See George Gerapetritis：*The Application of Proportionality in Administrative Law：Judicial Review in France，Greece，England and in the European Community*，Oxford University Press，1995，pp.8—17.

[3]　安德烈亚斯·冯·阿尔诺著：《欧洲基本权利保护的理论与方法——以比例原则为例》，刘权译，《比较法研究》2014 年第 1 期。

[4]　See Brian Bix and Horacio Spector：*Rights：Concepts and Contexts 1st Edition*，Routledge，2012，p.267.

东以及南亚和东亚的诸多国家法院都有诉诸比例原则来裁判案件的判例。①

尽管比例原则在世界范围内被广泛移植,但各国在移植的过程中也对比例原则进行了本土化改造,导致比例原则的定义和应用方法并不统一。大多数学者和法院在使用这一原则时,都将其作为一个新的概念和原则,从而加入了对比例原则性质、结构及论证方法的主观判断。例如,加拿大法院在德国版比例原则基础上增加了额外的合法性测试,只有在通过合法性测试后才能够进入比例原则的三阶段;②本书所论述的四个子原则的比例原则结构,也借鉴了以色列法学家的观点。那么不同国家的对比例原则的本土化改造是否影响比例原则普遍化呢?阿列克西认为,比例原则之所以普遍化,是基于优化理论、基本权利理论和论证理论的普遍性所带来的。③理论普遍化与比例原则的普遍化相互促进,共同构成当前比例原则全球化的趋势。

二、比例原则的普遍化

有学者认为比例原则的普遍化不仅体现在比例原则不断被移植到越来越广泛的司法辖区,还体现在其被越来越多的法律部门所使用。④其中,需要重点关注的是与本书主题相关的国际经济法领域。

在国际贸易法领域,1995 年 1 月 1 日根据《世界贸易组织协议》成立的 WTO 是一个新的政府间国际组织,其主要目的是为成员国之间的贸易

---

①　See Po Jen Yap: *Proportionality in Asia*, Cambridge University Press, 2020, pp.3—22; Wojciech Sadurski: *Rights Before Courts: A Study of Constitutional Courts in Post-Communist States of Central and Eastern Europe*, Springer, 2014, pp.3—44; Franciscapou-Gimenez, Laura Clerico and Esteban Restrepo-Saldarriaga: *Proportionality and Transformation: Theory and Practice from Latin America*, Cambridge University Press, 2022, pp.1—18.

②　See Dieter Grimm: "Proportionality in Canadian and Geraman Constitutional Jurisprudence", *The University of Toronto Law Journal*, Volume 57, No.2, Education, Administration, and Justice: Essays in Honour of Frank Iacobucci (2007), pp.383—397.

③　See Robert Alexy: "The Construction of Constitutional Rights", *Law and Ethics of Human Rights*, Volume 4, No.1 (2010), pp.21—32.

④　陈景辉:《比例原则的普遍化与基本权利的性质》,《中国法学》2017 年第 5 期。

谈判提供一个论坛，同时为贸易争端提供解决机制。WTO 所依据的核心条约是《关税与贸易总协定》（GATT）和《服务贸易总协定》（GATS），规定了国际贸易的基本规则和原则。WTO 的争端解决机制是由三个机构共同组成的类司法机制：一是争端解决机构，由世贸组织总理事会负责；二是争端解决机构下设专家小组和上诉机构，其中专家小组负责报告审查和争议的初步裁决，并授权对不遵守争端解决裁决的行为进行制裁；三是上诉机构负责审查专家小组的初步裁决。[1] 随着 WTO 条约体系和争端解决机制的完善，成员国充分认识到 WTO 争端解决机构对 WTO 条约解释的重要作用。争端解决机构对 GATT 的第 20 条例外条款进行审查时引入了比例原则的相关方法。根据 WTO 非歧视性原则的要求，成员国不可以在贸易中实施的措施武断的或不合理的差别待遇措施来限制贸易，但是第 20 条明确了一系列例外情形，例如保护公共道德等。这些例外情形被判定为必要的情况下，成员国可以不遵守非歧视原则的要求。[2] WTO 体系是一个以自由贸易和非歧视为价值主导的国际贸易秩序，争端解决机构对第 20 条的裁决已成为各国关注的焦点，因为这涉及贸易自由和公共利益或基本权利两种价值的平衡。在这一过程中，专家小组和上诉机构开发了一系列的平衡方法，其中引入比例原则是核心。

在国际投资法领域，2003 年，一家西班牙公司 Tecmed 和墨西哥政府之间出现了纠纷。Tecmed 开发并经营一个危险工业废物的填埋场数年，但在 1998 年，出于保护环境的考虑，Tecmed 的许可证没有被续期，所以该垃圾填埋场不能继续经营，Tecmed 认为其投资已彻底失败，这种情况等同于征收。最终，Tecmed 和墨西哥政府之间的争端被提交到国际投资争端解决中心（ICSID）仲裁。根据西班牙和墨西哥之间的双边投资条约

---

① See Mitsuo Matsushita, Thomas J. Schoenbaum, Petros C. Mavroidis and Michael Hahn: *The World Trade organization: Law, Practice, and Policy*, Oxford University Press, 2015, pp.11—109.

② See Gillian Moon: "GATT Article XX and Human Rights: What do We Know from the First Twenty Years?", *Melbourne Journal of International Law*, Volume 16 (2015), pp.432—483.

(1995 BIT）和《关于解决国家与其他国家国民之间投资争端的公约》（IC-SID 公约），ICSID 成立了一个 *Tecmed* 仲裁庭，该仲裁庭承诺对"这些政府措施是否与推测由此保护的公共利益以及法律赋予投资的保护成比例"[1]进行评估。仲裁庭从欧洲人权法院的判决中得到启发，首次将比例原则引入 ICSID 的国际投资仲裁。ICSID 是全球领先的投资争端解决机制，因此，这一引入对国际投资法意义重大。此后，由于征收的频繁发生[2]及国际投资条约对仲裁事项的限定[3]使征收成为提交 ICSID 进行国际投资仲裁最普遍的案由。征收案件的重点是私人投资者和东道国政府的权利和义务是否平衡，[4]为解决平衡双方利益比例原则在 ICSID 仲裁庭的其他案件中被广泛使用。

综上，比例原则在移植方面拓展至全球各法域，同时也进入与银行业国际监管类似的国际贸易法和国际投资法等领域。因此，从移植的角度看，在先例的指导下，比例原则进入银行业国际监管领域也有空间。

第五节 本章结论

面对《巴塞尔协议》"一刀切"执行方式所引发的金融稳定与银行盈利性之间的矛盾，《核心原则》提出了"合比例性"法概念，以平衡利益冲突，并且在原则 8、9 和 16 中给出了具体的应用方式。由于"合比例性"在不同学科中语义的多样性，加之《巴塞尔协议》是一个由金融学、经济

---

[1] See *Técnicas Medioambientales Tecmed*，S.A. *v. The United Mexican States*，ICSID Case No.ARB（AF）/00/2，Award，（May 29，2003），para.122.

[2] See C. L. Lim，Jean Ho and Martins Paparinskis：*International Investment Law and Arbityation Commentary*，*Awards and other Materials*，*2nd Edition*，Cambridge University Press，2021，p.346.

[3] See August Reinisch："How Narrow are Narrow Dispute Settlement Clauses in Investment Treaties？"，*Journal of International Dispute Settlement*，Volume 2，Issue 1（2011），p.117.

[4] See W. Shan："Towards a Balanced Liberal Investment Regime：General Report on the Protection of Foreign Investment"，*ICSID Review-Foreign Investment Law Journal*，Volume 25，Issue 2（2010），p.475.

学、法学和国际关系等理论共同支撑的国际协议，因此，直接将"合比例性"推定为比例原则忽略了法学意义上比例原则的建构过程和结构特点。但由于比例原则可以实现"合比例性"的目的，所以殊途同归。根据法教义学，笔者认为仍可以将"合比例性"解释为比例原则，完成从法概念到法原则建构的第一步。以比例原则在不同法域和部门法的拓展为佐证。完成法原则建构的第二步是法原则的具体化，即法原则到法制度的建构，也即应用问题。在本书背景下即分析：是否有法域在执行《巴塞尔协议》的过程中应用比例原则解决"一刀切"造成的小型银行负担问题。欧洲在作为比例原则发源地的同时，欧盟银行监管机关也是《巴塞尔协议》的成员，追本溯源，下一章将分析欧盟银行监管是如何应用比例原则的。

第三章 欧盟银行监管与比例原则应用

    作为建构《巴塞尔协议》中比例原则的重要一步，选择适当的法域证明法原则到法制度的可行性并最终完成比例原则在《巴塞尔协议》中的建构是本章的主要目的；同时，在前述理论准备完成后，在实践中如何应用也是本章的重要组成部分。欧盟在银行监管中应用比例原则的方式可以为尚未应用的国家提供经验。在国际金融领域，危机的结束通常标志着新监管秩序构建的开始。例如，美国在1929年金融市场崩溃后，制订并执行了强有力的金融市场监管法，作为对金融市场崩溃的回应。[①]2008年全球金融危机在全球范围内造成了巨大破坏，欧洲主权债务危机又让欧盟雪上加霜。两次危机前，尽管欧洲一定程度上形成了单一金融市场和货币联盟，但欧盟范围内的银行监管仍是成员国的权限。以国界为银行监管权限的划分依据，加之欧盟单一金融市场的一体化、自由化和便利度不断提升，最终导致了各国在银行监管过程中倾向于对本国银行和其他有利于本国经济的银行采取宽容的监管措施；银行为了规避监管则开始了过度冒险，将在本国获取的监管优势转化为在欧盟单一金融市场中的经济优势，获取超额利润。为解决此等"银行国家主义"，欧盟认为有必要推动银行监管的进

---

    ① See Hal S. Scott: "The Reduction of Systemic Risk in the United States Financial System", *Harvard Journal of Law & Public Policy*, Volume 33, No.2 (2010), p.681.

一步一体化，甚至统一的银行监管机制。①欧盟作为践行超国家主义（Supranationalism）的典型代表，其组织中的成员国将部分主权让渡给国家之上的欧盟，这使得欧盟即使未获得所有成员国的同意，仍可作出具有强制力的决议。②这一优势在欧盟处理全球金融危机和欧洲主权债务危机过程中体现出来，欧洲主权债务危机中欧盟可以在短时间内成立综合性的金融监管机关以稳定区域内金融市场。③因此，欧盟希望在此基础上进一步提升银行监管的一体化，并最终构建欧洲银行联盟。随着欧盟银行监管一体化程度和监管强度不断提升，欧洲的小型银行也受到了冲击。欧洲作为比例原则的发源地，同时欧盟银行监管机关也是巴塞尔委员会的成员，因此，在论证《巴塞尔协议》中的"合比例性"可以解释为比例原则后，笔者选择欧盟银行监管框架来分析现实中欧洲是否在执行《巴塞尔协议》过程中已经将比例原则具体化了？如果是，基于比例原则在欧盟银行监管中的功能和适用方式，详细分析比例原则在欧盟银行监管中具体的应用方式为何？解决这一问题有利于加强比例原则未来在银行业国际监管框架体系中成为基本原则的论点，对其他国家在银行监管中应用比例原则也有借鉴意义。本章所涉及的关键问题不应被孤立考虑，而应从更广阔的视角审视比例原则与欧盟银行监管这一复杂的组合。因此，对欧盟银行监管框架的任何分析，都必须先对比例原则进入欧盟银行监管框架的路径、法律渊源及欧盟银行监管框架的起源和法律渊源进行讨论。④

---

① See Katalin Mérő and Dora Piroska："Banking Union and Banking Nationalism—Explaining Opt-Out Choices of Hungary, Poland and the Czech Republic", *Policy and Society*, Volume 35, Issue 3：Institutional and Policy Design for the Financial Sector (2016), pp.215—226.

② 郭丽双、付畅一：《消解与重塑：超国家主义、文化共同体、民族身份认同对国家身份认同的挑战》，《国外社会科学》2016 年第 4 期。

③ 于尔根·布尔迈著：《欧盟及其成员国：金融危机下的德国和超国家主义》，徐苗译，《中德法学论坛》2014 年第 11 辑。

④ See Hugh Thirlway：*The Sources of International Law*, *Second Edition*, Oxford University Press, 2014, pp.1—8.

第一节 比例原则进入欧盟银行监管框架的路径

本书第二章论述了比例原则从德国起源并迅速被移植到全球各法律体系，有典型的全球化特征，以及比例原则已经不单是一个公法原则，在国际经济法中已有应用实例。如果监管机关希望在欧盟银行监管框架中应用比例原则，是否有规范基础？如果有，比例原则从何而来？本节将叙述比例原则从德国法到欧盟银行监管框架的路径。

一、从德国法到欧盟法

起源于德国的比例原则成为一个泛欧洲化法原则的第一步是《欧洲人权公约》和欧洲人权法院对其进行的移植。《欧洲人权公约》是一项在欧洲保护人权和政治自由的国际公约。该公约由当时新成立的欧洲委员会于1950年起草，于1953年9月3日正式生效。欧洲委员会的所有成员国都是该公约的缔约国。该公约设立了欧洲人权法院，任何认为自己的权利被某一缔约国侵犯的主体都可以向该法院提起诉讼。认定侵权的判决对有关国家有约束力，它们有义务执行这些判决。欧洲委员会部长委员会监督判决的执行情况，特别是确保法院裁定的付款能够适当地补偿申请人所遭受的损失。该公约对欧洲委员会成员国的法律产生了重大影响，并被广泛认为是保护人权的最有效的国际条约。当前，所有欧盟成员国都是《欧洲人权公约》的缔约国。[①]

虽然《欧洲人权公约》并没有包括任何与该原则相关的条款，但法院在第一起汉迪赛德诉英国案中就援引了该原则，提出："在这一领域施加的每一个形式、条件、限制或惩罚都必须与追求的合法目标成比例。"[②]这

---

① 参见维基百科：欧洲人权公约，https://zh.wikipedia.org/zh-cn/%E6%AD%90%E6%B4%B2%E4%BA%BA%E6%AC%8A%E5%85%AC%E7%B4%84，最后访问日期：2022年12月25日。

② See ECtHR: *Handyside V. The United Kingdom*, Judgment, July 12 1976, para.49.

一比例原则移植的灵感来自德国宪法法院有关比例原则的判决——药店案。随着欧洲人权法院判例的多年发展，该原则已经成为欧洲人权保护的核心特征之一。成员国法院和欧洲人权法院之间存在着法律价值的互动。因此，欧洲人权法院判例中所应用的原则，通常会被多个成员国采用，而成员国法院的原则也可能被欧洲人权法院采用。①

早期欧盟在推进一体化的过程中，也并未在条约中提及比例原则，比例原则是由欧洲法院（European Court of Justice）通过判例发展起来的。欧洲法院最初在 20 世纪五六十年代的一系列案件中应用了比例原则，其中 1970 年的 *Internationale Handelsgesellschaft mbH v. Einfuhr- und Vorratsstelle für Getreide und Futtermittel* 案最终确定了比例原则在欧盟法中的基础地位。在该案代理人向法院提交的意见中着重论述了比例原则作为欧共体基本原则已被所有成员国所接受，并成为欧共体条约的内在组成部分。②欧洲法院在本案中接受了代理人的意见，并在 20 世纪 80 年代进一步发展了比例原则。

2004 年的《欧盟宪法条约》虽未能在全民公投中通过，但其中第 I-11 条第 4 款明确了比例原则作为欧盟基本原则的存在，③欧盟所有的法案都应遵守比例原则，④而在基本权利和自由的限制时必须由法律规定，并尊重这些权利和自由的本质，在遵守比例原则的前提下，才能进行限制。⑤2007 年的《里斯本条约》延续了《欧盟宪法条约》的部分内容，并得到了所有成员国的同意，其中第 3b 条第 4 款明确："根据比例原则，联盟行动的内

---

① See Helen Keller and Alec Stone Sweet: *A Europe of Rights: The Impact of the ECHR on National Legal Systems*, Oxford University Press, 2008, pp.677—712.

② See Judgment of the Court of 17 December 1970, *Internationale Handelsgesellschaft mbH v. Einfuhr- und Vorratsstelle für Getreide und Futtermittel. Reference for a preliminary ruling: Verwaltungsgericht Frankfurt am Main-Germany*, Case 11—70, pp.1128—1132.

③ See Treaty establishing a Constitution for Europe, Official Journal of the European union, C 310, 16 December 2004, http://publications. europa. eu/resource/cellar/7ae3fd7e-8820-413e-8350-b85f9daaab0c.0005.02/DoC_1, pp.14—15, last visited on 25th December 2022.

④ Ibid., p.29.

⑤ Ibid., p.455.

容和形式不应超过实现条约目标所需的范围。"①这一条款表明了比例原则在当今欧盟法律中的核心地位。

根据欧盟法，比例原则既是初级法律规定的法原则，又是欧洲法院承认的一般法原则，因此它优先于欧盟成员国的国家法律，也优先于欧盟二级法律。当欧盟法在其成员国实施时，成员国可以将其作为解释法律的标准来应用。②当前欧盟的三大基础条约都确认了比例原则：首先，《欧洲联盟条约》（TEU）第 5 条，首次提到了欧盟初级法律中的比例原则。③其次，《欧洲联盟运作方式条约》（TFEU）的《补充议定书二》第 1 条确认了比例原则应当被欧盟所有机构所尊重。④再次，《欧盟基本权利宪章》（*Charter of Fundamental Rights of the European Union*）第 52 条也确认了这一原则，根据该条规定，对行使本宪章所承认的权利和自由的任何限制必须由法律规定，并尊重这些权利和自由的本质。在遵守比例原则的前提下，只有在限制是必要的，并真正符合欧盟承认的普遍利益的目标或保护他人的权利和自由的需要时，才能进行限制。⑤此外，欧洲法院也通过一系列判例对比例原则的欧盟法中的地位和应用不断完善，例如，

---

① Treaty of Lisbon amending the Treaty on European Union and the Treaty establishing the European Community, signed at Lisbon, 13 December 2007, OJ C 306, 17.12.2007, http://publications.europa.eu/resource/cellar/688a7a98-3110-4ffe-a6b3-8972d8445325.0007.01/DOc_19, pp.12—13, last visited on 25th December 2022.

② See Jacques Ziller: "Hierarchy of Norms: Hierarchy of Sources and General Principles in European Union Law", *Verfassung und Verwaltung in Europa Festschrift für Jürgen Schwarze zum 70. Geburtstag*, *Ulrich Becker*, *Armin Hatje*, *Michael Potacs*, *Nina Wunderlich* (*eds.*), *Nomos Verlagsgesellschaft*, *Baden-Baden*, 2014, pp.335&352.

③ Article 5 of TEU: "The limits of Union competences are governed by the principle of conferral. The use of Union competences is governed by **the principles of subsidiarity and proportionality**."

④ Article 1 of TFEU Protocol No.2: "Each institution shall ensure constant respect for **the principles of subsidiarity and proportionality**, as laid down in Article 5 of the Treaty on European Union."

⑤ Article 52 of Charter of Fundamental Rights of the European Union: "Any limitation on the exercise of the rights and freedoms recognized by this Charter must be provided for by law and respect the essence of those rights and freedoms. Subject to **the principle of proportionality**, limitations maybe made only if they are necessary and genuinely meet objectives of general interest recognized by the Union or the need to protect the rights and freedoms of others."

Hoechst AG V. Commission of the European Communities 案。①比例原则在欧盟法中是一个多方面的原则，因其灵活性，在欧盟的所有国家司法机构中都得到应用。比例原则在欧盟的地位更加重要，因为这个超国家组织是一种新的国际组织形式，在与成员国的特殊关系、组织模式、公共职能和保障方面应用于每个成员国都可以接受的法原则有利于欧盟的运转。比例原则是一项在欧盟法立法中确认、在司法和行政中应用的法原则。比例原则通常被作为审查行政机关行为的一个体系，用以平衡和控制行政权力和自由裁量权的滥用，当利益相关者提起争议解决程序后，由法官在程序中应用比例原则对利益冲突进行平衡，从而做出公正的裁判。②这类比例原则的应用有典型的事后特点。同时，事前监管的比例原则也发挥着重要作用，它是一个能够指导立法和行政的原则。从这个角度来看，比例原则的应用是一个日常操作，影响到欧盟所有机构的自由裁量权，以确保冲突的利益之间可以达成平衡。因此，在立法程序中适用比例原则可以支持欧盟机构适当行使自由裁量权，以最佳方式保护公共利益；③同时，法院对该原则的解释和应用方式也影响着立法和行政机关的行为。因此，比例原则应该被立法者、监管机关及法官同时适当地考虑并应用。

二、从欧盟法到欧盟银行监管框架

作为欧洲经济和银行监管的领导者——欧洲央行遵守比例原则是其作为监管机关的法定义务。④比例原则在欧盟货币政策和银行监管有关的案件中被应用，是欧盟银行监管法发展的一部分。到目前为止，有关货币政策

---

① See Judgment of the Court of 21 September 1989, *Hoechst AG v. Commission of the European Communities*, Joined cases 46/87 and 227/88, para.2&62.

② See T. Tridimas: *The General Principles of EU Law*, Oxford University Press, 2013, pp.139—140.

③ See Evelyn Elllis: *The Principle of Proportionality in the Laws of Europe*, Hart Publishing, 1999, p.58.

④ See Gianni Lo Schiavo: *The Role of Financial Stability in EU Law and Policy*, Wolters Kluwer, 2016, pp.155—157.

的案件都是由成员国的宪法法院或终审法院要求欧洲法院根据《欧洲联盟运作方式条约》第 267 条作出初步裁决。初步裁决（Preliminary Ruling）是欧洲法院对欧盟法进行解释所做的裁决，由欧盟成员国法院或仲裁庭提起，裁决对欧盟法的解释具有终局效力，不可上诉；①有关银行监管案件通常是根据《欧洲联盟运作方式条约》第 263 条通过直接诉讼解决。在诉讼中，申请人经常使用比例原则的论点，欧洲法院会根据实际情况判定欧洲央行的监管行为是否可以废止。②随着银行监管一体化程度不断提升，并对欧洲银行系统产生了巨大影响，其牵涉的利益主体众多，在其监管范围内对整个欧盟具有系统性的意义。人们可以预测未来会有大量的诉讼，这些诉讼将越来越多地应用比例原则。欧盟判例法表明欧盟法中比例原则的四个子原则旨在验证一项公权力行为是否符合：目的正当性原则、适当性原则、必要性原则、狭义比例原则。③

　　欧洲法院在应用比例原则标准时有所不同。案件涉及自由裁量权和政策决定时与案件涉及基本权利时通过比例原则测试的严格程度是不同的。在面对自由裁量权和政策决定时，司法审查的标准较为宽松；在面对基本权利时，司法审查的标准较为严格。④对货币政策和银行监管职能比例原则的应用也证实了先前的判例：一方面，比例原则不可避免地受到大多数货币政策决策的内在政治性质的限制；另一方面，广泛的监管导致了密集的司法审查，这使得法院在司法审查的过程中不得不放松比例原则的标准。

---

　　① See Clifford J. Carrubba and Lacey Murrah："Legal Integration and Use of the Preliminary Ruling Process in the European Union"，*International Organization*，Volume 59，No. 2（2005），pp. 399—418.

　　② See Andrea Magliari："Intensity of Judicial Review of the European central Banks's Supervisory Decisions"，*Central European Public Administration Review*，Volume 17，No. 2（2019），p. 74.

　　③ See Judgment of the Court（First Chamber）of 9 June 2016，*Giovanni Pesce and Others v. Presidenza del Consiglio dei Ministri-Dipartimento della Protezione Civile and Others*，Joined Cases C-78/16 and C-79/16，para. 20；Judgment of the Court（Grand Chamber）of 9 November 2010，*Volker und Markus Schecke GbR（C-92/09）and Hartmut Eifert（C-93/09）v. Land Hessen*，Joined Cases C-92/09 and C-93/09，para. 86—87.

　　④ See ECB Legal Conference 2017—Shaping a new legal order for Europe：a tale of crises and opportunities，4—5，September 2017，pp. 126—127，https://www.ecb.europa.eu/pub/pdf/other/ecblegalconferenceproceedings201712.en.pdf，last visited on 25th December 2022.

法院在面对货币政策和监管行为的审查表明：比例原则不是一个一劳永逸的模式，而是一个多面的、灵活的、根据不同情况需调整的审查方式。

从欧洲法院判例法中得出主要的经验是：就货币政策而言，欧洲法院对比例原则的大量使用使得政策制订的过程同样需要考虑比例原则；欧洲法院对比例原则持积极态度，希望以这一原则削减政策的政治属性，[①]因此，传统的比例原则审查在面对货币政策时有了去政治化的新意义。就银行监管而言，《单一监管机制条例》在第 64 条要求应当尊重留给欧洲央行的自由裁量权以保证其独立性和以金融专业为基础进行决策的能力。[②]在尊重欧洲央行自由裁量权的前提下，司法审查在应用比例原则时已最大程度地自我克制，为监管权力提供了空间。到目前为止，欧洲法院大多均做出了支持欧洲央行的裁决。这表明欧洲法院认为欧洲央行的监管行为大多是良好、专业且合法的。

银行监管有一定的专业性，其专业性体现在欧盟银行监管的法律规范是一个多层次的法律体系。在欧盟法体系下，银行监管往往以复合程序为特征，即使欧洲央行监管权力高度集中，监管也必须在不同层次的欧盟法中行使自由裁量权；[③]在这种特定的专业化背景下，比例原则仅是审查过程

---

① See Judgment of the Court（Grand Chamber）of 11 December 2018, *Proceedings Brought by Heinrich Weiss and Others*, *Request for a Preliminary Ruling from the Bundesverfassungsgericht*, Case C-493/17, para.16—111.

② Article 64 of Council Regulation（EU）No.1024/2013："The ECB should provide natural and legal persons with the possibility to request a review of decisions taken under the powers conferred on it by this Regulation and addressed to them, or which are of direct and individual concern to them. The scope of the review should pertain to the procedural and substantive conformity with this Regulation of such decisions **while respecting the margin of discretion left to the ECB to decide on the opportunity to take those decisions**. For that purpose, and for reasons of procedural economy, the ECB should establish an administrative board of review to carryout such internal review. To compose the board, the Governing Council of the ECB should appoint individuals of a high repute. In making its decision, the Governing Council should, to the extent possible, ensure an appropriate geographical and gender balance across the Member States. The procedure laid down for the review should provide for the Supervisory Board to reconsider its former draft decision as appropriate.", https://eur-lex.europa.eu/legal-content/EN/TXT/?uri＝celex%3A32013R1024, last visited on 25th December 2022.

③ 胡琨、刘东民：《欧债危机下欧盟银行规制与监管体系的转型与创新》,《欧洲研究》2013年第 3 期。

的一部分，除了比例原则之外，审查的重点还有争议所涉及的事实、法律和价值判断；此外，比例原则仅是最终审查程序中的一部分，监管行为可以在进入司法程序之前通过行政救济程序进行审查，这一程序可以考虑所有的非法理由，从而降低诉诸法院的概率。欧盟判例法在应用比例原则时一方面通过降低比例原则审查的严格程度在实体上尊重欧洲央行的独立性及专业监管职能；另一方面在程序上将比例原则作为最终司法审查原则进行应用，并设置前置程序，这也体现了欧盟判例法在银行监管中应用比例原则的积极态度。

因此，将比例原则扩大到银行监管是不可避免且适当的。因为根据《欧洲联盟条约》第 5.1 条和第 5.4 条，欧盟银行监管机关的权力受比例原则的约束。此外，欧盟的所有银行监管机关——包括欧洲银行业管理局（EBA）和欧洲中央银行（ECB）等都必须尊重《欧洲联盟条约》第 5.2 条的授权原则、《欧洲联盟条约》第 1 条所确定的法治原则及第 2 条确定的有效司法保护原则。这些原则适用于欧盟所有机构开展的所有"欧洲行为"，因此也适用于欧洲央行及其监管行为。这是适当的，首先，因为欧盟银行业《单一监管机制条例》[1]作为欧盟银行法的一部分,[2]其赋予欧洲央行作为主管机关的监管权力和货币政策制订权都要遵守欧盟法的一般原则，比例原则为其中之一；其次，比例原则以其灵活性的特点，有助于欧洲央行监管职能的完善。由于上述原因，欧洲法院对比例原则的拓展被认为是一种理所当然的发展。然而，由于比例原则是指导权力行使和控制其滥用的工具，它可以被视为对欧洲央行"独立性"和有金融监管技术专长机构的限制，这也被欧洲法院的判例法所确认。随着 20 世纪七八十年代欧盟内部更加强调实施单一金融市场机制，加之成员国数量稳定，欧盟在银行监管

---

[1]　Council Regulation（EU）No.1024/2013 of 15 October 2013 conferring specific tasks on the European Central Bank concerning policies relating to the prudential supervision of credit institutions，https://eur-lex.europa.eu/legal-content/EN/TXT/PDF/? uri＝cELEX：32013R1024&from＝EN，last visited on 25th December 2022.

[2]　于品显：《欧洲中央银行单一监管机制研究》，《武汉金融》2019 年第 6 期。

立法方面的工作方式发生了深刻变化：明显脱离了先前各自为政的国家规则，转向更为统一的规则体系，而欧盟法的基本原则在这一体系中占据重要地位。这一立法进展在全球金融危机和欧洲主权债务危机后获得了巨大的推动。

比例原则作为欧盟初级法律的基本原则在《欧洲联盟运作方式条约》（TFEU）第 296 条中予以规定。欧盟初级法律对欧盟立法、行政和司法机关具有普遍约束力。因此，无论是欧洲银行业管理局（EBA）、欧洲中央银行（ECB）、欧盟委员会（European Commission）、欧洲议会（European Parliament）、欧盟理事会（Council of the European Union），还是欧洲法院（CJEU）都必须遵守比例原则。

根据《欧洲联盟运作方式条约》（TFEU）第 5 条第 4 款，比例原则意味着欧盟所有措施的内容和形式不应超出实现条约目的所需的范围。比例原则必须在两个层面得到尊重：内容（即实质性要求）、形式（即程序性要求）。如果我们把这种二分法移植到银行监管领域就会发现，对银行的监管措施都必须是成比例的。除了欧盟的措施之外，比例原则也适用于两种情况下的成员国措施：首先，当这些措施影响到基本权利时；其次，当这些措施执行欧盟法律时。在这两种情况下，成员国措施不得超出实现其目的所需的范围，必须符合比例原则的要求。比例原则进入欧盟银行监管框架后，在不同层级的法律渊源中可以发挥何种功能，以及欧盟银行机关在执行《巴塞尔协议》过程中对比例原则进行了何种具体化的改造，将在下文阐述。

三、欧盟银行业监管的法律渊源

（一）条约

欧洲一体化进程的支柱是以条约为基础的欧洲经济共同体，在欧盟向联邦迈进的初步尝试阶段，在欧盟的各种立法渊源中，影响最大的是条约。欧盟的条约数量在起初只有一个，即 1957 年 3 月签署的《欧洲经济共同体条约》(亦称《罗马条约》),最初的条约是由法国、联邦德国、意大利、荷兰、比利时和卢森堡 6 个创始国签署的;经过多年发展,截至 2021 年末,欧盟共有 27 个成员国。①继一系列后续条约和越来越多的成员国加入之后,《罗马条约》发生了演变。最重要的是 1992 年 2 月签署的《欧洲联盟条约》(亦称《马斯特里赫特条约》),这一条约建立了欧洲联盟,取代了欧洲经济共同体;而《欧洲联盟运作方式条约》则取代了《罗马条约》,成为欧盟新的运作条约。2007 年 12 月签署《里斯本条约》后,正式在欧洲构建了以《欧洲联盟条约》《欧洲联盟运作方式条约》和《欧洲联盟基本权利宪章》为支柱的三重条约框架。②

　　《欧洲联盟运作方式条约》延续了《罗马条约》最初确立的四项基本自由:货物自由流动、人员自由流动、服务自由流动以及资本自由流动。③就银行而言,服务自由流动和资本自由流动原则对行业影响最大。根据服务自由流动原则和欧盟法体系,在 27 个成员国之一设立的银行可以在其他成员国提供银行服务。同样,资本自由流动原则允许一个成员国的自然人和法人不受任何法律壁垒自由地将其资本转移到另一个成员国。原则上,资本流动在欧盟国家之间不应受到阻碍,因为这可能违反《欧洲联盟运作方式条约》规定的核心原则。④此外,欧盟诸条约的条款是直接适用的,此原则已在欧洲法院的判例中确认。⑤因为成员国的每一个主体都有权在成员国立法与欧盟诸条约有冲突时向成员国法院提出申请,要求其适用欧盟诸

　　① See Ana Gaio: "Policy Formation in the European Community—the Case of Culture", *Unpublished Doctoral Thesis*, City university London, 2015, p.12.

　　② See Marios Costa, Steve Peers and Steiner Woods: *EU Law, Fourteenth Edition*, Oxford University Press, 2020, p.86.

　　③ See Catherine Barnard: *The Substantive Law of the EU: The Four Freedoms*, Oxford University Press, 2014, pp.28—33.

　　④ European Commission: "Capital Movements", https://ec.europa.eu/info/business-economy-euro/banking-and-finance/financial-markets/capital-movements-en, last visited on 25th December 2022.

　　⑤ See Judgment of the Court of 5 February 1963, *NV Algemene Transport-en Expeditie Onderneming van Gend & Loos v. Netherlands Inland Revenue Administration*, Reference for a preliminary ruling: Tariefcommissie-Netherlands, Case 26—62, para.1—6.

条约条款。简言之，条约条款优先于国家规范，一旦提交给成员国法院，法官应服从欧盟诸条约的最高权威。[①]

条约作为欧盟银行监管的法律渊源，其功能主要确立了欧盟银行监管立法所应遵循的原则，以及在不同层级规范体系之间的适用规则。正因为有了服务和资本自由流动原则和欧盟诸条约高于国内法的适用规则，在其他欧盟银行监管立法的过程中，欧盟银行监管得以以一致的原则和方式适用，这为比例原则可以应用在整个欧盟银行监管中提供了最基础的条约依据。

（二）条例和指令

条约是欧盟法的主要和核心渊源，欧盟及其各机构通过的其他法规和官方决定被视为是次要的。条例、指示和决定具有约束力，建议和意见不具有约束力。首先，欧盟通过具有约束力的立法是为了履行制订欧盟法律的特定职能。简言之，这意味着此类立法必须具有法律依据并属于欧盟诸条约的范围。[②]根据《欧洲联盟运作方式条约》第 288 条，条例"整体具有约束力并直接适用于所有成员国"。[③]此外，一项条例是自动执行的，虽然有时需要国内的执行措施，但不允许成员国颁布任何执行规范来限制其实施。因此，由于缺乏自由裁量权，各条例的规范在成员国范围内是相同的。指令"就实现的结果而言，对其所针对的每个成员国具有约束力，但应由国家主管部门选择形式和方法"。[④]每一个成员国都必须执行指令，并有严格的时间限制；尽管具体规范在相关国内立法中的措辞方式由每个欧盟国家自行决定。一般而言，指令不可直接强制执行；但根据欧洲法院的判例法，如果相关指令条款足够详细，指令也可以直接执行。[⑤]

条例和指令在一定程度上有约束力，但程度远不如条约，这一特点给

---

① See Stephen Weatherill: *Cases and Materials on EU Law*, *Twelfth Edition*, Oxford University Press, 2016, pp.84—94.

② See Alan Reid and W. Green: *European Union*, Thomson Reuters, 2010, p.14.

③④ Article 288 of the TFEU, https://eur-lex.europa.eu/legal-content/EN/TXT/HTML/?uri=CELEX:12012E288&from=EN, last visited on 25th December 2022.

⑤ See Alan Dashwood, Michael Dougan, Derrick Wyatt, Barry Rodger and Eleanor Spaventa: *Wyatt and Dashwood's European Union Law*, Hart Publishing, 2011, pp.235—285.

欧盟银行监管立法留下了灵活操作的空间。在具体的监管规范层面，当需要加强监管时，可以在条例和指令中选择约束力较强的部分以保证金融稳定；同理，在需要放松监管时，可以选择较弱部分以维护金融市场活力。

（三）研究报告

1.《拉姆法卢西报告》

1992年《欧洲联盟条约》首次涉及了欧盟银行监管领域。根据欧盟"在欧洲人民之间建立一个更为紧密的联盟"①的总体目标，欧盟首次制订了旨在塑造经济和货币联盟组织的原则。②《拉姆法卢西报告》标志着欧盟针对银行业的立法程序发生了重大变化。这份报告由亚历山大·拉姆法卢西于20世纪90年代后期主导学者起草，他当时担任欧洲央行前身——欧洲货币局主席。该报告详细说明了一套有助于欧盟在金融监管领域更有效的立法程序的建议准则。欧盟立法机构采纳了建议的程序，现在通常称为拉姆法卢西程序。

简言之，拉姆法卢西程序区分了以下四个级别的监管：

第一级，欧盟根据共同决策程序通过条例或指令；

第二级，在欧盟层面咨询欧盟证券委员会后对监管措施提出意见；

第三级，关注国家监管机关之间的合作，以确保一致的实施和执行；

第四级，更有效地执行欧盟立法，成员国如有违反可以采取措施。③

《拉姆法卢西报告》第一级和第二级之间的互动是欧盟银行监管的基础。出现在第一级的通常是一项指令或条例，允许欧盟立法机构加快制订银行监管的基本原则，理由是共同决策过程需要一个简单多数票，而不是完全一致。这给欧盟法律的制订增加了难度，就详细的法规达成一致意见

---

① Preamble of TEU："RESOLVED to continue the process of **creating an ever closer union among the peoples of Europe**, in which decisions are taken as closely as possible to the citizen in accordance with the principle of subsidiarity."

② See Alina Kaczorowska-Ireland：*European Union Law*，*Fourth Edition*，Routledge，2016，pp.22—23.

③ Lamfalussy Report，https://www.esma.europa.eu/sites/default/files/library/2015/11/lamfalussy_report.pdf，last visited on 25th December 2022.

本身就更成问题且耗时。①

　　与第一级相结合的是第二级的相应立法，其中规定了详细的规范。换句话说，基于一级指令和二级指令之间的互动，拉姆法卢西程序巧妙回避了传统上被视为欧盟立法程序中的僵局。此外，由于实施了将在下文讨论的《德·拉罗西埃报告》，欧盟设立了三个欧洲银行监管机关，这些机构由成员国的监管人员组成，有权发布银行监管技术标准和实施技术标准，作为第二级的详细实施规范。在第三级，同一欧盟监管机关可发布建议和指南。

　　自引入拉姆法卢西程序以来，第二银行指令已被更具全面的法规取代，后者被并入第 575/2013 号条例和第 2013/36 号指令，合称为《资本要求指令Ⅳ》。②上述一系列指令的发展描绘了一幅欧盟银行监管立法的框架，其中可归纳出若干显著特征。首先，银行业务是一项需要特许的业务，只有满足最低立法要求的主体才能通过许可或授权开展银行业务，例如必须满足最低资本要求和内部治理要求；其次，对银行业务的监管使得达摩克里斯之剑悬在各银行的头上，从而使其受到一个监管机关的支配，该机关可以根据客观数据和披露的信息决定银行是否可以继续经营；最后，一旦某一特定国家的某一银行获得授权，其希望开展业务的其他成员国无需进一步授权。

　　2.《德·拉罗西埃报告》

　　全球金融危机不仅给欧洲金融业造成了巨额损失，欧洲国家也承受了巨额的主权债务。③2008 年 10 月，为应对全球金融危机，欧元区国家通过

①　See Duncan Alford: "The Lamfalussy Process and EU Bank Regulation: Another Step on the Road to Pan-European Bank Regulation?", *Annual Review of Banking & Finance Law*, Volume 25 (2006), pp.397—406.

②　Directive 2013/36/EU of the European Parliament and of the Council of 26 June 2013 on access to the activity of credit institutions and the prudential supervision of credit institutions and investment firms, amending Directive 2002/87/EC and repealing Directives 2006/48/EC and 2006/49/EC Text with EEA relevance (CRD IV), https://eur-lex.europa.eu/legal-content/EN/TXT/pDF/?uri=CELEX:32013L0036&from=EN, last visited on 25th December 2022.

③　王煦棋、李俊毅等:《欧洲联盟经贸政策之新页》，中国台湾大学出版中心 2011 年版，第 241—244 页。

峰会，共同发表了《欧元区国家协调欧洲行动计划声明》。①与此同时，为改革欧盟银行监管体系，雅克·德·拉罗西埃被授权负责一个具有金融监管专业资格的专家小组，用以评估欧盟银行监管体系并对制订金融监管领域的规范提出切实可行的建议。2009年2月，该小组完成了这份报告，即《德·拉罗西埃报告》，其全面评估了银行和金融法的立法来源，并提出欧盟可以选择加强欧盟国家内部的监管合作，以提供一个应对金融衰退和严峻经济形势的统一战线，具体有三个步骤：新的监管议程；加强监管协调；有效的危机管理程序。②

《德·拉罗西埃报告》并未试图改变欧盟的立法架构，因为欧盟的实体立法架构是在条约的基础上建立起来的，程序上是由《拉姆法卢西报告》确定的。换句话说，《德·拉罗西埃报告》并未在方法上修改欧盟制订法律的方式，但这一报告为立法者提供了重要的指导，即金融监管机关应推广何种规范和原则以解决金融危机值得讨论。正如《德·拉罗西埃报告》所强调的，在最近的危机之前实施的监管框架缺乏一致性。由于欧盟成员国在实施和强制执行指令的范围上有很大的自由裁量权，这种自由裁量权与成员国当地的社会传统、国内立法和司法实践密切相关，因此欧盟成员国之间的区别会造成监管不协调。在立法上，第一级立法过于模糊，国家立法机构有多种选择路径，结果在较低一级立法上很难实施统一的解决方案。③

为解决这一矛盾，首先，《德·拉罗西埃报告》促成了欧盟金融监管体系（ESFS）的建立，其目的之一是确保欧盟银行监管体系统一、持续、

---

① Summit of the Euro Area Countries："Declaration on a Concerted European Action Plan of the Euro Area Countries"，2008，https://ec.europa.eu/economy_finance/publications/pages/publication13260_en.pdf，last visited on 25th December 2022.

② Jacques de Larosiere："The High-Level Group on Financial Supervision in the EU"，2009，https://ec.europa.eu/economy_finance/publications/pages/publication14527_en.pdf，last visited on 25th December 2022.

③ Jacques de Larosiere："The High-Level Group on Financial Supervision in the EU"，2009，https://ec.europa.eu/economy_finance/publications/pages/publication14527_en.pdf，last visited on 25th December 2022.

严格监管，同时提升金融稳定性，保护金融消费者权利。①欧盟金融监管体系由欧洲系统风险委员会（ESRB）②、三个欧洲监管机关（ESAs）③、欧洲监管机关联合委员会以及国家监管机关共同组成。④成员国的监管人员有权针对不具约束力的指令和建议发表具有影响力的意见，这有利于提升监管标准的一致性。全球金融危机后，欧盟银行监管法的许多领域发生了重大变化，主要是限制成员国在监管中的自由裁量权。例如，先前基于最低协调指令的存款担保计划已被更强有力的最高协调指令所取代，在该指令中，这一自由裁量权被大幅削减，甚至完全取消。

欧盟各级法律渊源都对欧盟银行业监管框架的构建发挥了作用。在条约层面，欧盟法为欧盟银行监管构建了基本原则和执行效力体系，基于条约，欧盟银行监管框架可以借助欧盟立法、行政和司法机关有效发挥维护金融稳定的作用；在条例和指令层面，欧盟银行监管可以将具体的监管标准通过有强制力和部分强制力的形式落实到成员国，这一层次的灵活性使欧盟银行监管可以应对较为复杂的国际金融形势和潜在的金融危机；此外，作为非正式法律渊源，研究报告对欧盟银行监管框架未来的发展方向产生了重大影响，全球金融危机后的研究报告更是指导欧盟银行监管朝着一体化的方向进一步发展。

第二节　欧盟银行监管框架结构

欧盟银行监管框架是在前述法律渊源的基础上构建起来的。始于 20 世

---

① European Parliament：European System of Financial Supervision（ESFS），https://www.europarl. europa. eu/factsheets/en/sheet/84/european-system-of-financial-supervision-esfs-，last visited on 25th December 2022.

② 欧洲系统性风险委员会负责对欧盟内部的金融体系进行宏观审慎监督，以帮助预防或减轻因金融体系内部的发展而对欧盟金融稳定造成的系统性风险，并考虑到宏观经济的发展，从而避免出现广泛的金融困境。它应有助于内部市场的顺利运行，从而确保金融部门对经济增长的可持续贡献。

③ 即欧洲银行业管理局（EBA）、欧洲证券及市场管理局（ESMA）和欧洲保险及职业养老金管理局（EIOPA）。

④ See Pieter Jan Kuijper, Fabian Amtenbrink, Deirdre Curtin, Bruno Dewitte and Alison McDonnell：*The Law of the European Union and the European Communities*，Kluwer Law International，2018，pp.320—325.

纪70年代，专门适用于信贷机构的规则是第一银行指令。①第一银行指令规定了任何银行活动应在满足某些先决条件后，由监管机关授权后方可进行，当前此指令已不再有效。然而，这一指令的制订存在诸多问题：它未能明确这些先决条件的性质；它坚持母国和东道国监管机关都应履行监管义务，对希望开展银行业务的信贷机构进行授权，从而构成了双重监管。②

第一银行指令的明显缺陷通过随后的第89/646/EEC号指令，也即第二银行指令，得到了解决和纠正。第二银行指令的基本目标是建立一个单一的内部银行市场，没有任何内部障碍来阻止银行服务和资本的流动及银行在共同体内设立分支机构。③实现单一银行市场的手段包括通过相互承认创建一个单一的银行执照，并保证共同体审慎监管的最低标准。第二银行指令中确定了一项规则：在一个成员国授予银行业务的许可证后无需在其他成员国重复该流程。④这一原则如今是欧盟银行监管框架中一项基本原则，也是单一银行牌照制度的基础。

单一银行牌照制度的建立依赖于三大支柱。

第一个支柱：经其欧盟总部所在的成员国的银行监管机关授权，该授权必须为批准银行希望在其他欧盟成员国开展的所有资本转移活动，而无需获得东道国不同监管机关的进一步同意。尽管不需要额外同意，但必须通知相关监管机关。此外，需要注意的是，这一通用的授权适用于银行希望在其他成员国通过跨境、远程服务或设立分支机构开展的活动。原则

---

① First Council Directive 77/780/EEC of 12 December 1977 on the coordination of the laws, regulations and administrative provisions relating to the taking up and pursuit of the business of credit institutions，https://eur-lex. europa. eu/legal-content/EN/TXT/PDF/? uri＝CELEX：31977L0780&from ＝EN，last visited on 25th December 2022.

② See Zsolt Darvas, Dirk Schoenmaker and Nicolas Veron："Reform of the European Union Financial Supervisory and Regulatory Architecture and Its Implications for Asia"，*Bruegel Working Papers*，17682（2016），pp.5—7.

③④ Second Council Directive 89/646/EEC of 15 December 1989 on the coordination of laws, regulations and administrative provisions relating to the taking up and pursuit of the business of credit institutions and amending Directive 77/780/EEC，https://eur-lex. europa. eu/legal-content/EN/TXT/PDF/?uri＝CELEX：31989L0646&from＝EN，last visited on 25th December 2022.

上，授权不适用于银行在其他成员国设立子公司的活动，该子公司作为一个独立的法人必须申请其自身的授权。

第二个支柱：适用于整个欧洲经济区国家①的监管标准和要求，这也为欧盟银行监管统一适用比例原则打下基础。由于欧洲范围内金融监管法的立法日益统一，因此各国立法之间的差异减少了。但统一的立法仅在欧盟层面，成员国仍保留了选择性实施欧盟银行监管法的自由，例如成员国可能会选择性实施部分指令。完善欧盟银行牌照制度正需要在更高层级的渊源中确立监管的基本原则。

第三个支柱：经欧洲经济区国家相关主管部门授权，欧盟授权的成员国监管机关自动成为负责监督金融机构稳定性的主管部门，无论金融企业希望在欧洲经济区的何处开展其业务活动，母国的监管机关都对其有监管职责。在这种情况下，所在国主管部门将在涉及其在该所在国开展的业务时发挥监督作用，但原则上，其无权处理银行的稳定性问题。②

单一银行牌照体现了欧盟银行监管的集中化特征。即信贷机构的母国承担包括许可在内的监管责任，对于分支机构的设立，东道国只需要承认即可。然而，相互承认只适用于银行分支机构，而对银行子公司的监管仍是母国的监管责任。由于银行和资本市场的自由化提升，以及这些市场上跨境竞争的加剧，单一许可证制度促进了欧盟银行监管的事实上的协调，远远超出了共同体的指令和建议。全球金融危机和欧洲主权债务危机冲击了欧盟银行监管框架，威胁到欧洲银行业的繁荣及整个地区的金融稳定。在这一过程中，欧盟银行监管框架有明显的局限性：首先，所使用的指令和建议导致了欧盟银行监管法的近似化，但在国家审慎监管方面却存在很大的差异；其次，单一监管机关的模式在有关当局执行监管任务时显然存

① 欧洲经济区（EEA）国家是指欧洲自由贸易联盟（EFTA）与欧盟（EU）达成协议旨在让欧洲自由贸易联盟的成员国，无需加入欧盟也能参与欧洲单一市场，同时欧盟金融立法也适用于更广泛的欧洲经济区。欧洲经济区国家包括 27 个欧盟成员国以及冰岛、挪威和列支敦士登，瑞士未加入欧洲经济区。

② 刘轶：《论欧盟金融服务法中的母国控制原则》，《法学论坛》2006 年第 3 期。

在国家偏见，这也决定了本国和东道国当局之间缺乏信任，特别是在危机情况下；①再次，单一银行牌照制度在实践中取得了有限的成功，因为国际银行集团往往选择在其他成员国建立子公司而不是分支机构。②

全球金融危机推动了以巴塞尔委员会和《巴塞尔协议》为核心的银行业国际监管框架深入改革，加之欧洲主权债务危机的影响一并推动了欧盟银行监管框架的改革。对欧盟银行监管框架的改革主要由三部分组成：一是对整个银行监管框架的基础性机制进行单一化整合，加强统一程度，以防止危机再次发生；二是对监管机关的职能和分工进行整合，加强监管框架的统一执行；三是改变原有规范的执行方式，引入与银行监管有关的欧盟新规则采用直接适用于所有成员国的欧盟法规形式。

一、欧洲银行联盟

欧洲银行联盟始于 2012 年 6 月 29 日欧元区峰会，在会后声明中各国一致同意："当务之急是打破银行和主权国家之间的恶性循环。欧盟委员会不久将根据《欧洲联盟运作方式条约》（TFEU）第 127 条第 6 款提出关于单一监管机制的建议。"③欧洲银行联盟的构建基于三个目标：第一，通过持续地运用共同的监管规则和监管标准来监管、恢复和解决银行的问题，使欧洲银行业更透明；第二，通过平等地监管国内和跨境银行活动，以及将银行的财务健康状况与所在国脱钩，使欧洲银行业及监管更加一体化；④第三，在银行面临问题时及早进行干预，以防止其倒闭，并在必要时

① See Eddy Wymeersch, Klaus Hopt and Guido Ferrarini: *Financial Regulation and Supervision: A post-crisis analysis*, Oxford University Press, 2012, pp.193—232.

② See Guido Ferrarini: "Single Supervision and the Governance of Banking Markets: Will the SSM Deliver the Expected Benefits?", *European Business Organization Law Review*, Volume 16 (2015), pp.513—537.

③ See Euro Area Summit Statement: https://www.consilium.europa.eu/uedocs/cms_data/docs/pressdata/en/ec/131359.pdf, 29 June 2012, last visited on 25th December 2022.

④ See Russell Cooper and Kalin Nikolov: "Government Debt and Banking Fragility: The Spreading of Strategic Uncertainty", *International Economic Review*, Volume 59, No.4 (2018), pp.1905—1925.

有效解决银行问题，使欧洲银行业更安全。欧洲银行联盟由两大支柱共同组成：单一监管机制（Single Supervisory Mechanism，SSM）；单一清算机制（Single Resolution Mechanism）。①

由于欧洲主权债务危机对欧洲货币联盟和单一金融市场造成经济威胁，政治因素在 2012 年 6 月欧洲银行联盟的建立中发挥了巨大的作用。欧洲中央银行（简称欧洲央行）对银行集中监管的权力被认为是为欧元区建立"有效的单一监管机制"的必要条件，它可以作为通过欧洲稳定机制对个别银行进行资本重组的前提条件。欧盟委员会决定在欧洲央行于 2014 年完成对欧元区所有系统重要性银行的资产负债表进行全面评估后，于 2014 年 11 月 4 日开始全面运作 SSM，SSM 提供了欧洲银行联盟的监管支柱，并授权欧洲中央银行对在成员国设立的银行和金融控股公司进行审慎监管，并将部分监管责任分配给成员国的国家监管机关，以监管不太重要的银行。②由此可见，单一监管机制是欧洲银行联盟中对银行监管发挥核心作用的机制。

二、单一监管机制

在欧盟内部始终存在一种矛盾：一方面，完全一体化的金融市场使银行等金融机构获得了单一市场的优势，为其提供了在整个欧洲范围内更快扩张和运营的途径；另一方面，欧盟银行监管机关和监管体系复杂且繁多，阻碍着银行的发展。欧盟银行监管框架取决于欧洲央行，欧洲央行在承担这一新的额外职责时，与成员国监管机关共同负责审慎监管在欧元区运营的所有银行及金融机构。③在系统重要性金融机构面前，分散式的监管

① See ECB: Banking Union, https://www.bankingsupervision.europa.eu/about/bankingunion/html/index.en.html#:~:text=The%20banking%20union%20is%20an,and%20safer%20market%20for%20banks., last visited on 25th December 2022.

② See Pedro Gustavo Teixeira: *The Legal History of the European Banking Union: How European Law Led to the Supranational Integration of the Single Financial Market*, Bloomsbury Publishing, 2022, pp.200—210.

③ 李婧：《欧盟银行业单一监管机制及其对中国的借鉴》，《现代经济探讨》2015 年第 11 期。

并不能起到实质控制风险的作用；而在此期间，一些系统重要性金融机构在某个特定成员国的监管边界之外不受限制地扩张，从而造成金融混乱且成为公众关注焦点。①一般来说，更严格的国际监管标准可以提高银行业的稳定性和整体表现。②

因此，依托于欧洲央行和欧盟法的执行体系，欧盟理事会颁布了《SSM条例》，③使SSM成为第一个以硬法为基础的区域性银行业国际监管框架。SSM的建立使银行监管权从成员国向欧盟机构转变。在SSM下，欧洲央行被授权对设在欧元区国家的重要信贷机构、银行集团和某些混合金融集团进行直接的审慎监管。④欧洲央行的监管权力包括银行牌照的许可权、银行董事和高级管理人员适当性的评估，以及银行合并和收购的审批权。⑤尽管欧洲央行有能力和责任在不考虑其规模或系统重要性的情况下对这些机构进行审慎监管，但《SSM条例》仍授权欧洲央行将对不太重要的银行和金融集团的直接监管权分配给相关国家的银行监管机关，⑥欧洲央行保留了必要时可以随时收回对其他欧元区银行直接监管的权力，以确保高监管标准的一致适用。

SSM由欧洲央行和国家银行监管机关共同组成，在一个分散的监管框架内运作，其中欧洲央行在法律意义上是唯一的银行监管机关，负责确保有效履行《SSM条例》第4条规定的监管任务，⑦以确保实现欧洲银行系统安全和稳健的首要目标，并确保欧盟内部市场的统一和完整。欧洲央行有权通过适用和执行欧盟银行法的相关规定对信贷机构和银行集团进行监管，监管领域涉及资本充足率、流动性缓冲和杠杆限制、银行公司治理等。为了实现这些目标，欧洲央行和国家银行监管机关都应适用《单一规

---

① 李广子、李蒍：《美欧对系统重要性银行的监管与启示》，《银行家》2019年第2期。

② See Beverly Hirtle, Anna Kovner and Matthew Plosser："The Impact of Supervision on Bank Performance"，*The Journal of Finance*，Volume 75，Issue 5（2020），pp.2765—2808.

③④⑤⑥⑦ Council Regulation（EU）No.1024/2013 of 15 october 2013 conferring specific tasks on the European central Bank concerning policies relating to the prudential supervision of credit institutions，https://eur-lex.europa.eu/legal-content/EN/TXT/pDF/?uri=cELEX:32013R1024&from= EN，last visited on 25th December 2022.

则手册》，其中包括欧盟审慎的银行立法和欧洲银行业管理局采用的监管和技术执行标准、准则。所有欧元区成员国都自动成为 SSM 成员，而非欧元区成员国可以通过国家银行监管机关与欧洲央行达成"密切合作"的程序来决定加入 SSM。对于其他未参与的成员国，欧洲央行被授权与相关的国家银行监管机关签订谅解备忘录，解释欧洲央行将如何与主管部门合作完成各自的监管任务。①

三、欧盟对《巴塞尔协议》的执行

自承担欧盟银行监管责任以来，欧洲央行和 SSM 在巴塞尔委员会获得了正式成员的地位。②这使欧洲央行和 SSM 中的相关机构可以直接参与银行业国际监管标准的制订，例如参与《巴塞尔协议》《核心原则》的制订和修改。事实上，欧洲央行在巴塞尔委员会 2017 年关于通过《巴塞尔协议 IV》的审议中发挥了重要作用，该协议于 2017 年 12 月达成。《巴塞尔协议 IV》更为统一和标准化的监管规则都受到了欧洲央行的影响，包括增加监管系统重要性银行的杠杆率，以及使用银行内部风险模型来降低资产的风险性以提升资本质量。作为互动，欧洲央行也积极支持巴塞尔委员将《巴塞尔协议 IV》的相关内容落实到欧盟银行监管框架中。当前，大多数司法管辖区尚未开始实施《巴塞尔协议 IV》，但随着 2019 年 6 月欧盟《资本要求指令 V》（Capital Requirements Directive V，CRD V）和《资本要求条例 II》（Capital Requirements Regulation II，CRR II）的出台，欧盟已经将《巴塞尔协议 IV》的部分内容移植到了欧盟银行监管法中。③但由于新冠疫情的大流行，欧盟推迟了最新资本充足率规则的生效时间。当前，

---

① See Maria J Nieto and Dalvinder singh："The Path to Euro Area and Banking Union Membership：Assessing the Incentives for 'Close Cooperation' and Adherence to the Exchange Rate Mechanism II"，*SUERF Policy Brief*，No.188（2021），pp.1—7.

② See BCBS："Basel Committee Membership"，https://www.bis.org/bcbs/membership.htm?m＝3071，last visited on 25th December 2022.

③ See PWC UK："Being Better Informed：FS Regulatory Bulletin"，https://www.pwc.co.uk/financial-services/assets/pdf/being-better-informed-march-2022.pdf，2022，pp.4—8，last visited on 25th December 2022.

欧盟银行资本充足率规则仍以"《资本要求指令Ⅳ》一揽子计划"（Capital Requirements Directive Ⅳ package，CRD Ⅳ）为有效规则。

第三节　欧盟"一刀切"的执行方法及影响

欧洲的银行都是根据成员国法律设立的，因此受国家法律的约束，它们构建银行业务的具体结构由成员国银行监管法管辖，而成员国银行监管法是对欧盟指令的执行，主要是《资本要求指令Ⅳ》一揽子计划。对成员国银行监管法的解释由成员国负责，其解释必须与欧盟指令相一致，其执行受欧洲央行的监管，最终由欧洲法院审查。成员国法律体系的作用必须在欧盟法的框架下进行。作为欧盟法的原则，欧盟法的执行优先于国家法律，在此原则下，我们假设成员国法律都符合欧盟法。①由此，在实际的银行监管中，至少就欧洲央行直接监管的银行而言，国家法律的重要性相对有限。对于欧盟银行监管框架的执行，本节的重点仍然在欧盟法层面，而非成员国国内法层面。

一、单一监管机制的执行

《SSM 条例》第 4 条规定："为了执行本条例赋予它的任务，并为了确保高标准的监管，欧洲央行应适用所有相关的欧盟法，如果欧盟法由指令组成，则成员国应将这些指令转换为国内法。如果相关的欧盟法由条例组成，并且这些条例明确授予成员国选择权，则欧洲央行也授予成员国选择权。"②加之欧盟法优先于成员国国内法的基本原则，《SSM 条例》对欧洲央行、国家银行监管机关和所有银行的监管具有同等约束力。因此，它越

① See Arigho Redmond："The Supremacy of European Union Law：An Inevitable Revolution or Federalism in Action?"，*Journal of Postgraduate Research*，Volume 13（2014），pp.8—10.

② Council Regulation（EU）No.1024/2013 of 15 october 2013 conferring specific tasks on the European Central Bank concerning policies relating to the prudential supervision of credit institutions，https：//eur-lex.europa.eu/legal-content/EN/TXT/PDF/?uri＝CELEX：32013R1024&from＝EN，last visited on 25th December 2022.

来越限制国家银行监管法发挥作用的范围。条例的适用范围是整个欧盟，并将优先于成员国通过的所有其他规定。

欧盟法的执行体系保证了 SSM 相同的监管规则和标准将在整个欧盟27 个成员国的所有大型和小型银行适用，不需要额外的执行措施。在这一体系下，欧洲央行制订自己的审慎监管体系的权力受到了很大的限制，这种限制也引发了学者对欧洲央行监管灵活性的担忧。[①]

二、《资本要求指令Ⅳ》的执行

《资本要求指令Ⅳ》的执行主要依靠欧洲银行业管理局（EBA）的具体规范，在指令的各项执行标准中要求"欧洲银行业管理局应制订实施技术标准草案"[②]以达成具体执行标准，这些标准在没有特殊情况的前提下，适用于所有欧盟国家和银行。

为监督各国实施状况，EBA 以汇总形式发布实施技术标准。这一标准概述了在整个欧盟实施和转换《资本要求指令Ⅳ》一揽子计划的情况，它还提供了有关每个欧盟成员国选择性执行和国家自由裁量权的详细情况。为了提供有意义的比较，《资本要求指令Ⅳ》第 143 条要求各国银行监管机关公布其在审慎监管领域通过的法律、法规、行政规则、一般指南的信息，以及关于行使欧盟法中可用的选择权和自由裁量权的方式，并最终汇总关于审慎监管框架关键方面的数据。在对国家选择权和自由裁量权进行概述之后，EBA 仍然致力于在整个欧盟范围内提供尽可能统一的监管执行标准。

---

① See Asen Lefterov: "The Single Rulebook: Legal Issues and Relevance in the SSM Context", *ECB Legal Working Paper Series*, No.15 (2015), pp.31—42.

② Directive 2013/36/EU of the European Parliament and of the Council of 26 June 2013 on access to the activity of credit institutions and the prudential supervision of credit institutions and investment firms, amending Directive 2002/87/EC and repealing Directives 2006/48/EC and 2006/49/EC Text with EEA relevance (CRD IV), https://eur-lex.europa.eu/legal-content/EN/TXT/PDF/?uri=CELEX:32013L0036&from=EN, last visited on 25th December 2022.

三、《单一规则手册》

欧盟银行监管框架的制度扩展使执行变得愈发复杂，为了使制度更为集中且执行更加连贯，创建一部包含所有欧盟银行监管规范、标准和执行细则的规则手册被提上了议程。①2009 年欧洲理事会创制了《单一规则手册》（*The Single Rulebook*），旨在为银行监管标准的执行提供一套统一的规则，整个欧盟的机构都必须遵守这些规则，以确保《巴塞尔协议》在所有成员国统一执行。《单一规则手册》将填补监管规则的执行漏洞，从而有助于单一金融市场更有效地运作。②

《单一规则手册》由欧洲银行业管理局发布，对欧洲央行有约束力，由四个基础的法律文书共同构成，包括 CRD Ⅳ、CRR、BRRD（Bank Recovery and Resolution Directive）和 Second Payment services Directive（PSD 2）。通过电子化的交互设计，所有机构都可以获取与基础文件相关的监管规则，从而释明所有的监管规则。虽然《单一规则手册》是执行监管制度非常有用的工具，但它也有其局限性：《单一规则手册》不可能反映国家法规的多样性，甚至无法参考其他国家的监管经验。③

四、"一刀切"对欧洲小型银行的影响

欧盟银行监管框架中的单一监管机制、资本充足率规则和《单一规则手册》的执行体现了典型的"一刀切"的执行方法，这种执行方法必然会对小型银行产生不利影响，在欧洲也不例外。

欧洲银行联盟的相关规则开始执行后，欧洲各地的所有银行都在应对

---

①　See Federico Fabbrini and Marco Ventoruzzo：*Research Handbook on EU Economic Law*，Edward Elgar Publishing，2019，pp.262—280.

②　The Single Rulebook：https://www.eba.europa.eu/regulation-and-policy/single-rulebook，last visited on 25th December 2022.

③　See Kian Navid："How Many Single Rulebooks? The EU's Patchwork Approach to Ensuring Regulatory Consistency in the Area of Investment Management"，*European Business Organization Law Review*，Volume 23（2022）pp.347—390.

合规成本上升的负担，由于监管框架是为大型银行设计的，因此小型银行所面临的挑战更大。以监管报告制度为例，欧洲银行业管理局就明确指出制度合规成本过高，需要进行改革以降低合规成本，节约资源。[1]以德国为例，德国合作银行协会在其报告中明确指出，德国较小的合作银行合规成本都有升高，每家银行的监管报告系统的实施需人力资源每年平均约为100人，总成本高达3 400万欧元，每年的经常性成本为900万欧元，德国合作银行协会的专家建议对小型银行的监管报告要求进行诸多简化和豁免。以意大利为例，有研究发现，在内部审计、监管合规、风险管理以及内部和外部报告方面所需的银行工作人员比例，典型的大型银行只占4.5%，典型的小型银行占14%，相差近3倍。[2]银行向监管机关提交更详细的报告和数据是为了使监管机关能够更好地发现有问题的银行，但这一制度也增加了银行合规的负担，导致银行成本的增加。这些成本对小型银行的影响更为明显。监管报告制度仅仅是欧盟银行监管框架中的一个制度，为了合规，小型银行还将面临其他多项监管制度的考察。

另一个例子是资本充足率规则。在风险加权资产计算制度中，小型银行通常采用标准化的方法进行计算。提高它们的资本充足率意味着增加其成本，降低其利润。相比之下，大型银行可以基于内部模型进行计算，对大型银行来说，调整资本充足率的空间要大得多。总而言之，欧盟银行监管框架为了解决全球金融危机和欧洲主权债务危机而形成，但是这一框架会导致小型银行的成本不成比例地增加，降低其盈利能力，从而阻碍它们在市场中的竞争能力。[3]如果银行业因监管加强和对小型银行进行合并而产生经营者集中，减少了银行业市场的竞争，在全球金融危机中产生的"大

---

[1]　See EBA："Study of the Cost of Compliance with Supervisory Reporting Requirements"，*Report EBA/Rep/2021/15*，2021，pp.13—15.

[2]　See BVR（National Association of German cooperative Banks）etc.："Proportionality in EU Banking Regulation：the case for a step-change to accompany the introduction of 'Basel 4'"，June 2019，pp.4—6.

[3]　See Marco Migliorelli：*New Cooperative Banking in Europe：Strategies to Adapt the Business Model Post-Crisis*，Palgrave Macmillan，2018，pp.31—33.

而不倒"问题会卷土重来，再次造成无法挽回的全球金融危机。

更好的结果是通过"合比例"的监管来确保各类规模的银行能够以其最佳规模稳定经营，不断发展。《核心原则》已经给出了"合比例性"法概念。欧洲作为比例原则的发源地，对法概念到法原则的具体化应用更有借鉴意义。

第四节　欧盟银行监管框架的比例原则应用①

一、单一监管机制对比例原则的应用

在单一监管机制运作多年后，成员国监管机关和银行一致认为其在维持欧洲银行系统稳定性方面发挥了积极有效的作用。②例如，德国联邦金融监管局认为 SSM 在保障长期金融稳定和推进金融市场一体化方面发挥着重要作用。③但还有一种观点认为，SSM 限制了成员国银行监管机关根据当地银行市场风险采取监管措施的灵活性，增加了银行在 SSM 下的合规成本，从而阻碍了银行促进欧盟经济发展的能力。④为解决这一矛盾，SSM 根据比例原则的基本含义，将其制度分为两级，即重要机构和次重要机构。其中，重要机构由欧洲央行直接监管；次重要机构由成员国银行监管机关直接监管，欧洲央行间接监管。⑤《SSM 框架条例》明确了识别重要机构需要采取个案衡量的方法，而在衡量过程中，需要考虑如下标准：

① 欧盟银行法中的比例原则表述原文参见本文附录 2。

② See Thomas Beukers，Diane Fromage and Giorgio Monti：*The New European Central Bank：Taking Stock and Looking Ahead*，Oxford University Press，2022，pp.186—189.

③ See Salwa Abdelaziz and Mariam Wagdy Francis："Financial Stability and Supervisory Cooperation（SSM in Eurozone—Banking supervisory cooperation in Egypt）"，*Review of Economics and Political Science*，Volume 7，Issue 1（2021），p.26.

④ See Matteo Arrigoni and Mattia Rivolti："Fit and Proper Requirements in the EU Banking Sector. A Step Further"，*European Business Organization Law Review*（2022），pp.2—16.

⑤ See ECB：LSI Supervision Report 2022，https://www.bankingsupervision.europa.eu/ecb/pub/html/LsIreport/ssm.LsIreport2022~aac442c1a3.en.html#toc3，last visited on 25th December 2022.

第一，以资产总额计，机构的规模大小；

第二，对欧盟或某成员国经济的重要性；

第三，机构跨境业务的重要性；①

第四，向欧盟申请援助的次数和金额。②

这些标准在《SSM框架条例》中的其他条款中有进一步明确的表述，共同构成了SSM对重要机构的识别机制。在识别基础之上，欧洲央行可以对银行是否重要机构在个案衡量的基础上进行灵活调整：即便某个银行被识别为重要机构，也可以根据特殊情况被降级为次重要机构，前提是欧洲央行必须确保一致适用高监管标准。③有些银行在一个成员国并不构成重要机构，但在欧盟的总体基础上应该被认为是重要的。在这种情况下，欧洲央行可以决定把该银行提升为重要机构进行直接监管。④当一个机构是否重要机构的决定作出后，对于重要机构的监管标准严格于次重要机构。在SSM中，监管机关改变了"一刀切"的监管方式，根据比例原则，在能够实现银行稳定的目的前提下，选择将所有机构根据规模等标准划分为两类，即对重要机构采取较为严格且必要的标准进行监管，而对于次重要机构，选择与之规模成比例的监管手段。

二、《资本要求指令 V》对比例原则的应用

《资本要求指令 IV》一揽子计划通过后不久，就引发了对其规则数量和合规复杂性的批评，学界和实务界都强调了其对中小型银行带来巨大的

---

① See Council Regulation (EU) No.1024/2013 of 15 october 2013 conferring specific tasks on the European Central Bank concerning policies relating to the prudential supervision of credit institutions, https://eur-lex.europa.eu/legal-content/EN/TXT/pDF/?uri=cELEX:32013R1024&from=EN, last visited on 25th December 2022.

② See Regulation (EU) No.468/2014 of the European Central Bank of 16 April 2014 establishing the framework for cooperation within the Single Supervisory Mechanism between the European Central Bank and national competent authorities and with national designated authorities (SSM Framework Regulation) (ECB/2014/17), https://eur-lex.europa.eu/legal-content/EN/TXT/pDF/?uri=cELEX:32014R0468&from=EN, pp.17—18, last visited on 25th December 2022.

③④ Ibid., pp.27—28.

合规成本。有学者在欧盟框架内思考问题，直接提出了当前欧盟银行监管框架对比例原则应用不足的担忧，无论是资本充足率规则还是《单一规则手册》，都更适合于监管大型且国际活跃的银行，会导致小型和本地银行在竞争中处于不利地位。[①]基于此背景，欧盟银行监管框架在规则改革中也充分应用了比例原则。欧洲议会和理事会于 2019 年通过了修正《资本要求指令Ⅳ》一揽子计划的方案，学者将其称为《资本要求指令Ⅴ》一揽子计划（简称 CRD Ⅴ）。[②]CRD Ⅴ 对《资本要求条例》（CRR）[③] 和《资本要求指令Ⅳ》[④]（CRD Ⅳ）进行了修正，将《巴塞尔协议Ⅳ》的大部分要求落实到欧盟银行监管框架中，并通过比例原则的应用使银行审慎监管的手段在实现监管目标上更具"合比例性"。

首先，CRD Ⅴ 简化了对中小型机构资本充足率的计算标准：采用具有约束力的净稳定资金比率（NSFR）规则，允许监管机关在要求中小机构

---

① See Dan costin Nitescu："Diversity and Proportionality，Challenges or Opportunities for the European Banking sector?"，*Theoretical and Applied Economics*，Volume XXV（2018），pp.133—148；Bart Joosen etc.："Stability，Flexibility and Proportionality：Towards a two-tiered European Banking Law?"，*European Banking Institute Working Paper Series 2018*，No.20（2018），pp.14—20；BVR（National Association of German Cooperative Banks）：Taking Proportionality Seriously—Protecting the Diversity of the Banking Sector，2015，https://www.bvr.de/p.nsf/0/794D216D0ED3F93Fc-1257ED70045A9Bc/$file/EN-positionspapier-Gutachten-30092015.pdf，pp.1—6，last visited on 25th December 2022.

② See Carla Stamegna："Amending Capital Requirements—The 'CRD V Package'"，*European Parliamentary Research Service*，PE 599.385，July 2019，pp.2—3.

③ See Proposal for a REGULATION OF THE EUROPEAN PARLIAMENT AND OF THE COUNCIL amending Regulation（EU）No.575/2013 as regards the leverage ratio，the net stable funding ratio，requirements for own funds and eligible liabilities，counterparty credit risk，market risk，exposures to central counterparties，exposures to collective investment undertakings，large exposures，reporting and disclosure requirements and amending Regulation（EU）No.648/2012，COM/2016/0850 final-2016/0360（COD），https://eur-lex.europa.eu/resource.html?uri=cellar：9b17b18d-cdb3-11e6-ad7c-01aa75ed71a1.0001.02/DOC-1&format=PDF，last visited on 25th December 2022.

④ See Proposal for a DIRECTIVE OF THE EUROPEAN PARLIAMENT AND OF THE COUNCIL amending Directive 2013/36/EU as regards exempted entities，financial holding companies，mixed financial holding companies，remuneration，supervisory measures and powers and capital conservation measures，COM/2016/0854 final-2016/0364（COD），https://eur-lex.europa.eu/legal-content/EN/TXT/PDF/?uri=CELEX：52016PC0854&from=EN，last visited on 25th December 2022.

增加资本时在二级资本操作，而非一级资本；其次，减少中小银行报告和披露的范围，以此来减少不必要的合规成本；再次，CRD Ⅴ支持银行对中小企业和基础设施项目提供贷款。在欧盟资本制度下，银行提供给中小企业 150 万欧元以下贷款，可获得 23.81% 的费用减免，中小银行通过此项改革也可以实现降低成本的目的。对于超过 150 万欧元的贷款，超出部分的风险敞口计算将降低 15%；最后，CRD Ⅴ 为交易账面风险相对较低的银行和投资公司设立较宽松的资本和流动性要求。它将把这些机构分为两类：第一类是交易账面规模较小的机构，其交易账面价值在机构总资产的 5% 以下；第二类是交易账面资产在 3 亿欧元以下的中型机构，其交易账面资产在机构总资产的 10% 以下。这些机构将有资格获得豁免交易账面风险的某些资本和流动资金要求。此外，对于诸如公共发展银行和信用社之类的政策性信用机构，CRD Ⅴ 豁免了其资本和流动性要求。①

上述 CRD Ⅴ 措施体现了欧盟银行监管框架在适用《巴塞尔协议》相关规则时充分落实《核心原则》中的"合比例性"要求，在能够实现监管目的的同时，采用对中小机构损害最小的监管手段，同时考虑监管所带来的合规成本给中小机构的运营压力，在监管目的和中小机构发展中取得合理的平衡。尽管 CRD Ⅴ 重点是在比例原则的指导下应用监管规则，但其未能明确跨境银行集团是否可以通过其个别子公司获得资本和流动性要求的豁免，这将给一些大型银行留下监管套利的可能。②

① See Proposal for a DIRECTIVE OF THE EUROPEAN PARLIAMENT AND OF THE COUNCIL amending Directive 2013/36/EU as regards exempted entities, financial holding companies, mixed financial holding companies, remuneration, supervisory measures and powers and capital conservation measures, COM/2016/0854 final-2016/0364 (COD), https://eur-lex.europa.eu/legal-content/EN/TXT/PDF/?uri=CELEX:52016PC0854&from=EN, last visited on 25th December 2022.

② See Romualdo Canini: "Central Counterparties are Too Big for the European Securities and Markets Authority (Alone): Constructive Critique of the 2019 CCP Supervision Regulation", *European Business Organization Law Review*, Volume 22 (2021), pp.673—717.

三、《单一规则手册》对比例原则的应用

欧盟银行监管框架在《单一规则手册》中也引入了比例原则的内容，允许小型和非复杂银行在比例原则的指导下适用监管标准。《单一规则手册》定义了两套计算净稳定资金比率（NSFR）的规则，对大型银行采用较为严格的标准，但对小型银行采取宽松标准。这一变化被认为是在银行合规的领域中引入了比例原则。《单一规则手册》的改革考虑到《巴塞尔协议》原始框架中的资本充足率规则和流动性规则对较小的和不复杂的银行来说是过度复杂且负担过重的，同时这项改革也回应了学界和实务界对CRD V改革中的缺憾，即报告和信息披露领域适用比例原则不够充分，比例原则应当成为 CRD V 改革中的基本原则。《单一规则手册》的最新进展表明，比例原则将更好、更全面地适用于欧盟银行监管框架中的监管规则。①

四、欧洲司法机关对在银行监管中对比例原则的应用

法院是经济的法官，在市场监管方面发挥着至关重要的作用，②欧盟也不例外，欧洲法院在现实中作为欧洲一体化的发动机已经发挥且将持续发挥关键作用。欧盟法的一种主要渊源是欧洲法院的判例法，尤其是在经济层面，判例法在建立驱动市场的共同原则方面发挥了主导作用。③对一般法律原则的引用使欧洲法院能够填补欧盟法律体系中因授权原则而产生的诸多空白。授权原则使得欧洲法可以基于欧盟法的统一解释和适用援引不同来源的法律原则为欧盟法律的一般原则。④此外，欧洲法院作为欧盟法体系

---

① See Mario P. Chiti and Vittorio Santoro: *The Palgrave Handbook of European Banking Union Law*, Palgrave Macmillan, 2019, pp.65—90.

② See OECD: Better civil justice systems can boost investment, competition, innovation and growth, https://www.oecd.org/economy/betterciviljusticesystemscanboostinvestmentcompetitioninnovationandgrowthoecdsays.htm, last visited on 25th December 2022.

③ 陈镜先：《欧洲法院在欧盟税法发展中的作用》，《欧洲研究》2020 年第 3 期。

④ Article 267 of TFEU: "The Court of Justice of the European Union shall have jurisdiction to give preliminary rulings concerning:

(a) the interpretation of the Treaties；（转下页）

中的终端，集合了诸多司法角色，如行政法院、上诉法院、国际法院和宪法法院。作为宪法法院的欧洲法院可以对欧盟立法进行司法审查，解决成员国与欧盟及其机构之间的冲突，并维护基本原则。司法审查成为具体案件中保护基本权利和作为经济一体化目标的市场利益之间平衡的重要领域。有学者指出，欧洲央行受制于构成欧盟法的一般法律原则，并通过执行赋予它的任务和职责来促进欧盟法中规定的目标，欧洲法院也确认了欧洲央行的独立性是职能性的，并且仅限于执行欧洲法院的具体义务。①换言之，欧洲法院肯定了欧洲央行在日常监管中受到各种控制。这意味着《欧盟基本权利宪章》也适用于欧洲央行在行使其监管权力时采取的行动，并适当考虑到辅助性原则。

欧洲法院根据被公认为欧盟法基石的比例原则来评估银行监管权的行使，该原则影响到欧盟机构及成员国的行为。然而，目前欧洲法院对银行业立法行为进行司法审查的案例只涉及欧洲央行条例，这将使法院能够直接应用比例原则评估监管行为并最终行使合宪性控制。②作为行政法院，司法机构在审查个别决定时必须考虑比例原则。比例原则被理解为合目的审查以及利益平衡的工具，同时也可以应用于自由裁量权的内容和效果之间关系的评估。与过去相比，比例原则有所扩张。欧洲法院的法官现在更频

（接上页）(b) the validity and interpretation of acts of the institutions, bodies, offices or agencies of the Union; Where such a question is raised before any court or tribunal of a Member State, that court or tribunal may, if it considers that a decision on the question is necessary to enable it to give judgment, request the Court to give a ruling thereon.

Where any such question is raised in a case pending before a court or tribunal of a Member State against whose decisions there is no judicial remedy under national law, that court or tribunal shall bring the matter before the Court.

If such a question is raised in a case pending before a court or tribunal of a Member State with regard to a person in custody, the Court of Justice of the European Union shall act with the minimum of delay."

① See Cornelia Manger-Nestler: *Democratic Legitimation of Central Bank Independence in the European Union*, Springer Nature, 2021, p.13.

② See Judgment of the General Court (Second Chamber, Extended Composition) of 11 May 2022, *Finanziariad' investimento Fininvest SpA (Fininvest) and Silvio Berlusconi v. European Central Bank*, Case T-913/16, para.27—177.

繁地参与控制欧洲央行的监管行为，而在过去，只有少数法院的裁判涉及欧洲央行。

在 *Landeskreditbank Baden-Württemberg-Förderbank v. European Central Bank* 案中，比例原则首次被援引为审查的原则。一家德国银行对欧洲央行将其定性为重要实体并受欧洲央行直接监管的决定提出质疑，其认为，欧洲央行适用法律错误，因为欧洲央行没有适用《单一监管机制条例》第 6 条和《单一监管机制框架条例》第 70 条特定情况条款。[①]值得注意的是，申请人认为，根据《单一监管机制条例》将一个实体定性为重要实体的决定应基于辅助性原则和比例原则，因此要求监管机关必须在个案基础上证明欧洲央行的直接监管是符合比例原则的，即比国家监管更合适。[②]欧洲法院驳回了德国银行的申诉，主要理由是单一监管机制作为一个中心化的行政系统，成员国对次重要金融机构的监管不是其主权的范畴，而是欧洲央行的专属权限。对于申请人提出的比例原则问题，欧洲法院认为："欧盟机构的行为必须适合于实现有关立法所追求的合法目标，并且不得超过实现这些目标所必需的限度；如果在若干适当的措施之间可以选择，必须采用最不繁琐的措施；所造成的不利因素不得与所追求的目标不成比例。对一项措施的比例原则审查必须与遵守欧盟机构在通过该措施时

---

① Article 70 of Regulation （EU） No 468/2014 of the European Central Bank of 16 April 2014 establishing the framework for cooperation within the Single Supervisory Mechanism between the European Central Bank and national competent authorities and with national designated authorities （SSM Framework Regulation） （ECB/2014/17）："particular circumstances leading to the classification of a significant supervised entity as less significant.

1. particular circumstances, as referred to in the second and fifth subparagraphs of Article 6（4） of the SSM Regulation （hereinafter the 'particular circumstances'） exist where there are specific and factual circumstances that make the classification of a supervised entity as significant inappropriate, taking into account the objectives and principles of the SSM Regulation and, in particular, the need to ensure the consistent application of high supervisory standards.

2. The term 'particular circumstances' shall be strictly interpreted."

② See Judgment of the General Court （Fourth Chamber, Extended Composition） of 16 May 2017, *Landeskreditbank Baden-Württemberg-Förderbank v. European Central Bank*, Case T-122/15, para.1—7.

可能被赋予的自由裁量权相适应。"[①]但法院在判决中并未详细分析比例原则的四个子原则，因为法院认为这对于正确判决本案没有必要。在上诉判决中，法院同样认为，欧盟立法机构通过创建单一监管机制，已经适当考虑到了比例原则。因此，欧洲央行不需要逐一分析比例原则的四个子原则。

欧洲法院另一个关于比例原则的案件是关于对欧洲央行的自由裁量权司法审查的强度。在 *Crédit Mutuel Arkéa v. European Central Bank* 一案中，欧洲央行命令一家法国银行根据 CRD Ⅳ 第 97 条的监管审查和评估程序增加准备金。申请人认为监管审查和评估程序决定适用法律错误且不合比例。[②]欧洲法院驳回了这一要求，指出欧洲央行在监管审查和评估程序中要求增加准备金时享有广泛的自由裁量权。至于比例原则，法院重申了四个子原则的审查标准，但未完整应用。[③]法院审查了欧洲央行的逻辑，得出结论认为，强制增加准备金以提升银行应对风险的能力，既不构成明显的评估错误，也不构成明显的不成比例。这一结论不是从深入的比例原则审查中得出的，而是从对有争议的决定的逻辑审查中得出的。由此可见，欧洲法院在面对即将到来的案件很可能会对银行监管措施进行更为详细的比例原则审查。例如，在未决的相关案件中，针对欧洲央行吊销银行执照决定,[④]比例原则都是主要的申诉理由之一。同时，欧洲法院第一个关于银行监管的案例揭示了欧洲法院对欧洲央行监管措施进行深入司法审查的倾向。欧洲法院虽然坚持"有限审查"模式，但并不仅仅局限于形式或程序性审查，而是对有争议的决定进行实质性严格的控制。即使一些申请人提

---

① See Judgment of the General Court（Fourth Chamber，Extended Composition）of 16 May 2017，*Landeskreditbank Baden-Württemberg-Förderbank v. European Central Bank*，case T-122/15，para.67—68.

② See Judgment of the Court（First Chamber）of 2 October 2019，*Crédit Mutuel Arkéa v. European Central Bank*，Joined Cases C-152/18 P and C-153/18 P，para.15—27.

③ Ibid.，para.201—202.

④ See Judgment of the Court（Grand Chamber）of 5 November 2019，*European Central Bank（ECB）and Others v. Trasta Komercbanka and Others*，Joined Cases C-663/17 P，C-665/17 P and C-669/17 P，para.19.

出了比例原则问题，法院将其分析停止在评估的明显错误阶段，没有详细处理关于比例原则的申诉，欧洲法院似乎更倾向于避免适用比例原则，尤其是在没有严格必要的时候。事实上，比例原则的四个子原则因其对监管机关利益平衡的事后控制，可以被视为对监管机关的自由裁量权进行的最具侵扰性的审查。

第五节　本章结论

理论上，由于比例原则可以实现《巴塞尔协议》"合比例性"法概念的功能，在银行业国际监管框架中应用比例原则变得可行。根据法教义学方法，法原则的建构还需从法原则到法制度的具体化论证。全球金融危机和欧洲主权债务危机之后，欧盟银行监管框架通过构建欧洲银行联盟、单一监管机制等方式进一步加强了欧盟银行监管的一体化，这些措施同时也是对《巴塞尔协议》相关文件的执行。强有力的欧盟法律位阶体系和执行体系加之欧盟机构一体化的优势，使得欧盟银行监管一体化有效推进。一体化的银行监管制度对小型银行的发展产生了不利影响。比例原则自进入欧盟银行监管框架以来一直通过欧盟法规则和判例影响着银行监管措施，欧盟银行监管机关在本轮进行改革的过程中，也将比例原则应用到了单一监管机制、资本充足率规则和《单一规则手册》，包括分类监管、豁免部分监管要求等。同时，欧洲法院也对银行监管措施应用比例原则进行司法审查。可以认为，欧盟银行监管中的比例原则应用已经在欧盟立法、行政和司法都有涉及，尽管程度不同，但可以确定的是，未来在欧盟银行监管中应用比例原则将会更为具体，操作方式也会更详尽。因此，欧盟实际上为"合比例性"法概念解释为比例原则提供了具体化的法制度范例。

第四章　中国银行监管与比例原则应用

　　2008 年全球金融危机之后中国学者对国际银行监管法的研究集中于《巴塞尔协议 Ⅲ》的内容、效力、执行和作用等方面，但这些研究大多"国际性"有余，而"中国性"不足。国际银行监管法以《巴塞尔协议》等国际协议为研究对象，对其进行研究所产出成果的"国际性"与生俱来。如文献综述所示，很多成果是简单的介绍、翻译等，这些成果大多罗列《巴塞尔协议》及其相关文件的内容，介绍其发展历史，即使提及中国，也经常只是在结论中建议中国与国际接轨，引进国外某项制度或规则，并未有明确的研究方法和详尽的论述过程，甚少有"中国性"。"成熟的法学不可能是脱离本国法律实践的法学，也不可能是翻译法学、移植法学或国外法学在国内的翻版。"[①]中国权威的国际金融法学者也认为，成熟、规范的中国国际银行监管法研究，应当是"中国"与"国际"的有机结合，缺一不可。[②]这意味着对于国际银行监管法的研究既要尝试解决国际银行监管法中的问题，能够与国际学术界对话，还要有中国问题和中国立场。因此，在对银行业国际监管框架中的比例原则论述后，希望提出与之相关的中国问题和中国立场。本章要解决的核心问题是：中国银行监管机关是否可以在执行《巴塞尔协议》过程中应用比例原则？如果可以，如何应用？

---

　　① 季涛：《法学方法论的更新与中国法学的发展》，《浙江社会科学》2000 年第 5 期。
　　② 廖凡：《从"繁荣"到规范：中国国际经济法学研究的反思与展望》，《政法论坛》2018 年第 5 期。

第一节　中国对《巴塞尔协议》执行

中国银行业由中国银行保险监督管理委员会（现国家金融监督管理总局）与中央银行——中国人民银行（简称人民银行）共同监管。前者负责起草和颁布监管中国银行业监管的规则和条例，审查和监管全部银行，收集和公布银行系统的统计数据，批准银行的设立或扩张，并解决个别银行可能出现的流动性、偿付能力等其他问题，银保监会的中期目标是维护审慎银行监管的框架，而长期目标是建立一个公平竞争的银行业市场；后者主要负责制订和实施货币政策以及对整个金融业进行监管，降低整体金融风险和促进金融系统的稳定。[1]根据 2018 年《国务院机构改革方案》，银监会和保监会合并后其拟订银行业、保险业重要法律法规草案和审慎监管基本制度的职责划入中国人民银行。[2]此外，非银行金融机构，如信托公司、金融租赁公司、外汇公司、消费金融公司和汽车金融公司，也在银保监会的管理之下。[3]

中国银行业监管框架的法律渊源有三个层次：第一层次是全国人民代表大会颁布的法律，包括《中华人民共和国中国人民银行法》（2003）、《中华人民共和国银行业监督管理法》（2006）、《中华人民共和国商业银行法》（2015）；第二层次是国务院颁布的行政法规，例如有关外资银行监管的《中华人民共和国外资银行管理条例》（2019）、有关存款保险的《存款保险条例》（2015）；第三层次是银保监会和人民银行发布的规章，这些规章以指南、通知、细则和政策为表现形式，是中国银行业监管的主要规则，例如银保监会颁布的《中华人民共和国外资银行管理条例实施细则》

---

[1] 时磊、李立群、李琪、安嘉理：《格局变迁：中国金融监管的"分与合"》，《中国银行业》2019 年第 1 期。

[2] 中华人民共和国中央人民政府：《国务院机构改革方案》，http://www.gov.cn/xinwen/2018-03/17/content_5275116.htm，最后访问日期：2022 年 12 月 25 日。

[3] 赵畅：《我国金融监管的发展探讨——以银保监会的组建为例》，《中国市场》2019 年第 19 期。

（2019）。相较而言，规则性监管相较于原则性监管更为具体和可操作，因此第三层次法律渊源在中国银行业监管中占主导地位。[1]

一、中国对《巴塞尔协议》资本充足率规则的执行

作为巴塞尔委员会成员的中国银保监会和人民银行就是通过将《巴塞尔协议》中的国际监管标准转化为国内法律渊源以完成巴塞尔委员会对成员执行《巴塞尔协议》的要求。[2]在执行过程中，中国的所有银行应严格遵守监管规则，包括风险管理、内部控制、资本充足率、资产质量、贷款损失准备、风险集中、关联交易和资产的流动性管理等规则。银保监会对业务经营进行非现场和现场监督，并对银行的风险状况进行评估。以资本充足率规则为例，在执行《巴塞尔协议Ⅲ》的资本规定时，银保监会对商业银行的资本充足率建立了统一的监管体系，这些要求也适用于外国银行在中国的分支机构。

2012 年 6 月，银监会经国务院批准发布了《商业银行资本管理办法（试行）》，全面采用基于风险评估的《巴塞尔协议Ⅲ》资本框架。这一资本框架适用于当时已在中国注册的所有 511 家商业银行，包括非国际活跃的中小商业银行。[3]

中国商业银行资本充足率的最低要求包括：核心一级资本充足率不得低于 5%；一级资本充足率不得低于 6%；二级资本充足率不得低于 8%。根据最低的资本充足率要求，商业银行应按其风险加权资产的 2.5%计提储备资本，由核心一级资本完成。在特定情况下，商业银行也应在最低资本充足率要求和储备资本充足率要求的基础上累积逆周期资本。逆周期资

---

① 田野、向孟毅：《原则监管、规则监管与中国金融监管框架改革》，《金融经济学研究》2019 年第 1 期。

② See BCBS："Basel Committee Membership"，https://www.bis.org/bcbs/membership.htm?m＝3071，last visited on 25th December 2022.

③ See BCBS："Report on the Regulations that Implement the Basel Capital Framework in China."，27 September 2013，https://www.bis.org/bcbs/implementation/12_cn.pdf，pp.5—12，last visited on 25th December 2022.

本应是其风险加权资产的 0—2.5％，并由核心一级资本来完成。具有系统重要性的银行需要积累补充资本，占其风险加权资产的 1％，由核心一级资本完成。核心一级资本是实收资本或普通股、资本准备金、盈余准备金、一般风险准备金、未分配利润和部分少数股东资本的总和。商业银行的额外一级资本包括其他一级资本工具及其溢价，以及一部分少数股东的资本；商业银行的二级资本是二级资本工具及其溢价、超额贷款损失准备金和部分少数股东资本的总和。对商业银行的资本充足率要求是在商业银行未并表时，资本充足率的计算范围应包括商业银行境内外所有分支机构；并表后，资本充足率的计算范围应包括商业银行以及符合本办法规定的其直接或间接投资的金融机构。商业银行及被投资金融机构共同构成银行集团。商业银行应向银保监会报告其并表和未并表的资本充足率。并表资本充足率必须每 6 个月提交一次，而未并表资本充足率则应每季度提交一次。①随着新的资本充足率要求于 2013 年 1 月 1 日生效，中国所有银行都采用了根据《巴塞尔协议Ⅲ》制订的资本充足率规则。

　　2018 年 5 月 23 日，银保监会发布《商业银行流动性风险管理办法》（简称《流动性风险管理办法》），以取代之前的试行版本。《流动性风险管理办法》部分执行了《巴塞尔协议Ⅳ》，引入了三个新的流动性风险监管指标，即净稳定资金比率、流动性匹配比率、优质流动性资产充足率，加入原有的两个指标，即流动性覆盖比率和流动性比率。根据《流动性风险管理办法》，资产规模在 2 000 亿元及以上的商业银行必须持续满足流动性覆盖率（100％）、净稳定资金比率（100％）、流动性比率（25％）和流动性匹配率（100％）的最低监管标准。资产规模在 2 000 亿元以下的商业银行，必须持续满足高流动性资产的充足率（100％）、流动性比率（25％）和流动性匹配率（100％）的最低监管标准。②

　　①　中国银行业监督管理委员会令 2012 年第 1 号：《商业银行资本管理办法（试行）》，http://www.gov.cn/gongbao/content/2012/content_2245522.htm，最后访问日期：2022 年 12 月 25 日。
　　②　中国银行业监督管理委员会令 2018 年第 3 号：《商业银行流动性风险管理办法》，http://www.gov.cn/gongbao/content/2018/content_5312246.htm，最后访问日期：2022 年 12 月 25 日。

《巴塞尔协议》体系中的比例原则研究

近年来，随着中国经济的快速发展及互联网科技的普及，金融业在不断创新和繁荣过程中乱象丛生，①对公民财产权和社会稳定造成了威胁，中国在这样的背景下不断出台法律法规，稳定金融业并保护公民财产。但金融业在稳定一段时间后，由于监管的放松会再次出现乱象，这样国内就形成了"监管不力—金融危机—加强监管—克服危机—金融创新—放松管制—经济繁荣—盛极而衰—金融危机—新一轮加强监管"②的恶性循环，这样的情况在造成国内经济不稳定的同时威胁公民的财产权。系统重要性银行的过度自由化引起了银行监管机关的注意，为了避免再次发生金融危机，"强监管"的理念贯穿各国银行监管体制改革。③在"强监管"的理念下，系统重要性银行所带来的风险虽然得到了遏制，但不成比例的监管行为给小型银行增加的成本负担又产生了金融稳定与银行盈利性之间新的矛盾。除前述欧盟的例证外，这里再以美国为例④。全球金融危机后，美国政府颁布了以《多德-弗兰克法案》为核心的一系列银行监管法案⑤以解决"大而不倒"，保持金融稳定，保护金融消费者利益，增加银行监管的有效性。这些法案确实产生了很强的监管效果，大型银行所带来的风险扩散得到了控制，但同时由于立法并未考虑不同规模的银行应对监管法案耗费成本的不同，从而导致很多小型银行在新法案颁布后合规成本迅速上升，盈

---

① 金融业乱象涉及银行、证券、期货及网络金融等金融业各个分支。例如，江苏射阳农商银行挤兑事件、以 E 租宝为代表的众多 P2P 网络金融公司集资诈骗事件、2016 年年初的"股灾"以及泛亚有色金属交易所兑付危机等。

② 李喜莲、邢会强：《金融危机与金融监管》，《法学杂志》2009 年第 5 期。

③ 中国人民银行济南分行调查统计处课题组：《国际金融监管体制改革比较研究及对我国的启示》，《金融发展评论》2012 年第 9 期。

④ 美国是小型银行盈利性受影响最明显的国家之一，这一问题已经受到社会的关注：美国《休斯敦纪事报》记者 Chris Williston 于 2018 年 2 月 15 日发表《得克萨斯州的社区银行"小而不存"》一文称："根据联邦数据，自 2009 年以来，已经有超过 1/3 的社区银行关闭，而得克萨斯州关闭的社区银行也是 1/3。"参见 https://www.houstonchronicle.com/opinion/outlook/article/Texas-community-banks-too-small-to-survive-12617938.php，最后访问日期：2022 年 12 月 25 日；英国《卫报》记者 Jana Kasperkevic 于 2013 年 10 月 3 日发表《小而不存：一家小型银行的内部自救》一文，详述了美国一家小型银行在"强监管"态势下面临的困境及经营者的无奈。参见 https://www.theguardian.com/business/2013/oct/03/community-bank-too-small-survive，最后访问日期：2022 年 12 月 25 日。

⑤ 周淳：《论美国金融监管法律制度变迁的政治逻辑》，《法学评论》2015 年第 6 期。

利明显下降。在这样的情况下，小型银行要么在金融市场上寻求合并，以维系运营；要么进入破产程序，结束营业。小型银行的减少必然会影响金融市场的多元化和竞争性，如果小型银行退出市场的问题一直延续，将会对金融市场和实体经济产生不良影响。

中国由于经济体量的不断扩大，与世界联系愈发紧密，世界各国及国际组织都希望中国能够保持经济的快速增长以缓解全球金融危机以来世界性经济疲软的颓势，而国内金融业的乱象也使世界经济的不稳定性有所提升。这一现象背后的深层原因是中国目前仍延续区分行业、压制型、对抗性较强的银行监管模式，[①]这种模式并不能适应不断变化的金融业，因而缺乏一套长效的监管机制来平衡社会公平与经济效率间的关系。这是中国银行监管法律制度中的核心问题。换句话说，银行监管机关在金融稳定与银行盈利之间尚无一种机制来达至二者的平衡点。加强银行监管以期降低全球金融危机对银行业以及整体经济运行带来的不良影响成为世界趋势。[②]从《巴塞尔协议》的规则制订和执行，到欧盟银行监管一体化的加强，再到中国当前面临的困境皆体现了这一趋势带来的问题。[③]从外部看，《巴塞尔协议》中的"合比例性"法概念可以解释为比例原则，同时欧盟已经为比例原则从法原则转化为法制度提供了良好的范例；从内部看，银行监管本质上是监管权的体现，与行政权虽有关联，但区别明显。

监管权比行政权的外延更为广泛，包括政府制定影响个人和组织行为的法规或条例的权力，它源自政府促进公共利益和保护公民福利的固有权力。行政权是指政府行政部门执行政府职能的权力，包括执行法律法规、执行政策、处理对外关系等；行政权的行使通常被授权给执行机构，这些

---

① 周友苏、廖笑非：《金融危机背景下中国金融监管模式的选择与完善》，《清华法学》2009年第2期。

② 金融危机爆发后，美国颁布了《金融监管改革法案》《多德-弗兰克法案》等加强金融监管；英国《2012年金融服务法案》于2013年4月1日正式生效，新的英国金融监管框架设立了三个专职机构，即金融政策委员会（FPC）、由原来金融服务局（FSA）拆分的审慎监管局（PRA）和金融行为监管局（FCA）。

③ 中国金融信息网：IMF敦促美国推进金融监管改革，https://www.cnfin.com/world-xh08/a/20150708/1522279.shtml，最后访问日期：2022年12月25日。

机构负责执行政府的特定职能。二者虽有联系，但区别也十分明显：首先，监管权是一种更广泛的权力，可以包括广泛的政府职能，如公共卫生、国家安全、金融监管和环境保护等，而行政权是一种较窄的权力，主要集中在法律法规的实施和执行上；其次，监管权通常是通过立法程序行使的，其中包括选举产生的代表，这些代表被赋予代表他们所代表的人民做出决定的权力；行政权力通常由未经选举产生的官员行使，他们被任命执行政府的特定职能。①银行监管在中国不仅仅是一个具体行政行为，例如行政许可、行政强制或行政处罚，而是对涉及立法、司法、行政各种公权力行使监管权的行为。②基于中国是巴塞尔委员会和《巴塞尔协议》的坚定支持者，笔者认为中国在银行监管中也应将《巴塞尔协议》中"合比例性"法概念建构为比例原则并且在银行监管制度中具体化。这看似顺理成章，但我们仍应思考在中国银行监管这一特殊背景下，为何可以在银行监管中应用比例原则，其逻辑何在？哪种操作模式是适合中国银行监管中操作的比例原则？

二、中国银行监管固有的法律缺陷

(一)"一刀切"的执行方式

中国银行业监管体系是以《巴塞尔协议Ⅲ》为基础构建的。执行《巴塞尔协议Ⅲ》的国内法主要是《商业银行资本管理办法（试行）》和《商业银行流动性风险管理办法》，其中主要监管工具是资本充足率和流动性等。但尽管监管机关在应用监管工具的过程中以存款规模小于 2 000 亿元人民币为主要标准区分了银行规模，但这类 2 000 亿元以下的银行如果希望简化监管要求，还面临着监管机关的事前审查：银行必须向监管机关证明其自身满足条件，同时得到监管机关同意后才可以简化监管要求，此类简化仍是形式上的，在流动性监管当中的简化规范与之类似。尽管分类并

---

① See Edward J. Balleisen, *Government as regulator. In Business and Government in the Global Context: Text and Cases*, *2nd ed*, Cambridge University Press, 2017, pp.73—89.

② 邢会强：《金融监管措施是一种新的行政行为类型吗？》，《中外法学》2014 年第 3 期。

不详尽且执行复杂，笔者仍认为中国银行监管机关在执行《巴塞尔协议》时还是考虑到了《核心原则》中"合比例性"法概念。①但这并不能扭转中国银行实质上还面临着几乎使用同一标准对所有商业银行进行监管的规范，也即"一刀切"执行方式。在"一刀切"执行方式下的一个最大问题是：针对不同的监管对象无法采取有针对性的、合比例的监管措施。如果在"强监管"时期，就会出现风险控制有余，金融市场活力不足，对银行过度限制的情况；同理，如果在"弱监管"时期，就会出现风险控制不足，金融过度自由化，对银行限制不足的情况。当前及未来一段时间中国都处于银行业"强监管"的态势。据此，监管对小型银行有可能是过度的，从而造成小型银行的负担过重。此外，中国银行监管中还有重复执行的问题。重复执行是指同一事项有多个监管机关作出重复的监管行为。中国虽以银保监会和央行为银行业监管的主要机关，但中国监管规范有很多是多部门联合发布的，②这就会造成在监管过程中，多个监管机关同时执行相同的规范。不同监管机关对本行业的监管逻辑必然是不同的，因此，当出现多个监管机关同时对银行进行监管时，也会造成银行的负担加重，甚至可能会付出多倍的合规成本。③

（二）"强监管"的理念

不断增加监管规范的数量是在因应不断变化的金融市场和不断积累的金融风险，这无可厚非，但短时间内增加数量较多的规范会带来监管密度的上升，这是"强监管"理念的标志。所谓监管密度，即监管机关在横向和纵向两个维度对银行进行监管所形成网格状的监管状态，其中：横向的是指时间维度，纵向的是指业务维度。④如果说监管规范数量的增加仅仅对

①　中国银行监管法中体现"合比例性"的条款参见附录3。

②　多部门联合发布的规范实例：2018年1月18日，《中国银监会、中国人民银行、中国证监会等关于进一步支持商业银行资本工具创新的意见》、2017年5月23日，《银监会、发展改革委、工业和信息化部等关于印发大中型商业银行设立普惠金融事业部实施方案的通知》等。

③　谢平、邹传伟：《金融危机后有关金融监管改革的理论综述》，《金融研究》2010年第2期。

④　周子漠、丁禹心：《证券监管的密度弹性及其演化规律研究》，《福建质量管理》2016年第3期。

银行内部运营带来成本上升，那么监管密度的增加要求银行持续对监管规范加以关注，因为它们需要不断研究监管规范以避免不当合规带来的行政处罚风险，同时它们还需要不断地在监管规范给出的最终期限前完成合规，这就进入了一个无限循环中。通常，当银行本身无法利用自己的资源完成期限前的合规时，它们会要求有专业合规知识的工作人员提供帮助，这也是银行额外的合规成本。

银行从业人员当然希望未来的监管有很强的可预测性，这样他们可以提前做好准备，降低新的监管规则给银行运营带来的不利影响。[①]但现实情况是，由于立法技术有限，银保监会颁布的很多规章中仍存在任意性规范和强行性规范并行的情况，对监管机关的任意性规范为其留下了很大的自由裁量空间，也就增加了监管的不确定性。此外，中国银行监管也有一定的滞后性，通常是在市场有一定风险积聚后，监管机关才会跟上监管，前瞻性不足，这就导致了银行"摸着石头过河"，致使监管机关处于"补丁式"监管状态。[②]银行如果仅囿于现有的监管规范开展业务，那势必会在市场竞争中处于下风；如果在无监管的情况下过于激进地金融创新，可能会在未来监管规范颁布后，花费巨额的合规成本。此外，小型银行往往有民间资本投资，一定程度上削弱了国有资本在小型银行的地位。虽然，这在一定程度上有利于丰富所有制形式，但在面临监管的不确定性时，民间资本风险承受能力远不及国有资本。因此，监管的不确定性给小型银行的生存带来了额外的压力。

从监管的角度看，造成银行盈利性受损的原因主要有两个：一是中国监管体制固有的"一刀切"监管模式带来的不成比例的监管措施，以及多部门联合发布监管规范及执行给银行带来的重复负担；二是全球金融危机后中国"强监管"理念增加银行的合规成本。在中国，资本雄厚的大型银行往往有国家背景，例如，中国工商银行即由人民银行的商业业务部门改

---

① 田国强、李双建：《经济政策不确定性与银行流动性创造：来自中国的经验证据》，《经济研究》2020 年第 11 期。

② 李文泓：《关于宏观审慎监管框架下逆周期政策的探讨》，《金融研究》2009 年第 7 期。

制而来，面对"一刀切"和"强监管"所受影响与小型银行相比较小。

第二节　执行《巴塞尔协议》对中国小型银行的影响

回顾中国在全球金融危机后召开的两次全国金融工作会议。2012年，第四次全国金融会议的重要任务之一是："加强和改进金融监管，切实防范系统性金融风险。银行业要建立全面审慎的风险监管体系……"[①]2017年，第五次全国金融会议强调："遵循金融发展规律，紧紧围绕服务实体经济、防控金融风险、深化金融改革三项任务，创新和完善金融调控，健全现代金融企业制度，完善金融市场体系，推进构建现代金融监管框架，加快转变金融发展方式，健全金融法治，保障国家金融安全，促进经济和金融良性循环、健康发展。"[②]

全国金融会议是中国最重要的金融工作会议，为未来5年国家金融监管的走向定调。从上述两次全国金融工作会议的核心内容可以清楚地看出，未来5年中国银行监管仍将延续"防范系统性风险，加强金融监管"的态势。高强度的金融监管固然能够很好地控制金融风险，尤其是加强对系统重要性银行的监管，能够充分防范系统性风险，但并不是所有银行都在中国金融体系中具有系统重要性。换句话说，系统重要性银行虽然能够导致更严重的金融风险，但并不是所有银行所带来的风险都非常严重。金融危机后中国银行业监管的模式主要来自《巴塞尔协议Ⅲ》的框架，其中资本充足率和流动性的要求是协议核心，中国在落实《巴塞尔协议Ⅲ》监管框架时，几乎对所有银行保持了一致的标准，这也就是"一刀切"模式。[③]面对"一刀切"执行方法和"强监管"理念，系统重要性银行通常可

---

① 佚名：《全国金融工作会议在京召开——温家宝讲话　李克强出席》，《人民日报》2012年1月8日第001版，第2页。

② 佚名：《习近平在全国金融工作会议上强调"服务实体经济防控金融风险深化金融改革促进经济和金融良性循环健康发展"》，《人民日报》2017年7月16日第001版，第1页。

③ See Doris Neuberger and Roger Rissi："Macroprudential Banking Regulation：Does One Size Fit All？"，*Journal of Banking and Financial Economics*，Volume 1，Issue 1 (2014)，pp.5—28.

以保持稳定，但小型银行却会因为疲于应对监管带来合规成本的上升、利润空间的减少，有逐渐退出市场的可能。从中国银行业的特殊背景看，银行规模无论大小，其背后都有政府信用背书，也即并没有完全市场化，但需要说明的是，中国银行业发展虽处于较为初级的阶段，需要政府指导和信用背书，并不意味着银行不可以破产或被兼并。事实上，中国已有海南发展银行、广东发展银行等破产的案例。①

在中国监管机关对银行业进行"强监管"的理念下，小型银行不得不动用更多资本应对复杂和不断增多的监管规则，使得合规成本上升，利润空间缩减；当二者严重不成比例的时候，小型银行只能破产或在金融市场上被合并。②因为小型银行主要服务特定区域内的居民和经营范围较窄的民营企业，其减少可能会导致社会融资成本的上升，从而不利于实体经济的发展。更进一步看，银行业作为金融业的重要组成部分，充分的市场竞争是其繁荣的必要条件，小型银行作为银行业的必要组成部分，其数量的减少可能会导致大型银行垄断经营，而银行业垄断所导致的结果可能不仅仅是金融业的萧条，还可能导致大型银行巨头影响国家政治生态。③此外，从社会发展的角度，小型银行可以为社会提供更多的就业机会，其减少也不利于社会稳定。

中国并没有明确的、规范意义上的银行规模划分标准。④关于银行规模的划分散见于数据统计和研究报告。⑤官方对银行规模的判定主要是基于资

---

① 赵万一、吴敏：《我国商业银行破产法律制度构建的反思》，《现代法学》2006 年第 3 期。

② See Theoharry Grammatikos and Nikolaos I. Papanikolaou："What Lies behind the 'Too-Small-To-Survive, Banks?", *Luxembourg School of Finance* (LSF) *Research Working Paper Series*, No.13—12 (2013), pp.2—14.

③ 郁冲：《中国银行业垄断与规制研究》，华南理工大学博士论文，第 48 页。

④ 立法上并没有明确将商业银行按规模进行划分，但从一些条款中可以看出，立法者有意识地根据资产总量的不同对银行规模进行划分。例如，《商业银行资本管理办法（试行）》第 168 条："经银监会同意，在满足信息披露总体要求的基础上，同时符合以下条件的商业银行可以适当简化信息披露的内容：（一）存款规模小于 2 000 亿元人民币。（二）未在境内外上市。（三）未跨区域经营。"由此可以看出，资产规模 2 000 亿元是银监会对银行规模划分的一个分水岭。

⑤ 例如《中国金融年鉴》应用了资产总量对银行规模进行划分。

产总量，即通过资产定义模式（Asset-Based Definition）[①]对银行规模进行划分。根据《中国金融年鉴（2020）》，中国中资小型银行[②]是指"本外币资产总量小于 3 000 亿元的中资银行（以 2008 年末各金融机构本外币资产总额为参考标准）"。[③]按此标准，恒丰银行、浙商银行、渤海银行皆为小型银行，其中恒丰银行经营状况较好。因此，这里选择恒丰银行作为合规成本上升的实例说明中国在执行《巴塞尔协议》过程中对小型银行造成的负面影响。"举轻以明重"。当小型银行中的较好者已出现合规成本上升问题时，其他小型银行所面临合规成本上升的问题则更严重。

一、小型银行受到负面影响的实例

（一）恒丰银行合规成本上升

中国关于商业银行立法中有对合规的规范定义："本指引所称合规，是指使商业银行的经营活动与法律、规则和准则相一致。"[④]商业银行作为营利性金融企业，其合规本质与企业合规无异，都包含了商业行为准则体系、合规组织体系、风险防范体系、风险监控体系及风险应对体系五部分，[⑤]区别在于所"合"之"规"不同。合规体系的构建离不开人力、物力及财力的大规模投入，而合规体系不完善的商业银行在经营过程中更有可

---

① See Brynne Krause："The Dodd-Frank Wall Street Reform and Consumer Protection Act：How Increased Regulation Has Given Large Banks an Artificial Competitive Edge"，*UMKC Law Review*，Volume 83（2015），pp.1045—1085.

② 在资产定义模式中，与小型银行相对的类别分别是：中资中型银行，是指本外币资产总量小于 2 万亿元且大于 3 000 亿元的中资银行（以 2008 年末各金融机构本外币资产总额为参考标准）。包括招商银行、农发行、浦发银行、中信银行、兴业银行、光大银行、华夏银行、进出口行、广发银行、平安银行、北京银行、上海银行、江苏银行；中资大型银行，是指本外币资产总量超过 2 万亿元的中资银行（以 2008 年末各金融机构本外币资产总额为参考标准）。包括中国工商银行、中国建设银行、中国农村银行、中国银行、国家开发银行、交通银行、中国邮政储蓄银行。参见《中国金融年鉴》编辑部：《中国金融年鉴（2020）》，中国金融年鉴杂志社有限公司，第 338、340 页。

③ 参见《中国金融年鉴》编辑部：《中国金融年鉴（2020）》，中国金融年鉴杂志社有限公司，第 342 页。

④ 参见《商业银行合规风险管理指引》。

⑤ 陈瑞华：《企业合规制度的三个维度——比较法视野下的分析》，《比较法研究》2019 年第 3 期。

能受到监管机关的行政处罚。但从恒丰银行历年年报中所列数据中可以发现，合规支出并不是一个单独的会计项目，我们无法通过直接的数据来判定其合规成本的上升，但有这样一种思路可以反证商业银行合规成本的上升：商业银行作为被监管对象，其罚金支出必然源于监管机关对其不合规之处作出的处罚，而罚金支出是年报中可以直接读取的数据。那么不妨认为，当罚金支出上升时，便意味着商业银行不合规之处增多，即监管复杂性增加，从而带来合规成本的增加。诚然，合规成本的组成十分复杂，不仅包括变更经营活动方式支出的各种费用，还包括合规人员的薪资，乃至咨询、外包等费用。因此，在关注合规成本的变化时，应当以罚金作为主要参照对象，辅之以职工工资、管理费等运营支出，这样才能得出较为科学的结论。

当确定了主要数据后，主要时间节点就成为得出科学结论的另一个重要因素。鉴于商业银行的监管工具主要是资本监管，因此，这里选择以2012年6月7日颁布、2013年1月1日正式执行的《商业银行资本管理办法（试行）》为时间节点，观察2012年前后恒丰银行作为小型银行罚金支出和其他各项支出的变化，判断"强监管"是否带来合规成本的上升（见图1）。①

由图1可知，以2013年中期为时间节点，恒丰银行的赔偿及罚金损失突然增长迅速，这必然是监管带来的影响；当恒丰银行完成合规操作，2015年中期以后其赔偿及罚金损失又有一定程度回落，但即便回落，相较于2012年之前也增长很多，在一定程度上也可以说明合规成本的上升。

----

① 恒丰银行2017年、2018年度报告缺失，故本表格中缺少2017年数据，2018年数据为根据2019年报告数据计算而得。数据来源：《恒丰银行股份有限公司2011年年度报告》，https://www.hfbank.com.cn/upload/Attach/gxhf/qynb/2665221608.pdf；《恒丰银行股份有限公司2012年年度报告》，https://www.hfbank.com.cn/upload/Attach/gxhf/qynb/2665249233.pdf；《恒丰银行股份有限公司2013年年度报告》，https://www.hfbank.com.cn/upload/Attach/gxhf/qynb/2665289004.pdf；《恒丰银行股份有限公司2014年年度报告》，https://www.hfbank.com.cn/upload/Attach/gxhf/qynb/2665306128.pdf；《恒丰银行股份有限公司2015年年度报告》，https://www.hfbank.com.cn/upload/Attach/mrbj/2696447219.pdf；《恒丰银行股份有限公司2016年年度报告》，https://www.hfbank.com.cn/upload/Attach/mrbj/2729802510.pdf；《恒丰银行股份有限公司2019年年度报告》，https://www.hfbank.com.cn/upload/Attach/mrbj/2844707988.pdf；《恒丰银行股份有限公司2020年年度报告》，https://www.hfbank.com.cn/upload/Attach/mrbj/2880407831.pdf。最后访问日期：2022年12月25日。

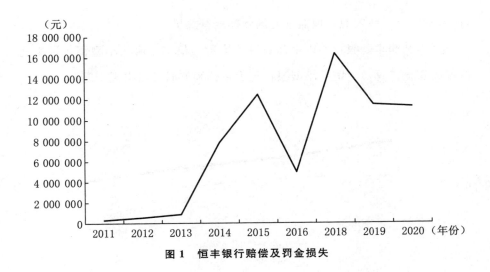

图 1　恒丰银行赔偿及罚金损失

　　综上，可以认为：监管给恒丰银行带来合规成本的上升，而且恒丰银行作为小型银行中的"佼佼者"，可以有代表性地说明大多数小型银行都有合规成本上升的问题存在。

（二）小型银行资本利润率空间缩小

　　如果认为单纯的合规成本上升并不能说明小型银行可能退出市场，那么当利润空间同样下降的时候，小型银行则一定会面临退出市场的风险。从银保监会的官方数据可以看出，以 2018—2021 年的一季度为例，包括城市商业银行和农村商业银行在内的小型银行资本利润率一直呈下降趋势（见图 2）。①这一趋势直接说明了小型银行资本利润率空间的缩小。这一变化趋势与加强银行监管的法律和政策导向是密不可分的，这也与中国执行

---

　　①　数据来源：银保监会：2021 年商业银行主要指标分机构类情况表（季度），http://www.cbirc.gov.cn/view/pages/ItemDetail.html?docId＝1018525＆itemId＝954＆generaltype＝0；银保监会：2020 年商业银行主要指标分机构类情况表（季度），http://www.cbirc.gov.cn/view/pages/ItemDetail.html?docId＝966730＆itemId＝954＆generaltype＝0；银保监会：2019 年商业银行主要指标分机构类情况表（季度），http://www.cbirc.gov.cn/view/pages/ItemDetail.html?docId＝890467＆itemId＝954＆generaltype＝0；银保监会：2018 年商业银行主要指标分机构类情况表（季度），http://www.cbirc.gov.cn/view/pages/ItemDetail.html?docId＝179203＆itemId＝954＆generaltype＝0。最后访问日期：2022 年 12 月 25 日。

《巴塞尔协议》的宏观审慎监管的国际标准有直接关系。①

　　资本利润率是银行赖以生存和继续运营的根本，而从小型银行资本利润率的变化来看，中国的小型银行至少在营利方面已经出现了问题。

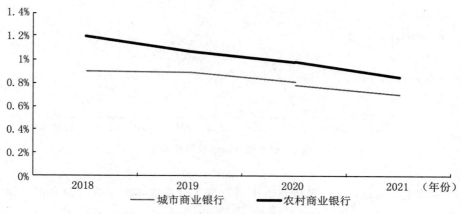

图 2　2018 至 2021 年一季度小型银行资产利润率

（三）小型银行法人机构数稳定

　　当合规成本不断上升、资本利润率空间不断下降时，按照一般的经济原理，中国小型银行会因为资不抵债而出现破产或被兼并，但中国小型银行的数量不减反增。②主要变化出现在城市商业银行和农村商业银行的上升，其他类别机构数基本稳定。这是因为中国小型银行法人机构数的变化有很强的政策背景，尤其是银行股份制改革，使得农村信用社的机构数下降迅速，与之对应的是农村商业银行的机构数大幅上升。这是改革带来的法人机构数的变化，并不是因为小型银行的运营不善导致的破产或被兼并。那么，排除农村信用社的银行股份制改革带来的小型银行法人机构数

---

①　李文红：《国际金融危机后银行监管的两个重要发展趋势与中国实践》，《新金融评论》2016 年第 3 期。

②　每日经济新闻：《银行业金融机构法人数据最新出炉　农商行数量增长至 1 423 家》，https://baijiahao.baidu.com/s?id=1647461342788284024&wfr=spider&for=pc；腾讯网：《4 608 家银行业金融机构法人名单曝光！快来看看都有哪些!》，https://view.inews.qq.com/a/20220207A08U0Q00。最后访问日期：2022 年 12 月 25 日。

的变化，中国小型银行法人机构数在"强监管"时代并没有下降太多，但这并不意味着"强监管"未给小型银行带来运营困难，此时，强有力的国家支持扮演了重要角色。

中国小型银行因监管变强带来的合规成本上升和利润空间下降确实导致了大多数小型银行的运营状况不良，甚至亏损。但除了改制原因，小型银行法人机构数并没有因为运营状况的下降而有大幅度下降，这就意味着中国小型银行并没有因监管变强而产生退出市场的风险。然而，这并不意味着小型银行就不会退出中国银行业市场。当前小型银行的法人机构数下降不多主要是因为中国银行业基本仍由国家主导，并未完全市场化，国家为保持社会稳定、保护人民利益，可能会救助一些运营不善的小型银行。①国家的力量固然可以在短期内保持小型银行在市场中的位置，但这并不意味着我们的监管就是适当的，小型银行因监管不当而导致的运营问题始终存在，当中国银行业发展到高阶阶段，市场化程度非常高，国家并不过多干预银行业时，小型银行即有可能大量退出市场。笔者认为中国在执行《巴塞尔协议》过程中"一刀切"执行方式和"强监管"的理念已经给小型银行造成了过度的成本负担。

二、小型银行退出市场的潜在危害

在讨论小型银行退出市场的潜在危害时，应当考虑小型银行在中国不同经济层面充当的角色以及发生小型银行退出市场时所产生的后果。在宏观经济层面，小型银行扮演着提升就业率、降低社会融资成本的角色；在中观经济层面，小型银行是维持金融市场竞争的必要因素；在微观经济层面，小型银行是民营中小企业的主要融资渠道。

（一）宏观：国家宏观经济的必需，实体经济的动力

根据传统的宏观经济学观点，国家发展宏观经济的根本目的是："维

---

① 我国除一般的银行监管工具，例如流动性、资本充足率等以外，还有接管、早期干预机制等针对经营不善的银行的救助措施，这都明显降低了小型银行退出市场的可能性。

持高水平和快速增长的产出率、低失业率和稳定的价格水平。"[1]小型银行除了自身可以贡献经济增长率外，还在提供就业机会上有重要作用。根据《中国金融年鉴》历年数据（见图3）。[2]大型银行的从业人员数量近年来已经有所下降。相比之下，以城市商业银行和农村商业银行为代表的小型银行的从业人员数量却在不断上升。虽然从整体上看，小型银行从业人员的总数量仍不及大型银行，但如果出现小型银行退出市场，会有一定数量的小型银行从业人员失业，而由于小型银行的业务较为简单、专业性不强，他们可能无法在较为复杂的大型银行重新获得同样的工作机会。此外，大型银行的从业人员当前也处于饱和状态，其本身从业人员数量开始下降，更加无法吸纳小型银行分流出来的从业人员。因此，小型银行可以提供就业机会，降低失业率的作用不容小觑。

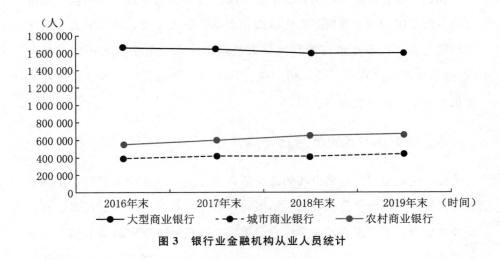

图 3　银行业金融机构从业人员统计

从宏观经济的另一个角度来看，小型银行退出市场还会影响社会融资

---

①　拉格纳·弗里希著、乌拉夫·彼尔考特编：《弗里希文萃》，王庆新、钱勇等译，首都经济贸易大学出版社 2006 年版，第 242 页。

②　数据来源：《中国金融年鉴》编辑部：《中国金融年鉴（2020）》，第 537 页；《中国金融年鉴（2019）》，第 544 页；《中国金融年鉴（2018）》，第 499 页；《中国金融年鉴（2017）》，第 497 页。

成本，即当前的融资价格将会提升。融资成本分为融资费用和资金使用费，当前中国社会平均融资成本为 7.6％，这仅是利率成本，若加上各种手续费、评估费、招待费等，平均融资成本将超过 8％，对企业来说是很重的负担。而这还只是平均融资成本，平均融资成本更多是被较低的银行融资成本所拉低，中小企业融资成本大部分高于 10％。[1]现有融资成本实际上已经很高，如果"强监管"造成小型银行退出市场，可以提供资金的主体就会变少，融资成本将会更高。一方面融资成本变高是宏观经济中价格不稳定的表现；另一方面，融资成本变高可能会导致无法获得融资的中小企业或私营企业经营出现困难，它们的倒闭会进一步影响就业率和宏观经济增长率。[2]

由此可见，小型银行看似仅仅是银行业的一部分，但实际上与其关联的经济因素非常多，包括就业率、融资成本乃至宏观经济增长率。这样的关联性使小型银行退出市场的危害几乎可以匹敌大型金融机构带来的系统性风险。

（二）中观：实现银行业充分竞争的重要因素

中观经济主要考虑的是行业层面。中国最基本的经济制度是社会主义市场经济体制，而银行业作为社会主义市场经济体制的组成部分，市场化是其发展的主要方向，而充分的竞争是市场化的主要特征，机构的多元化是充分竞争的基本条件。当前，大型银行通常是改革开放后从国家中剥离出来的国有制银行，而相比之下，改革开放后新成立的股份制银行、城商行、农商行等银行的规模相对较小，但它们都是中国银行业市场的经营主体，与大型银行共同竞争。如果发生小型银行退出市场，那么市场的多元化结构就会被打破，市场份额也会更多地被大型银行所占据。根据我国《反垄断法》的规定，当单个或多个经营者的市场份额达到一定比例时，将会构成市场支配地位，是典型的违法行为。[3]由此可见，小型银行是银行

---

① 马玲：《企业融资成本依然偏高》，《金融时报》2018 年 2 月 2 日，第 002 版。

② 吕劲松：《关于中小企业融资难、融资贵问题的思考》，《金融研究》2015 年第 11 期。

③ 根据《中华人民共和国反垄断法》第 19 条规定："有下列情形之一的，可以推定经营者具有市场支配地位：（一）一个经营者在相关市场的市场份额达到二分之一的；（二）两个经营者在相关市场的市场份额合计达到三分之二的；（三）三个经营者在相关市场的市场份额合计达到四分之三的。"

业市场竞争中必不可少的部分，一旦发生小型银行退出市场，大型银行会凭借其本身优势形成垄断地位，从而阻碍银行业市场化的进程，从根本上看，不利于银行业乃至整个金融业的发展。[①]当然，大型的银行巨头可能会影响国家政治生活和社会的走向，这是银行业垄断的潜在风险。[②]

(三) 微观：个人和中小企业融资的主要渠道

在微观经济层面主要关注个体，包括个人和民营的中小企业，现实中它们的主要融资渠道就是小型银行。[③]由于中国储蓄率较高，因此个人的融资主要目的是生活或发展的需要，额度通常不大，所抵押的财产也较为容易变现。在这样的情况下，个人和中小企业通常会选择融资手续较为快速便捷、位于本身生活区域内的小型银行。但如果小型银行退出市场的问题比较严重，个人和中小企业无法向原有小型银行融资，而不得不选择大型银行，这时，个人和中小企业花费可能就超出原有融资成本，包括更高昂的利率、更严苛的抵押条件、更多的时间和费用等，这极大地消耗着个人和中小企业的融资信心。[④]

同理，民营中小企业要向大型银行借贷则更为困难，大型银行的借贷程序较为严格、复杂，而且民营企业往往没有国家背景，大型银行容易将它们认定为不合格的借贷客户，反而更愿意将资金借贷给有国家信用背书的大型国有企业。民营中小企业在中国大多是经营制造业的企业，它们是国家实体经济的支撑，[⑤]如果在小型银行退出市场的困境下它们无法获得充分的资金维持并扩大生产，中国实体经济将受到影响。实体经济是国家宏观经济的支柱，民营中小企业的融资困境同样会影响宏观经济层面的指标发展。

---

① 靳馥境、张群：《我国银行市场集中度对中小企业融资的影响》，《经济与管理》2015 年第 3 期。

② 参见艾麦德·莫萨著：《大而不倒之谜》，周世愚、吴晓雪译，中国金融出版社 2015 年 4 月版，第 111 页。

③ 罗奕：《破解中小企业融资困局：国外经验与我国对策》，《企业经济》2012 年第 7 期。

④ 高晓燕：《建立社区银行——解决中小企业融资难问题的路径选择》，《中央财经大学学报》2006 年第 4 期。

⑤ 吕劲松：《关于中小企业融资难、融资贵问题的思考》，《金融研究》2015 年第 11 期。

　　此外，在国家政策层面，小型银行的服务对象是基层居民、农户及中小企业，扮演着提升就业率和稳定银行业的角色，对实现共同富裕有着重要意义。共同富裕是社会主义的本质要求，即全体人民物质生活和精神生活的富裕，①其中物质基础的丰裕首当其冲。联合国于 2005 年提出普惠金融（Inclusive Financing）概念，其内涵是普通民众均有平等机会获得负责任且可持续的金融服务。②共同富裕和普惠金融有天然的互动甚至是因果关系。③当前中国村镇银行的存在可以满足普通民众的基本金融服务需求，但实现共同富裕要求更高级别的普惠金融，即融资的普惠性。现实中居民、农户及中小企业的主要融资渠道就是小型银行。④如果大量小型银行退出市场，个人无法通过原有小型银行直接获得融资，而不得不选择大型银行，可能会超出原有融资成本，这将极大地降低个人的融资信心，也有违普惠金融政策，进而成为中国实现共同富裕的阻碍。同理，中小企业要向大型银行借贷则更为困难，进一步提高了融资成本。⑤中小企业是国家实体经济的重要组成部分，⑥它们如果在小型银行退出市场后无法获得充分的资金扩大生产和经营规模，中国实体经济将受到影响。

　　从不同经济层面看，中国小型银行退出市场都会带来相当的危害，而这些危害在各个层面上又是相关联的，这也从另一个层面印证了小型银行在各个经济层面的重要作用。当然，经济层面的问题可能会导致社会和国家政治层面的问题，这也是我们不得不考虑的。按照党中央制订的经济政策，短时间内，中国不会改变对金融业"强监管"的理念，因此，解决"一刀切"和"强监管"下小型银行可能退出市场问题十分重要而迫切，这不仅仅关系到银行业本身的发展，更关联着大到国家实体经济和社会融

①　顾海良：《共同富裕是社会主义的本质要求》，《红旗文稿》2021 年第 20 期。
②　See Kajole Nanda and Mandeep Kaur："Financial Inclusion and Human Development：A Cross-Country Evidence"，*Management and Labour Studies*，Volume 41，Issue 2（2016），pp.127—153.
③　张全兴：《以普惠金融改革推进共同富裕》，《中国金融》2021 年第 17 期。
④　罗奕：《破解中小企业融资困局：国外经验与我国对策》，《企业经济》2012 年第 7 期。
⑤　马玲：《企业融资成本依然偏高》，《金融时报》2018 年 2 月 2 日，第 002 版。
⑥　吕劲松：《关于中小企业融资难、融资贵问题的思考》，《金融研究》2015 年第 11 期。

资成本，小到每个个人和每个企业的生活和经营。

从功能主义比较法的角度出发，中国小型银行在"一刀切"的执行方式和"强监管"的理念下面临着与欧洲小型银行相同的问题，即监管使金融稳定与银行盈利性之间出现矛盾。欧盟通过在其监管框架中嵌入比例原则来解决这一矛盾。因此，笔者提出可以将欧盟应用比例原则的方法尝试应用于中国银行监管以解决相同问题。

第三节　比例原则应用于中国银行监管的逻辑

中国银行监管中为何可以应用比例原则？如何借鉴欧盟在银行业监管中应用比例原则的方式？本节将从外部和内部逻辑论证这一问题。从外部看，银行业国际监管框架的变革带动了中国银行监管的改革；从内部看，中国银行业存在诸多可以应用比例原则进行解决的法律问题。因此，将比例原则应用于银行监管是符合逻辑的。

一、比例原则应用于中国银行监管的外部逻辑

全球金融危机后，系统性危机（Systemic Crisis）成为银行监管改革的重点。所谓系统性危机，是指"一个特定金融机构或一个特定金融集团遭遇财务危机时，可能会造成金融市场广泛的外溢效果，进而引起整体经济表现的动荡不安。我们最担心的是个别银行所发生的危机或风险会传染到其他本国或外国的金融机构或金融部门，进而造成金融体系的全面崩溃。"[①]2008 年以前，各国监管机关坚信自由市场机制才是最好的机制，自由市场可以促进实体经济发展，同时也借由市场供需稳定金融市场。然而，2008 年全球金融危机后，各国开始意识到，依赖市场机制自我约束，在面对企业获利与风险管理之间的平衡问题上，其成效有很大的疑问，似

---

① See Rolf H. Weber and Dominic N. Staiger: "Financial Stability Board: Mandate and Implementation of Its Systemic Risks Standards", *International Journal of Financial Studies*, Volume 2 (2014), p.83.

乎仍须仰赖政府的干预，以法规与监管加以约束。[①]因此，加强监管、促进稳定、避免系统性危机成为后金融危机时期银行业国际监管框架变革的总体方向，与世界各国一道进行银行业监管改革成为中国作为世界大国的责任。

（一）国际组织的影响

本书第一章论述了以巴塞尔委员会和《巴塞尔协议》为核心的银行业国际监管框架变革对全球银行监管机关的影响，其中中国也不例外。此外，从另一个国际组织的视角来看，全球金融危机后，与过去相比，国家间的团体由于七国集团（G7）/八国集团（G8）的不合理性改由更多国家参与的二十国集团（G20）来进行全球经济治理。[②]银行业国际监管框架主要是增加了整合性国际组织——金融稳定理事会（FSB），负责协调整合各国际金融组织的政策及行动。与两个组织的金融监管目标保持一致，在国际法上可以体现中国严格遵守国际法和国际组织规范的行动准则，在国内也可以为金融监管改革提供契机，引入新的原则和监管模式，以提升金融业的稳定性，促进实体经济的发展。

2008 年全球金融危机后，各国开始正视，一个国家的金融危机将有可能演变为全球性金融危机，拖累全球经济。因此，只有加强全球金融监管制度与各国监管上的合作，才可避免风险相互传染，维持全球金融市场稳定，G20 也正是在这个态势下孕育而生，其最初是为降低亚洲金融危机所带来的风险。[③]然而 G20 真正发挥其全球治理的作用是 2008 年在华盛顿首次举行的领袖峰会上，商讨改善当时金融危机的窘境以及如何避免将来风险再次产生。在其后 2009 年匹兹堡的领袖峰会中，更进一步宣布 G20 是全球经济合作与治理的"主要论坛"。[④]截至目前，G20 领袖峰会已经举行

---

① 曾国烈：《G20 领袖会议后国际金融监理新形势与我国因应之道》，《金融联合征信双月刊》2009 年第 7 期。

② 沈伟：《后金融危机时代的国际经济治理体系与二十国集团——以国际经济法—国际关系交叉为视角》，《中外法学》2016 年第 4 期。

③ 同上，第 1017 页。

④ G20 Leaders Statement：The Pittsburgh Summit（September 24—25，2009，Pittsburgh）Preamble para.19，http://www.g20.utoronto.ca/2009/2009communique0925.html，last visited on 25th December 2022.

过 18 次，历届峰会多次将加强金融监管问题作为主要问题进行讨论。[①]中国作为最大的发展中国家、金砖五国之一，在 G20 中地位举足轻重。因此，中国应更进一步地参与促进金融稳定的各项协议，推进国内的金融监管法律制度的改革，尽力达成 G20 协议中的关于金融稳定的内容。

整合性的国际金融监管框架机构金融稳定理事会是 2008 年后，由 G20 峰会所创设的全新的全球金融监管机制。以往，国际金融领域上一直缺乏像 WTO 组织一样的一个独立核心国际机构来制订国际一致的金融监管规定，处理政府间的协议以及解决各政府间之争议。由于缺乏国际条约及承诺，每一个国家都拥有完全的政策制订权力。全球金融危机后，许多巨型的金融机构在短时间内纷纷倒闭，[②]个人存款遭受威胁，并且主权国家面临破产，由此种种都显示国际金融部门的监管架构出现的重大缺陷。为了改变此种状况，G20 成立了一个新的国际主体——金融稳定理事会（简称 FSB）。[③]然而，FSB 的成员包含各种在国际金融政策制订上的活跃参与者，例如巴塞尔委员会、国际货币基金组织和世界银行等，还包括各主要国家的银行监管机关，例如欧洲央行和中国央行等。FSB 目前的成员国已扩展到 G20 的各国代表。新兴经济体包括中国、印度以及巴西都是金融监管国际合作的一部分。[④]中国在 FSB 中应当积极借鉴各金融发达国家及监管网络关于稳定金融的金融监管措施，这也是中国对世界应承担的责任。因此，我们首先应当了解 FSB 的设立不是改变现存的监管机关，而是协调整合它们的政策及行动，以及补强各国与各机关间因不同任务取向所产生的漏洞。FSB 的主要任务之一，就是通过增强以巴塞尔委员会和《巴塞尔协

---

① G20：https://www.g20.org/webs/G20/EN/G20/Agenda/agenda—node.html，last visited on 25th December 2022.

② 2008 年 9 月 14 日星期日，雷曼兄弟提出破产申请；同天，美林证券宣布被美国银行收购。2008 年 9 月 16 日，美国国际集团（AIG）因持有许多信用已经违约的到期合约而被调低其信用评级，该保险集团自身也陷入了一场流动性危机（liquidity crisis）。

③ See Stavros Gadinis："The Financial Stability Board：The New Politics of International Financial Regulation"，*Texas International Law Journal*，Volume 48，Issue 2（2013），pp.157—165.

④ FSB：http://www.fsb.org/about/fsb-members/，last visited on 25th December 2022.

议》为核心的银行业国际监管框架标准的质量与一致性，并改善标准之适用范围与程度，以减少系统性危机发生的可能性。[1]同理，中国银行监管改革的路径和标准应当采用 FSB 所制订的监管标准。[2]

后金融危机时期，中国置身于国际金融体系中，提升中国自身银行业的稳定性、避免发生系统性危机是中国银行监管的首要目标，同时这也是银行业国际监管框架体系对中国的要求。因此，中国加强银行监管势在必行，国际组织以及发达国家都有加强银行监管的相关经验供我国参考和选择。

（二）原则性监管的理论支撑

原则性监管是 21 世纪初英国为了提升监管的质量对原有监管模式进行改革的方向性模式，[3]之后为各国接受。[4]中国学界也已经对原则性监管有了一定的讨论，但是大多停留在对这一监管方式本身进行分析论证。中国应以何种原则进行监管？原则应当如何操作等问题尚未有定论。[5]在原则性监管的理论下讨论将比例原则应用于银行监管，是中国在银行监管中引入比例原则的理论基础。

---

[1] FSB：http://www.fsb.org/what-we-do/，last visited on 25th December 2022.

[2] See Rolf H. Weber and Dominic N. Staiger："Financial Stability Board：Mandate and Implementation of Its systemic Risks Standards"，*International Journal of Financial Studies*，Volume 2，Issue 1（2014），pp.85—89.

[3] See Julia Black："Forms and Paradoxes of Principles-Based Regulation"，*Capital Markets Law Journal*，Volume 3，No.4（2008），pp.425—457.

[4] 美国商品期货交易委员会（CFTC）已根据《商品交易法》运用原则性监管的方法来监管交易所结算组织和中介机构；日本金融厅提出"建立更优监管环境"的四个支柱之一即"规则性监管和原则性监管的最优结合"；加拿大、新加坡等国也在酝酿着原则性监管作为监管方式的争论与变革动向。转引自刘媛："金融领域的原则性监管方式"，《法学家》2010 年第 3 期，第 83—85 页。

[5] 刘媛在《法学家》2010 年第 3 期《金融领域的原则性监管方式》中，首次在金融领域介绍和引入原则性监管模式，分析了英国和日本在金融监管领域中应用原则的适例，但并未提及我国应以何种原则应对金融监管。陈建在《中国外汇》2014 年第 5 期《原则性监管的可行性分析》中，主要论证监管模式在特定金融领域的可行性。陈锋、曹清在《金融纵横》2015 年第 10 期《原则性监管下跨境资金流动管理实践研究——基于资本项目可兑换前景》中，主要论证原则性监管应用于跨境资金流动的可能性，同样是原则性监管模式在特定领域的可行性分析，也未能提出具体操作方案。

《巴塞尔协议》体系中的比例原则研究

原则性监管是由英国金融服务局（FSA）①于 2007 年 4 月在其出版物中首先提出的，其基本含义是："原则性监管意味着倚重原则并注重结果，更加依赖高位阶的规则作为带动实现监管目标的一种手段，更少地依赖制订好的规则……在某些方面，将继续需要依靠详细的规则和规范的流程，以确保监管机关之间的充分保护消费者且有足够的一致性和可比性，例如让消费者可以比较公司提供的信息……"②与原则性监管相对的是传统的规则性监管。所谓规则性监管，是指"法条主义下的合规监管"。③全球金融危机前，规则性监管一直是各国主要的监管模式。从其本身特点来看，规则性监管在很长一段时间内占据主流是有一定依据的：首先，由于监管规则较原则性监管而言更具确定性、针对性和实用性，在内容上明确界定法律准许的情形和禁止的行为，因此监管机关和监管对象对于规则所确立的监管标准容易达成一致的理解，比较便于执行；④其次，规则性监管往往"边界明确"赋予监管机关的自由裁量权空间很小，有助于确保规则在反复适用过程中的公平性和一贯性。在金融产品较为单一、风险传导机制简单的时期，规则性监管模式事先为被监管机关提供了更大的透明度和可预见性，使得监管机关在严格的分析基础上开展监管活动，因此这种监管模式能够有效地防范金融风险。

但是，金融创新使得金融业瞬息万变，规则性监管模式越来越不适应监管实践的需要。规则性监管本身具有不可克服的缺陷：首先，规则的僵

---

① 2012 年 12 月 19 日，英国《2012 金融服务法案》获得批准，从 2013 年 4 月 1 日起废除金融服务局（FSA）。它的职责由两个机构承担，分别是：金融行为监管局（Financial Conduct Authority，FCA）和审慎监管局（Prudential Regulation Authority，PRA），虽机构已经不在，但其存续期间所作决定及报告精神仍被延续。

② FSA："Principles Based Regulation: Focusing on the Outcomes that Matter", https://webarchive.nationalarchives.gov.uk/ukgwa/ * /http: //www.fsa.gov.uk/, last visited on 25th December 2022.

③ 李慈强：《后危机时代金融监管法的四重转向》，《经济法学评论》2015 年第 2 期。

④ 例如《中华人民共和国银行业监督管理法》第四章监督管理措施中的第 33—36 条中明确规定了监管机关有权做出监管措施，包括现场检查、谈话及履行披露义务等，其内容具体，操作性强。

化性和滞后性决定了任何规则一旦制订之后都不可避免地会落后于不断发展的社会关系，在注重创新的金融关系中更是如此。在监管规范的内容上，我们过于强调立法的明确化、精细化，监管规范大多为定量而非定性的条款，导致金融机构在新工具、新交易策略以及管理风险的新方法上进行金融创新时享有的自主权和灵活度非常有限，不能通过与市场的有效沟通而根据市场的发展变化来调整监管资源，无法及时、灵活地满足变化迅速的行业要求和竞争需要。[1]其次，整个规范体系中整齐划一、僵硬固化的监管标准较多，无法动态地调整监管要求无法有针对性地考虑不同监管对象在业务性质和复杂程度等方面的差别以及各种消费者群体的不同需求，同时也不利于引导监管对象建立和执行差异化的风险管理和内部控制体系。[2]最后，规则性监管偏重于规范监管对象的运营过程，通过机械的合规评价标准为金融机构指定具体业务流程，导致金融机构"逐条核对"是否达到要求，往往"重形式合规、轻实质合规"，无法实现以风险管理为核心的结果导向型监管。监管对象可以通过事先制订的详细规则中的定量条件来实施法律规避行为，从而轻而易举地逃避监管规则的约束。[3]

总之，在规则性监管模式下，监管资源没有得到合理配置，导致监管成本畸高，同时也制约着监管效率的提高。原则不同于具体的规则，是具有一般性的准则。[4]原则性监管相较于规则性监管的优势在于：总体上，原则性监管意味着不是通过具体、详细的规则，而是更多依赖于高位阶的、概括性描述的监管规范来确立监管对象在金融活动中必须遵守的标准。这样的监管模式意味着金融监管机关可以获得广阔的监管范围、更加灵活的

---

① See Kern Alexander："Principles v. Rules in Financial Regulation：Re-assessing the Balance in the Credit Crisis Symposium at Cambridge University，10—11 April 2008"，*European Business Organization Law Review*，Volume 10（2009），pp.169—173.

② See Surendra Arjoon："Striking a Balance between Rules and Principles-based Approaches for Effective Governance：A Risks-based Approach"，*Journal of Business Ethics*，Volume 68（2006），pp.53—82.

③ 李慈强：《后危机时代金融监管法的四重转向》，《经济法学评论》2015 年第 2 期。

④ See Julia Black，Martyn Hopper and Christa Band："Making a Success of Principles-based Regulation"，*Law and Financial Markets Review*，Volume 1，Issue 3（2007），pp.191—206.

监管手段和更具效率的监管方法。但是，在中国由规则性监管向原则性监管迈进的过程中，也清楚地发现，原则性监管同样存在一定的问题，其中最主要的就是缺乏统一的原则和操作规范从而使原则性监管有效运转起来。如果没有统一的操作模式，那么监管的任意性就会大幅上升，所造成的金融风险甚至大于规则性监管。

笔者认为可以尝试将比例原则作为原则性监管中的统一原则之一加以规范和应用。当然，比例原则的理论与实践较为复杂，如何借鉴欧盟比例原则的应用方法并结合中国银行监管的情况，构建一套适合中国银行监管的操作模式，从而实现社会公平与经济效率的平衡。

二、比例原则应用于中国银行监管的内部逻辑

银行监管无疑是金融法治体系中的最重要的环节，金融体系能够顺畅运转的关键就在于银行监管对风险的管理和控制，因此，监管行为的合理、有效不仅能够平衡社会公平和经济效率，更是整个金融行业所有利害关系主体的重要保障。传统的银行监管通常在事前设立银行的准入制度，在事后设立罚则，其间对于利益的考量大于对公平的考量、对稳定性的考量大于对长效性的考量，这样在短时间内的确可以快速有效地达到目的，但长此以往，金融消费者的权益得不到保障、对市场的信心降低，最终的结果仍然是银行业的衰退。基于此，银行监管在其内部同样需要一套对监管行为的有效性和长久性进行考量的标准，比例原则作为功能全面的法原则可以充当这样的标准。

（一）中国商业银行危机处理方式与比例原则不符

我国《银行业监督管理法》第 38 条规定："银行业金融机构已经或者可能发生信用危机，严重影响存款人和其他客户合法权益的，国务院银行业监督管理机构可以依法对该银行业金融机构实行接管或者促成机构重组，接管和机构重组依照有关法律和国务院的规定执行。"①据此，当银行

---

① 参见《中华人民共和国银行业监督管理法》，来源：http://www.npc.gov.cn/npc/c198/200610/a3dc9e8840704fbe8cf79ec48478eff6.shtml。最后访问日期：2022 年 12 月 25 日。

发生信用危机时，政府为了力挽狂澜，避免损失及投资人的权益遭到损害，每每投入过多的资源去弥补银行的缺口，以保证整个银行业不致发生混乱，避免引发社会动荡。例如，2014 年江苏射阳农村商业银行遭受挤兑事件。①但有时此类银行已经病入膏肓，政府如执意救助不仅于事无补，反而浪费国家经济资源，实际上将成本转嫁于其他金融机构及社会大众，也会给民众留下银行是"不倒翁"的假象，最终受害的仍然是与该银行相关的金融消费者。在比例原则的衡量下，上述做法是不明智的。简言之，政府使用的手段虽能达成稳定银行的目的，但成本过于高昂，无法通过狭义比例原则的考量，因此其合法性值得商榷。此时，要符合比例原则，其措施应当是规范一套完整的退出机制，让严重偏差的金融机构适时退出市场。②

（二）银行信息披露程度可以比例原则为标准

信息披露制度是消除金融业者与金融消费者信息不对称的重要措施，完善的信息披露制度使所有的金融消费者有便捷的渠道获得完整且正确的信息去判断交易的可行性，这样的结果必然会比缺乏任何基准下所做的判断来得正确。但是，如果立法过程中对公权力机关对金融机构的信息披露要求过于严格，例如法律要求披露的信息数量与披露成本与公司的规模和盈利能力极不相符，使公司不堪重负，就可能导致公司被迫退出市场，导致金融业的动荡。③简言之，过多的信息披露也会导致经营者的不稳定，而过少的信息披露会导致消费者的不稳定。④那么，如何解决信息披露程度与金融稳定的关系？例如在立法中如何规定信息披露的程度，或在争议产生后如何判定信息披露程度是否符合监管目的，便成了关键。

解决这个问题，比例原则是可以尝试的路径。理由如下：比例原则的

---

① FT 中文网：中国一地方政府出手平息银行挤兑，http://www.ftchinese.com/story/001055461。最后访问日期：2022 年 12 月 25 日。

② 王文宇：《金融法（修订九版）》，元照出版社 2016 年版，第 7 页以下。

③ 刘新仕：《信息充分披露与商业秘密保护的均衡——基于成本效益的分析》，《商业研究》2009 年第 4 期。

④ 叶建勋：《市场化思维下的金融消费者保护机制研究》，《金融监管研究》2014 年第 3 期。

特点是灵活、易于操作，而非格式化的固定标准。这样，信息披露的程度可以因不同企业而有不同的标准。一般而言，处于初创期的非上市公众公司一般规模较小、组织结构较为简单、抗风险能力较弱，对信息披露的成本也更为敏感，在面对繁重的信息披露义务时，小公司会表现得"更不情愿"。[①]

上市公司发行规模比较大，如果说信息披露能够增加投资者信心，那么大公司无疑将比小公司享受到更多信息披露而带来的融资收益，这将使它们更愿意披露信息。对美国证券市场上公司信息披露程度的实证研究表明，公司规模是影响信息披露程度的主要因素，上市公司比小型公司表现得更愿意披露。[②]

从总体上看，非上市公众公司的信息披露义务应当低于上市公司，要求非上市公众公司像上市公司那样履行严格的信息披露程序是不必要的，也是不效率的。当因信息披露出现争议时，以比例原则为标准，定纷止争，保持金融稳定，找出合比例的信息披露程度为可行的路径。

(三) 金融消费者基本权利保护的因应之道

追根溯源，比例原则产生之初是为了防止公权力滥用，保障公民基本权利。而在金融监管领域，同样存在公权力与基本权利冲突的问题：政府监管行为的最终目标是预防系统性风险发生，保持金融稳定，但这一过程中无可避免地包括过度监管或不当监管行为，这些公权力行为必然造成金融领域的"公民"，即金融消费者的基本权利受损。更具体的来讲，与监管主体相比，金融消费者的最终目标是通过金融市场使个人财产保值、增值，其中核心的基本权利是财产权。理论上，监管主体与金融消费者的最终目标是辩证统一的，金融稳定使金融消费者财产可以保值、增值，而金融消费者财产的保值、增值能够增加他们的消费信心，履行约定后不断投入金融市场，从而促进金融稳定；但现实中，这一平衡点很难把握，监管

---

① 李建伟、姚晋升：《非上市公众公司信息披露制度及其完善》，《证券市场导报》2009 年第 12 期。

② 参见王雄元：《上市公司信息披露策略研究》，中国财政经济出版社 2008 年版，第 174 页。

能力和体系的不到位容易产生过度监管或不当监管，从而侵犯金融消费者财产权，相应地降低金融消费者的履约能力。从不同的角度进行不同的价值判断会有不同的模式出现，如果我们立足金融稳定的最终目标，那么监管主体就成为整个金融行业的主角，而对抗、管制型的监管就会占据整个金融行业的主流；与之对应，如果我们立足于以保护金融消费者的基本权利为最终目标，那么其监管模式就应当从基本权利的角度出发来进行选择，这时原本就承担着保障公民基本权利的比例原则性监管模式就走进了我们的视野。

从全球金融危机的经验来看，金融消费者的基本权利保护是维护金融稳定的起点，同时大规模的金融危机的产生也是由于金融消费者对金融市场失去信心，财产权受损进而大规模违约。比例原则其本身的功能就是防止这样的状况发生，因此比例原则是保护金融消费者基本权利的因应之道。

第四节　比例原则操作模式的选择

比例原则源于德国，但在英美法系国家也有较大的发展。由于中国定位为大陆法系国家，因此就比例原则理论的引介和移植而言，四阶层的比例原则较为合理。据此，笔者在德国比例原则最新的发展基础上，重新解读德国的比例原则，希望能对中国银行监管中的比例原则有所启示。当然，英美法系，尤其是美国的比例原则发展也值得我们关注，美国在比例原则的应用上构建一套"三重审查基准"的理论，将案件依据不同的特点分别以不同密度的审查手段进行合法性审查，这样的理论也值得我们借鉴。

一、监管理念的转变

中国银行监管的监管理念一直保持着"强监管"的态势，这从全球金融危机后的两次全国金融工作会议的政策走向中可见一斑。银保监会也一直强调"金融监管会越来越严"①。在"强监管"的理念指导下，监管的有效性增加，维护金融稳定的效果明显；②但同时也引发了小型银行的经营困境。③笔者建议将比例原则应用于中国银行监管。在建立具体的制度前，中国银行监管在政策理念层面应当从"强监管"转向"平衡监管"。

所谓"平衡监管"，是指银行监管机关应避免过度反应，尤其是过度处罚，同时在银行出现危机时避免动用过量资金进行救助。④与"强监管"以防范风险和维持金融稳定为首要目标相比，"平衡监管"考虑了银行的盈利性和经济的发展，从单一目标的监管转变为二元目标的监管。

监管主导理念的转变是监管政策和制度改革的前提条件。如果中国银行监管机关始终保持"强监管"的理念，即便比例原则应用于中国银行监管中，其适应性和监管效果也未必能达成预想。因此，笔者在提出具体制度建议前，建议中国银行监管机关采纳"平衡监管"理念。

二、立法意义上小型银行的定义突破

法学是概念之学，而立法的起点也是概念。因此，如何在立法上明确小型银行概念的内涵及外延非常重要。当立法明晰了小型银行的外延（范围），在制订规则时就可以根据不同银行的规模和业务进行有针对性的立法，监管的有效性会提升，而过度监管也会减少。

尽管银保监会在其规范性文件中对银行以存款 2 000 亿元人民币为标准进行了简单的分类，但这并不能为比例原则的应用奠定坚实的基础，尤

---

① 参见中证网：《银监会主席郭树清：金融监管会越来越严　继续做好服务实体经济工作》，https://www.cs.com.cn/xwzx/201710/t20171019—5523991.html，2017 年 10 月 19 日。最后访问日期：2022 年 12 月 25 日。

② 李青原、陈世来、陈昊：《金融强监管的实体经济效应——来自资管新规的经验证据》，《经济研究》2022 年第 1 期。

③ 邱兆祥、安世友、贾策：《强监管下金融与实体经济关系的转型升级及面临的挑战》，《金融理论与实践》2019 年第 3 期。

④ 参见马赛厄斯·德瓦特里庞等：《制衡银行：金融监管平衡术》，中信出版社 2016 年版，第 11—12 页。

其是文件中对小型银行没有明确的定义。从《中国金融年鉴》和银保监会的某些规范性文件中，我们基本可以判定，当前中国对银行规模的划分是以资产总量为标准的，也即资产定义模式。①尽管这样的定义模式清晰明确，但在立法层面上，严格的资产定义模式有三个弊端：第一，这样的定义模式往往只能反映一家机构的资产状况，无法反映整个金融集团的资产总量，而当前大型银行往往分支机构较多，下辖资产也很多，单靠数额可能需要列入大型或中型银行的监管范畴，但实际上它们仅是分支机构；②第二，为了实现监管目的，资产定义模式主要依据的是数据对银行进行分类，这就要求对数据的准确性和金融行业的快速变化加以把握，而根据不断变化的数据对银行类型划分进行调整也是一种额外的成本消耗；第三，中国的资产定义模式是以本外币总量为基准的，但该模式无法动态地反映本外币币值的变化和金融市场的变化。《中国金融年鉴》到目前仍沿用2008年各银行的资产总量，而2008年至今，人民币对美元的币值几经变化，金融市场和监管环境也变化多次，③银保监会的规范性文件中对于计算资产数额的标准也语焉不详。

　　总的来说，资产定义模式的问题是不确定性，如果将这种不确定的定义模式纳入规范，那么监管行为可能引起金融市场的混乱。在尚无规范定义模式以及资产定义模式有多种弊端的情况下，寻求一种新的定义模式在立法上对小型银行概念加以确定是解决小型银行可能退出市场问题的首要突破路径。事实上，小型银行有两种定义模式，除了目前采用的资产定义模式外，活动定义模式在学术界也有一定的地位。活动定义模式

_____

　　①　《中国金融年鉴》对银行规模的定义是基于本外币资产总量。3 000亿元以下的是小型银行，3 000亿元到2万亿元的是中型银行，2万亿元以上的是大型银行。而在银监会关于流动性监管的规范性文件中，可以看出资产2 000亿元以下的银行不适用流动性监管，这也从规范角度说明了银行规模的资产定义模式。

　　②　See Alan J. wilson："There Goes the Neighborhood：Regulating Away the Community Bank—An Analysis of the Costs of Current Regulations on Community Bank"，*West Virginia Law Review*，Volume 116，Issue 1（2013），pp.463—496.

　　③　《中国金融年鉴》编辑部：《中国金融年鉴（2020）》中国金融年鉴杂志社有限公司，第340页。

（Activity-Based Definition）是指按照运营活动的特点和复杂程度不同对银行规模进行划分。[①]

活动定义模式通常以三个标准来界定小型银行：第一，银行在有限的地理范围内经营自己的业务；第二，银行主要经营的是零售业务，而非批发业务；第三，银行的决策取决于熟知当地情况的决策者。[②]活动定义模式能够更好地对银行分类，从而达到监管机关预防系统性风险的最终目的，主要基于如下理由：从第一个标准来看，在有限的地理范围内经营业务的小型银行，其风险不易传导至全国，即便发生风险，当地政府也有能力在本区域内控制风险，监管机关在监管的过程中就无须着重考虑小型银行风险传导以及风险发生后的隔离问题；从第二个标准看，活动定义模式可以将小型银行从监管机关针对大型银行进行监管的一些复杂业务中解放出来。通常，小型银行的业务主要是零售业务，[③]而大型银行的主要业务是批发业务，[④]监管机关要求全部银行合规，消耗较多成本，豁免经营简单业务的小型银行部分监管要求不失为一种经济性更强的监管方式；从第三个标准看，当地的决策者对当地的经济状况较为了解，监管机关可以赋予当地决策者较大的自由裁量权，这样既能控制金融风险，又能够使小型银行为当地的实体经济发展提供更多支持。

尽管中国银行监管机关对银行规模的判定没有规范的依据，但事实上中国目前仍采取资产定义模式划分银行规模，而资产总量的数据还停留在2008年。立法上缺乏规范依据会造成监管的不确定性，监管机关会因此做出滞后或不合比例的监管行为，因此从立法上填补这一空白是突破小型银

[①]　See Claudio Borio，Stijn Claessens and Nikola Tarashev："Entity-based vs activity-based regulation：a framework and applications to traditional financial firms and big techs"，*FSI Occasional Papers*，No.19，August 2022，pp.1—10.

[②]　See Gary S. Corner："The Changing Landscape of Community Banking"，*Central Banker*，Fall 2010，https://www. stlouisfed. org/publications/central-banker/fall-2010/the-changing-landscape-of-community-banking，last visited on 25th December 2022.

[③]　饶艳芳：《商业银行零售业务与批发业务的捆绑研究》，《财经界》2009年第2期。

[④]　李吉平、陈民、唐克定：《西方国家的批发银行与批发银行业务》，《城市金融论坛》2000年第7期。

行可能退出市场的第一步。当小型银行在立法上有了明确的定义及范围，监管机关就可以根据风险状况和银行规模，依照其目的做出最适当的监管行为，避免造成小型银行成本的过度上升，从而引发小型银行不健康的破产或被兼并。当然，活动定义模式虽有其优势，但是以何种复杂程度的业务作为定义的界限又是非常复杂的问题，需要结合中国金融风险的实际情况，运用大量数据分析，选择最有效的活动定义模式。对小型银行有了统一的活动定义模式后，立法者可以根据小型银行的特点和现实情况，制订符合小型银行风险状况和业务发展的、最成比例的监管规范，从而减少小型银行的合规成本。

三、监管意义上比例原则的应用

中国自改革开放以来银行监管一直遵循规则性监管模式，这样的监管模式增加了监管的复杂性。应对不断变化的金融危机，单一监管模式的适应性必然不足。与规则性监管相对的是原则性监管。原则性监管给予被监管对象更多自由度来决定合规的方式。在规则性监管的模式下，被监管对象必须遵照相同的规则，这些规则细致到可能规制一个被监管对象的运作。就金融监管而言，规则性监管可能会扼制金融行业的创新和活力。相较而言，原则性监管则给予被监管对象更多的灵活性，被监管对象可以在这个空间内进行更多的创新。[①]

中国银行业监管的规则体系是以《商业银行法》和《人民银行法》两部法律为统领的，这两部法律虽然条款众多，但并没有具体规定银行监管的操作规则，很大程度上，两部法律更多地在为监管机关做指导性的描述，指引诸如银保监会等机关颁布更为具体的监管规则。小型银行需要对其中绝大多数监管规则进行合规处理，而银保监会成立后，小型银行将面临更多且不确定性更强的监管规则。

---

① 刘轶：《金融监管模式的新发展及其启示——从规则到原则》，《法商研究》2009年第2期。

今后的一段时间，为降低系统性风险，"强监管"将一以贯之，未来新增的监管规则必然会继续影响小型银行的经营。经济规制理论认为，避免规制限制创新的最好方式就是"应用运动目标检测方法"。[1]而降低这一影响的主要方式即一定程度上应用原则性监管模式。在法学领域，比例原则因其灵活性和可操作性，可以作为原则性监管中的一个原则应用于银行监管，防止过度监管带来的限制创新和小型银行竞争力的减弱；此外，银行监管具有一定的公法性质，应用比例原则也是题中应有之义。[2]

比例原则是一个公法原则，在宪法中作为审查国家行为是否侵犯基本权利的工具，在行政法中限制公权力的滥用。[3]事实上，比例原则因其阶层化的操作模式和灵活性已经被广泛应用到各个领域，在重新明晰了银行规模的定义方式后，应用比例原则来解决银行监管中的小型银行可能退出市场问题是一个有效的路径。

笔者认为比例原则是由四个子原则构成的阶层化的操作模式，分别是目的正当性原则、适当性原则、必要性原则和狭义比例原则。[4]四个子原则呈递进关系，当应用比例原则审查一个监管行为时应当将四个子原则阶层化操作，一个监管行为只有通过前一个子原则，才可以进入下一个子原则的审查，中间任何一个子原则没有通过，皆认为不符合比例原则。通常，不符合比例原则即认为违法，则认为监管行为当然无效。但当前中国并没有将比例原则写入法律，因此，违反比例原则的法律后果是否监管行为的当然无效还有待考量。但可以肯定的是，违反比例原则的监管行为必然应当被纠正。在小型银行可能退出市场的问题上，比例原则可以有如下操作模式：

首先，应用目的正当性原则。监管机关作为国家机关，其作出监管行

---

① 马云泽：《规制经济学》，经济管理出版社 2008 年版，第 193 页。
② 邢会强：《金融监管措施是一种新的行政行为类型吗?》，《中外法学》2014 年第 3 期。
③ 林明锵：《比例原则之功能与危机》，《月旦法学杂志》2014 年第 8 期。
④ 汤德宗：《违宪审查基准体系建构初探——"阶层式比例原则"构想》，《宪法解释之理论与实务》2009 年第六辑（下册）。

为应当基于公共利益，但公共利益是一个开放性的概念，在法律上也没有明确公共利益的范畴，只能在具体监管行为中辨析。[1]在银行监管中，金融稳定是最重要的目标，而金融稳定的最大受益者是金融消费者。金融稳定可以作为银行监管中的表层目的，而深层目的，即银行监管中的公共利益可以概括为金融消费者的利益，也即银行监管机关在作出监管行为时，其目的必须是基于金融稳定或金融消费者的利益，才可以通过目的正当性原则的审查；反之，如果有证据表明，监管行为的做出是基于其他利益，则无法通过。[2]

其次，应用适当性原则。适当性原则的基本要求是手段必须有助于目的的达成。银行监管中被普遍接受的正当目的有二，即金融稳定和金融消费者利益，[3]监管行为必须有助于金融稳定或有利于金融消费者利益的保护，才符合适当性原则的要求。当然，通常情况下金融稳定与金融消费者利益是不会冲突的，但银行业复杂多变，监管机关也可能在面对挤兑等突发情况时，暂时性地牺牲金融消费者利益从而保障金融稳定。金融稳定突发情况下可以被优先考量的主要原因是经济的整体性，因此当这样的情况出现时，可以认为监管行为能够通过适当性原则的检验，在后续两个原则的检验中继续衡量监管行为与目的之间的关系，最终得出结论。

再次，应用必要性原则。必要性原则主要考量的是监管机关在面临多种监管行为的选择时，是否选择了对监管对象造成权利损失最小的一种。例如，在银行监管中，执行统一标准的监管规则和标准确实达到金融稳定和保护金融消费者利益的目的，但是对不同规模银行造成的权利损失就大不一样了，大型银行资产雄厚，人员专业程度高，在较小的损失下可以完成合规；小型银行资产有限，人员结构简单，需要付出更大的成本才能完

---

[1]　刘连泰：《"公共利益"的解释困境及其突围》，《文史哲》2006年第2期。

[2]　刘权：《目的正当性与比例原则的重构》，《中国法学》2014年第4期。

[3]　李成、李玉良、王婷：《宏观审慎监管视角的金融监管目标实现程度的实证分析》，《国际金融研究》2013年第1期。

成合规，利润空间自然下降。①这样的情况下，统一的监管规则和标准就不是对监管对象造成权利损失最小的一种监管行为，而区别银行规模，有针对性地做出监管行为才能通过必要性原则的检验。

最后，应用狭义比例原则。狭义比例原则所衡量的是监管机关做出监管行为付出的代价与监管对象所付出代价的平衡性。在银行监管过程中，货币数量可以作为很直观的标准来衡量两种代价，如果监管机关付出的代价远超监管对象所付出的代价，则无法通过狭义比例原则的检验；同理，监管对象所付出的代价远超监管机关所付出的代价时，也无法通过其检验，而在小型银行可能退出市场的问题中，通常存在这种情况。

比例原则的应用对于突破小型银行可能退出市场问题有着重要意义。从比例原则自身角度来看，它的可操作性较强，阶层化的操作方式也有利于避免"一刀切"的监管行为；而从银行监管的角度看，健康有序的金融市场不管是在机构规模还是在业务结构上一定是多元化的，因此，应用比例原则可以有效防止监管行为过度监管小型银行，从而造成市场的单一化。

四、司法机关对比例原则应用

德国式的比例原则原为适当性、必要性和狭义比例原则三阶层组成。但由于传统比例原则的三阶段审查，大多是在假设目地合法的前提下开展的，②因此讨论重心大多在手段与目的的关联性，而较少对目的本身是否合法多加着墨。德国学者 Maurer 认为，比例原则实质上需进行两阶段审查，在传统三阶审查前，首要前提是审查手段所欲追求目的的合法性，若目的通过合法性检验，才可继续进一步探讨争议手段与所欲追求合法目的是否具比例关系。③

---

① See Ryan T. O'Shields："Historic Literature Presages Dodd-Frank Act as A Death Knell for Community Banks"，*Consumer Finance Law Quarterly Report*，2013，pp.1—27.
② 汤德宗：《违宪审查基准体系建构初探——"阶层式比例原则"构想》，《宪法解释之理论与实务》2009 年第六辑（下册）。
③ See Hartmut Maurer：*Staatsrecht I：Grundlagen，Verfassungsorgane，Staatsfunktionen*，C.H.Beck；6.，überarbeitete und ergänzte Auflage，2010，p.56.转引自：许宗力：《基本权的保障与限制（下）》，《月旦法学教室》2003 年第 14 期，第 52 页。

虽然实务上德国联邦宪法法院除了"药店案"所发展的限制职业自由的目的审查之外，很少有目的审查的探讨，①只有学者认为将目的审查"一般化"是有重要意义的，②也就是将"药店案"中所发展的三阶理论，扩大适用到其他种类的权利限制之中，发展出宽严不同的目的审查基准。③而逻辑上如果目的本身不适法，也就无须进一步讨论"手段与目的间之间的关联性"，因此"目的适法"应可认为是传统比例原则三阶段审查的前提要件。④

"四阶段审查"比例原则整体操作模式概言之，即为目的合法性审查、适当性原则审查、必要性原则审查以及狭义比例原则审查。四个阶段全部通过审查即为符合比例原则，反之则争议手段有待修正。比例原则作为法学中的原则，其根本目标是确定权利"为了社会公益而牺牲是确有必要且正当的"，而如果以此观点观察其他各国国内法中平衡公共利益与个人权利的思想，若能暂且不论理论框架与方法论的歧异，则可认为，各国或多或少必定蕴含着此种"合比例性"的法概念，从而节制公权力行使。⑤最有代表性的是近来不断引进并发展比例原则的美国。

美国的司法审查基准在审查内容上多半同时包含对于目的（即公权力行为所追求的公共利益）与手段的审查，原先主要有两种宽严不同的审查类型，大多数案件属于"单纯合理审查"，在此审查标准下，仅要求立法目的为追求正当利益即可通过审查。所有立法者于立法当时所可能设想的目的都可以认定为立法目的。在银行监管中，追求经济效率的手段即可认定为合法目的，手段与目的只需有合理关联，除非争议法律明显错误，否则就尊重立法者的决定而采合法推定。⑥

---

① 许宗力：《法与国家权力（二）》，元照出版社 2007 年版，第 48 页以下。

②⑤ 林明锵：《比例原则之功能与危机》，《月旦法学杂志》2014 年第 8 期。

③ 许宗力：《基本权的保障与限制（下）》，《月旦法学教室》2003 年第 14 期。

④ 李建良：《论国际条约的国内法效力与法位阶定序——国际条约与宪法解释之关系的基础课题》，廖福特编，《宪法解释之理论与实务》（第八辑）。

⑥ 黄昭元：《宪法权利限制的司法审查标准——美国类型化多元标准模式的比较分析》，《中国台湾大学法学论丛》2004 年第 33 卷第 3 期。

　　而如果争议涉及基本权利，在银行监管中可以金融消费者的基本权利为标准，则采"严格审查"，也即必须评估争议法律的文义和立法过程后得知立法者真实的目的才可被认定为立法目的，而立法目的所追求的必须是"重大迫切"的利益。例如，如果国家不立刻运用公权力进行银行监管则可能造成金融消费者财产重大损失的情况，要求手段与目的须有"必要"的关联性，这类似德国法中"必要性原则"的审查。但不同于德国法的是，"严格审查"要求在所有适于达成目的手段中，仅可以选择对权力限制最小者方为合法，[①]推定立法者行为违宪。[②]其后，为解决双重标准过于简化与僵硬适用，则再发展出另一宽严程度上介于两者之间的"中度审查"，即要求须具有"重要利益"的立法目的，程度上高于"正当"但低于"重大迫切"，限于立法者在立法当时已实际考虑的公共利益，才可作为立法目的，要求手段与目的之间必须具有"实质关联"。上述三种审查基准主要通过"目的"与"目的与手段的关联性"进行判断。虽然美国法院鲜用"比例原则"的名称，实际上操作过程仍显示出相当类似于比例原则中手段与目的之间关系的分析。[③]

　　笔者建议中国司法机关在应用比例原则审理裁判银行监管争议时可借鉴美国与德国司法审查的理论，进而得到的操作模式是：在金融消费者基本权案件，例如涉及金融消费者财产权，首先应用德国四阶理论中的目的审查，采用美国的三重审查标准中的"严格审查"，即必须当出现"重大迫切"利益时才能牺牲金融消费者基本权利，而后依次应用适当性原则、必要性原则及狭义比例原则，最终确认该争议行为的合法性；在其他案件中，中度审查标准和单纯合理审查标准即可符合要求，实际上也是向类型化操作方向发展。我们可以将银行监管中的比例原则的操作模式称为比例

---

　　①　林明锵：《比例原则之功能与危机》，《月旦法学杂志》2014 年第 8 期。

　　②　黄昭元：《宪法权利限制的司法审查标准——美国类型化多元标准模式的比较分析》，《中国台湾大学法学论丛》2004 年第 33 卷第 3 期。

　　③　参见 George A. Bermann 著：《比例原则》，法治斌译，中国台湾政治大学法律学系法学丛书编辑委员会编辑：《人权保障与司法审查——宪法专论（二）》1994 年版，第 335—353 页。

原则的类型化或层级化，而不再是铁板一块的一个比例原则而已。整合的出现是基于以下原因：首先，德国式的比例原则偶尔会有僵化、模式单一的问题，而形式上美国三重审查标准可以将案件分流，以不同的标准受德国式的比例原则审查。虽然原本这个密度架构是用于职业自由案件的，但至少开启了比例原则类型化或层级化的可能。当比例原则已经类型化或层级化后，至少在实际操作时，真正能决定案件合法或违法的关键，已非比例原则本身，而是其密度。换言之，真正决定争议法令命运的，已经不是比例原则，而是审查标准。

　　比例原则作为一个上位原则以及公法原则可以应用于银行监管这样一个综合性较强的公权力行为中，从而在保障金融业稳定、克服金融危机的影响、保障金融消费者基本权利同时，平衡银行业中的社会公平和经济效率是毋庸置疑的。此外，应用比例原则也是更好地执行《巴塞尔协议》的一条可行的路径。在银行监管中应用比例原则，仍应寻觅符合中国本土现状的比例原则操作方式，进而将其成为文化，使立法、行政及司法各公权力在进行银行监管或与其相关的裁判过程中可以有客观统一的标准进行操作，克服比例原则自身所存在的缺陷，从而有利于实现公平正义。因此，本土化的比例原则应当是综合德国模式和美国模式优势的、易于操作的比例原则模式。具体而言：在应用比例原则之前，首先判断争议措施应当应用合理审查标准、中度审查标准还是严格审查标准，将争议措施分流，让该进入严格审查的措施接受适当性、必要性以及狭义比例原则的审查，让能够促进金融业稳定繁荣的措施不因比例原则的审查而降低效率。这样分流的核心标准就是金融消费者的基本权利，涉及金融消费者基本权利的监管措施一定要进入严格审查基准，进而以三个子原则进行审查，不涉及基本权利的则交由审查者自由裁量。①以这样有层次性的立法模式来规定比例原则在银行监管中的操作，是比例原则能够顺利应用并在银行监管中发挥

① See Matthias Klatt and Moritz Meister：*The Constitutional Structure of Proportionality*，Oxford University Press，2012，pp.7—14.

出效果的立法路径，比例原则成为文化并确立中国银行监管的基本原则后，即可逐渐作为平衡银行监管与金融业繁荣的工具。

第五节　本章结论

银行业市场化和银行业监管分别代表着金融自由和金融抑制两种相冲突的价值。

改革开放以来，银行业的市场化是推动中国经济高速发展的重要因素，但其带来的不断积聚的系统性风险同样也威胁着整体经济的运行。银行监管一方面针对的是国内金融风险，防止银行业过度自由化导致金融危机的发生；另一方面加强银行监管也是中国作为负责任的大国履行金融稳定理事会及巴塞尔委员会等国际组织所要求国际义务的体现。这样做虽然在一定程度上抑制了银行业的发展，减少了套利的空间，但保持了金融稳定，从而保证了中国经济的平稳运行。

总体而言，根据党和国家对当前中国金融风险程度的判断，未来很长一段时间内中国将采取"强监管"的监管理念和监管态势，这意味着银行业的发展将受到抑制。"强监管"固然可以控制金融风险，保持稳定，防止银行业过度自由化，但是，我们必须警惕的是，"强监管"可能带来的还有监管自由化，更多"一刀切"、内容复杂的监管规则的出台无疑对银行和银行从业者带来更多负担。因此，控制监管的自由化，防止过度抑制金融业的发展是当下"强监管"态势下我们应当重视的问题。

银行是金融业的核心，其主要风险是系统性风险，监管的重点也是防控系统性风险。小型银行在金融业和整体经济发展中都扮演着重要角色，因为小型银行主要为民营企业和个人授信。事实上，监管更应该为提升金融市场公平性和透明度服务，而非单纯限制其发展。当前中国的监管规则以防控系统性风险为主要目标，这就限制了小型银行的发展，不断增加的监管规则、不同监管机关的重复执行和监管的不确定性都增加了小型银行的合规成本和负担。尽管一定程度上，小型银行的从业人员增多，解决了部分就业问题，但监管也确实抑制了金融创新并导致了不确定性，由于国家信用背书，小型银行可能退出市场暂时不会在我国大面积发生，但小型银行退出市场的可能性确实普遍存在。要想在"强监管"和合规成本上升的态势下继续生存，小型银行不得不提升融资成本，否则将真正走向退出。这对大多数企业和个人来说不是一个好消息，逐渐变少的小型银行会导致金融消费者可选范围变少，而大型银行也不能将可用金融资源的效用发挥到最大。这也正是金融自由和金融抑制两种价值在银行业监管中冲突的体现。要平衡这两种价值，首先，据弃原有以资产总量定义银行规模的模式，转而采取活动定义模式，由此可以克服货币币值变化、资料更新不及时等弊端。这样的监管规则可以更好地保护几乎不带来系统性风险的小型银行的利益。其次，银行监管是典型的公法行为，应用四阶层的比例原则既符合原则性监管的国际趋势，增强监管的灵活性，又符合法学视角下解决问题的路径，使监管机关不再对所有被监管对象采取"一刀切"的监管方法。

上述比例原则的思想在中国古代其实就有论述，例如《论语·阳货篇》中的"杀鸡焉用牛刀"，[①]但这仅仅是一种生活哲学，我们并没有将其在近代发展成为法原则，而中国银行监管法治中的原则真正发展则是在改革开放以后，比例原则的引入也是在那时，而随着时代的发展和变化，比例原则的理论不断丰富和发展，已不仅停留在公法领域，而拓展至各个部门法，在金融危机之后，中国银行监管法治中纳入比例原则乃是最好的时机。

中国银行监管法律的基本原则是随着中国经济的发展逐渐产生、发展及成熟的，大致有如下三个阶段：

第一阶段：产生阶段。改革开放初期，金融业处于起步阶段，金融法制也在摸索中前行，此时的银行监管法治并没有上升到法律的层面，绝大

---

① 参见张燕婴译注：《论语》，中华书局 2006 年版，第 277 页。

多数有效的银行监管行为都是由政策、行政命令做出的，因此，银行监管的原则就更无从谈起。但此时，学术界就已经意识到了金融的法治化是规范及繁荣金融业的必经之路，由此，学术界开始考察外国银行监管制度，主要是银行业的监管制度，并总结出诸如不干涉金融机构经营原则、安全性原则、效益性原则和统一性原则等对银行业监管的原则。[1]这些原则的提出表明，中国在银行监管法治建设过程中已经意识到原则的重要性。但显然，这样的认识还不够深刻，同时立法也没有将这些原则成为文化，而这一阶段学术研究的重点大多是外国先进经验的引介，并没有形成符合中国实际情况的银行监管原则。

第二阶段：成文化阶段。改革开放 20 年后的 20 世纪 90 年代中后期，此时中国经济建设已经颇有成就，国际地位不断提高，成为全球范围内不可被忽视的大国，为了寻求更大市场以及进一步的发展，中国开始加快了加入 WTO 谈判的进程，为了符合世贸组织对银行监管法制的要求，中国在这一阶段先后制订了银行法、证券法和保险法，[2]不仅改变了银行监管行政化的局面，更将诸如诚实信用原则、公平正义原则、合法性原则以及社会公益原则成文化，银行监管的基本原则才算真正落到实处。

第三阶段：促进市场化阶段。进入 21 世纪，中国经济随着世界经济的发展一起腾飞，金融业也前所未有的繁荣，不仅金融机构业绩在世界范围内领先，[3]证券市场繁荣，同时外汇储备也不断提升。[4]经济的繁荣对金融监管提出了新的要求，法律层面上，虽然伴随着银行监管法治的多次修

---

① 宋清华：《论我国中央银行监管职能的强化》，《中南财经大学学报》1993 年第 4 期；周道许：《发达国家商业银行的监管制度及其启示》，《经济研究参考》1995 年第 9 期。

② 1995 年 5 月 10 日，第八届全国人民代表大会常务委员会第十三次会议通过《中华人民共和国商业银行法》；1995 年 6 月 30 日，第八届全国人民代表大会常务委员会第十四次会议通过《中华人民共和国保险法》；1998 年 12 月 29 日，第九届全国人民代表大会常务委员会第六次会议通过《中华人民共和国证券法》。

③ 国有银行例如工商银行、农业银行、中国银行业绩在 21 世纪 10 年代多次处于世界领先。

④ 中国外汇储备在 21 世纪 10 年代由 2001 年的 1 655 亿美元增长到 2011 年的 31 811 亿美元。数据来源：中华人民共和国国家外汇管理局中国历年外汇储备，http://www.safe.gov.cn/wps/portal/sy/tjsj—lnwhcb。最后访问日期：2022 年 12 月 25 日。

正，银行监管法治的原则一直没有被触动，但事实上，学术界关于金融监管原则的讨论已经非常深入，并形成了多种观点。例如，有的学者提出银行监管应当只有一个原则，即优化监管原则，这一原则是一个综合性的原则，其优势是可以随着金融行业的发展变化而不断提出新的监管模式；[1]也有学者将银行监管原则进行了二分，认为银行监管只需在适度监管原则和正当监管原则的框架下根据不同的价值选择进行解释和发展；[2]还有学者认为，中国加入WTO后，应当顺应银行业国际监管框架的大趋势进行修法，坚持协调性原则、适度监管原则和效率原则；[3]也有学者将银行监管的原则细分为4—5个，这样的划分方式的优势是能够准确细致地找出不同情况下应当遵循的原则。[4]由于整体经济环境的良好运转，这一阶段的银行监管法的基本原则更多地在促进金融业的繁荣和发展，监管过程更加注重经济效率，而并没有倾向于经济稳定和社会公益，这也为全球金融危机后的银行监管原则的变革提供了机会。

全球金融危机后，银行监管中的法原则受到了极大的冲击，传统的成文化的原则无法应用到银行监管中，而学术界发展出的原则大多倾向于金融市场的自由化和金融行业的快速发展。这样一来，金融稳定以及金融消费者的权利，也即社会公益就被忽视了。在这样的情况下银行监管的原则须革新升级，而这次升级的基本方向是：注重金融消费者的权利，以金融稳定为最终目标，平衡经济效率与社会公平正义，且这一原则应当在立法、行政以及司法过程中切实可操作，而非沦为泛泛空谈。在这样的背景下，比例原则作为银行监管的基本原则进入了人们的视野，比例原则作为公法的基本原则，其操作性、适用性和对人民权利的保护性毋庸置疑，但将比例原则作为银行监管的基本原则在现实的理论和实践上仍有问题。

① 寇俊生：《关于金融监管法原则的思考》，《金融研究》2003年第4期。
② 盛学军：《论金融监管法的基本原则》，《中共四川省委省级机关党校学报》2012年第3期。
③ 刘定华、郑远民：《金融监管的立法原则与模式》，《法学研究》2002年第5期。
④ 王圣：《论我国金融监管法基本原则》，《商》2012年第15期。

　　首先，从实践角度来看，比例原则虽为中国法学界的共识，但更多地停留在公法理论层面，在法律实践层面，比例原则的基本操作方式并未像绝大多数国家一样被成文化，①立法上的状况会使比例原则的应用产生两点劣势：一是不成文的比例原则效力较低，中国司法实践过程中应用比例原则的实例已不在少数，②但这些法官在判决过程中应用比例原则进行论述，仅仅是在引用学理，其说服力远不如引用法律更强，这样的判决非常容易受到质疑，但实际情况是应用比例原则是做出合法判决的不二选择，较低的效力是比例原则的劣势；二是无法统一操作模式，比例原则的理论是德国法的首创，但近年来随着英美法系国家对比例原则的应用与发展，其理论丰富程度不亚于起源国，同时两者也有融合趋势，③这就意味着中国在应用比例原则解决银行监管中的实际问题时，没有统一的标准，不同学习背景的操作者可能会因为理论的不同而得出不同的结果，这有碍社会公平正义的实现。

　　其次，从理论现状来看，比例原则不再是单纯的公法原则已经被学界所接受，也不断有比例原则应用于不同部门法的论著面世，例如比例原则应用于税法、刑法、民法、程序法等。④但学界忽略了在银行监管法和银行

---

　　①　例如我国台湾地区"行政程序法"第 7 条规定："行政行为，应依下列原则为之：一、采取之方法应有助于目的之达成；二、有多种同样能达成目的之方法时，应选择对人民权益损害最少者；三、采取之方法所造成之损害不得与欲达成目的之利益显失均衡。"这是比例原则成文化的典型示例。

　　②　自 1999 年我国最高人民法院作出的比例原则适用第一案，即汇丰实业公司与哈尔滨市规划局行政处罚决定纠纷上诉案以来，比例原则一直活跃于公法实践，应用比例原则进行裁判的精确数字实难统计，但 2008 年至今，应用比例原则做出的裁判已达 670 例。数据来源：中国裁判文书网 http://wenshu.court.gov.cn/list/list/?sorttype=1&conditions=searchWord+QWJS+++%E5%85%A8%E6%96%87%E6%A3%80%E7%B4%A2；%E6%AF%94%E4%BE%8B%E5%8E%9F%E5%88%99。最后访问日期：2022 年 12 月 25 日。

　　③　See E. Thomas Sullivan and Richard S. Frase: *Proportionality Principles in American Law: Controlling Excessive Government Actions*, Oxford University Press, 2008, pp.54—55.

　　④　比例原则应用于不同部门法的论文，典型的有：叶金育、顾德瑞：《税收优惠的规范审查与实施评估——以比例原则为分析工具》，《现代法学》2013 年第 6 期；郑晓剑：《比例原则在民法上的适用及展开》，《中国法学》2016 年第 2 期；姜涛：《追寻理性的罪刑模式：把比例原则植入刑法理论》，《法律科学》2013 年第 1 期；兰磊：《比例原则视角下的〈反不正当竞争法〉一般条款解释——以视频网站上广告拦截和快进是否构成不正当竞争为例》，《东方法学》2015 年第 3 期。

监管中应用比例原则，可以说，在理论层面，这还是一个空白。

在这样的背景下，发展比例原则应用于银行监管不仅填补了理论的空白，更加能够在实践中为全球金融危机后中国的银行监管法治升级，尤其是更新银行监管法制中的基本原则，应对后金融危机时期金融行业的诸多变化提供可操作的模式。

结　论

一、本书结论

《巴塞尔协议》规则制订趋向于统一化和严厉化，执行采用"一刀切"的方式，加之《巴塞尔协议》通过国际货币基金组织和世界银行的财政资助等制度增强了其约束力，在实际执行的过程中对小型银行和中小企业的发展造成了不利影响。巴塞尔委员会也意识到了维护金融稳定过程中对小型银行造成了过度的负担，因此在《有效银行监管的核心原则》中提出了"合比例性"法概念，并在原则 8、9 和 16 中给出了具体的操作模式。有学者推定《巴塞尔协议》中"合比例性"为比例原则，也即实际上将法学意义的比例原则引入了《巴塞尔协议》中。

本书认为"合比例性"在不同学科中有不同的内涵和外延，无论是对其进行英文文义解释还是中文文义解释，都无法直接将二者等同，加之法学意义上的比例原则有明确的结构。因此，直接推定有理论论证上的缺陷。本书应用法教义学方法对比例原则在《巴塞尔协议》中的应用进行建构。法教义学对于法律原则建构分为三步：发现法概念，论证法概念是法原则，证明法原则已经在法制度中具体化。由于比例原则的基本功能和在银行监管中的潜在功能都可以实现《巴塞尔协议》文件中"合比例性"的目的，加之比例原则已经广泛应用于各法域且应用于与银行业国际监管相近的国际贸易法和国际投资法。因此，本书认为可以将《巴塞尔协议》中的"合比例性"解释为比例原则。自此完成在《巴塞尔协议》中建构比例原则的第一步。

比例原则源于欧洲国家，拓展至全球各法域，欧盟银行监管机关是巴塞尔委员会成员。因此，本书分析了比例原则在欧盟银行监管框架中是如何从法原则具体化为法制度的。比例原则从德国经欧盟法拓展至欧盟银行监管框架，在欧盟执行《巴塞尔协议》过程中，为解决欧盟小型银行的过度负担，比例原则被应用于欧盟银行单一监管机制、资本充足率规则和单一规则手册中，构建了包括银行分类监管、简化监管标准、豁免部分要求等具体制度，欧洲司法机关在处理与银行监管相关争议时也有应用四阶层比例原则的趋势。具体化的比例原则可以证明将《巴塞尔协议》中的"合比例性"法概念解释为比例原则是恰当的，同时也完成了在《巴塞尔协议》中建构比例原则。

成熟的国际银行监管法研究应该是"国际性"与"中国性"的有机结合。本书使用功能主义比较法方法发现在中国执行《巴塞尔协议》的过程中同样采用了"一刀切"的方式，加之在"强监管"的理念指导下，中国银行监管规则繁多，对小型银行施加的监管负担同样导致了中国小型银行的盈利性降低。小型银行如果退出市场将会对中国国家经济、银行业竞争和金融便利度造成负面影响。因此，本书建议将比例原则应用于中国银行监管。首先，在监管理念从"强监管"向"平衡监管"进行转变；其次，在立法上将监管规则的适用与银行规模相关联，细化相关规则并取消事前资格审查；再次，在实施监管行为时应用比例原则论证其合理性；最后，建议司法机关在处理银行监管争议中应用四阶层的比例原则。自此本书论证并回答了导论中提出的全部问题。

当然，本书在研究过程中限于作者的学科背景单一、研究方法传统、第二外语能力受限以及本领域发展较快，造成即使发现诸多问题，也没能深入研究的遗憾。例如，本书在最后校对的阶段，中国银保监会即对外国银行进行了更详细的分类监管，发布了《外国银行分行综合监管评级办法（试行）》，对外国银行分行监管评级的主要原则、评级要素、基本程序、评级结果运用等作出原则性规定。①这一规则与本书对中国银行监管应用比例原则的建议不谋而合，其监管方式也与本书对原则性监管的强调契合。相信不久的将来，类似的规则和分类方法也将会被应用到内资银行，这也再次印证了比例原则可以应用于中国银行监管。

二、本书不足

（一）研究方法的不足

本书主要应用了法教义学研究方法，而法教义学遇到了诸多挑战，其中最主要的挑战来自法律实证研究方法，在定性和定量两种法律实证研究方法中，定量研究对法教义学冲击更大。②法学领域的定量研究是指研究者提出法律问题和假设，通过实验、访谈、调查或文献获得相关数据，应用分类、编程、运算、统计等方法对数据进行分析，最终检验法律假设是否成立并据此得出法律问题的答案，法学领域的定量研究者一直强调这种方法客观、准确且精确性高。③具体到本书，有学者认为比例原则本质上带有浓厚的价值判断因素，且这些因素往往是法律外的标准，而不在法律内部预先设想之中，从而形成适用比例原则的危机。④有学者认为比例原则理论上的抽象使其并不具一定标准，而恐流于恣意主观，以自身判断取代国家机关的判断，忽视法律规范整体制度目的，有害于其他法律价值，有越俎代庖之嫌。⑤试想银行监管法制确立后，由于主观原因，监管措施不断被否

① 参见新华网："银保监会发布外国银行分行综合监管评级办法"，http://www.news.cn/2022-12/27/c_1129236953.htm，2022 年 12 月 27 日。最后访问日期：2022 年 12 月 28 日。
② 宋旭光：《面对社科法学挑战的法教义学——西方经验与中国问题》，《环球法律评论》2015 年第 6 期。
③ See Peter Cane and Herbert M. Kritzer, *The Oxford Handbook of Empirical Legal Research*, Oxford University Press, 2010, pp.901—925.
④ See Ariel L. Bendor and Tal Sela, "How Proportional is Proportionality?", *International Journal of Constitutional Law*, Volume 13, Issue 2 (2015), pp.530—544.
⑤ 陈新民：《论宪法人民基本权利的限制（上）》，《律师通讯》1999 年 7 月号第 154 期。

决，整体的银行监管法治被搁置，那么监管效果必然受损。亦有学者认为立法者与行政者在决策时都需要面对并预测许多未知的风险，从而为未来的风险设下国家责任的上限，此类行政与立法的裁量权限，常在法院比例原则的操作中被忽略，进而有害于立法权与行政权的预先风险评估与相关制度设计。①这些都体现了本书在使用法教义学方法过程中偏重于规范研究和解释，忽略了比例原则的规范论证中必备的主观要素。事实上，本书在论证过程中有诸多假设并没有科学、客观和准确的数据支撑，而是将这些假设当作常识和无需证明的事实，跳过了应有的论证；同时，本书在论证法概念到法原则，再到法制度的过程中，也假设法制度应用后即可获得相应的结果，即比例原则应用到银行监管中即可解决金融稳定与银行盈利性之间的矛盾。但在现实中这一问题是否得到解决，本书未有定量的实证研究予以支持。

（二）对比例原则的研究不足

近年来，学界对于比例原则应用的争议并未停止。有学者认为，成本效益分析完全可以取代比例原则，因为比例原则通常只能衡量较为狭窄的利益，而不能考虑全部的社会成本和效益，加之比例原则主观性较强，容易忽略诸多客观因素，进一步证明了其有限的功能。而在经济学理论的支持下，成本效益分析能够遏制认知偏差，可以更为准确地解决利益衡量。②比例原则坚定的支持者则认为，成本效益分析只是以单一的数字尺度上分析成本和效益，扼杀了权利的功能，而阶层化的比例原则更符合权利和利益的理性衡量。此外，单一的成本效益分析忽略了语言的多维评估和论证解释，当法语言学介入到比例原则中，比例原则将发挥更大的效力。这些学者坚定地认为法律需要的是一种论证的文化，而不是一种计算的文化。③

① 高秦伟：《论欧盟行政法上的风险预防原则》，《比较法研究》2010 年第 3 期。

② See Yun-Chien Chang and Xin Dai："The Limited Usefulness of the Proportionality Principle"，*International Journal of Constitutional Law*，Volume 19，Issue 3（2021），pp.1110—1115.

③ See Anne Peters："A Plea for Proportionality：A Reply to Yun-Chien Chang and Xin Dai"，*International Journal of Constitutional Law*，Volume 19，Issue 3（2021），pp.1135—1145.

在比例原则本身尚存争议的情况下，本书仅在银行监管中应用了比例原则传统四阶层的测试方法，未能考虑不同学者对比例原则的观点。将有争议的原则应用至新的领域，必然使这一领域产生新的争议，而本书未能就新的争议进行更深入的分析。

（三）对中国的研究不足

中国支持以巴塞尔委员会和《巴塞尔协议》为核心的银行业国际监管框架由来已久。因为在中国监管机关成为巴塞尔委员会成员之前的 1995 年，中国在首次制订《商业银行法》时就在第 39 条中规定："商业银行贷款，应当遵守下列资产负债比例管理的规定：（一）资本充足率不得低于百分之八……"[①]而在制订《商业银行法》的官方释义中，中国立法机关明确了此立法"是根据国际一般惯例和我国实际情况制订的"。[②]而 2004 年中国的《商业银行资本充足率管理办法》被国际学者认为中国已接近全面执行《巴塞尔协议》。[③]中国银行监管机关于 2009 年加入巴塞尔委员会，与其他后加入的国家一样，中国在《巴塞尔协议》的制订过程中尚未发挥作用，但这并不妨碍中国将《巴塞尔协议》及其附属文件转化为国内法并严格执行。本书已证明中国银行监管机关在执行《巴塞尔协议》的过程中明确了"强监管"的理念和"一刀切"的方式，这体现了中国在执行《巴塞尔协议》中的积极态度。随着中国银行业的发展，中国被视为以巴塞尔委员会和《巴塞尔协议》为核心的银行业国际监管框架维护者和改革者，中国也希望参与银行业国际监管标准的制订和执行过程中，因此，中国正在致力于从一个被动的规则接受者转变为一个积极、自信的规则制订者。[④]

基于这一背景，本书对中国的研究有两方面不足：一是在中国致力于

---

① 参见中国政府网：《中华人民共和国商业银行法》，http://www.gov.cn/test/2005-06/28/content_10576.htm。最后访问日期：2022 年 12 月 25 日。

② 参见中国人大网：《中华人民共和国商业银行法释义》，http://www.npc.gov.cn/npc/c2215/200410/2f6c5f59fa524a2296c11c737c2f25d7.shtml。最后访问日期：2022 年 12 月 25 日。

③ See Stefan Brehm and Christian Macht："Banking Supervision in China：Basel I，Basel II，and the Basel Core Principles"，*Zeitschrift für Chinesisches Recht*，Volume 4（2004），pp.316—327.

④ See Friedl Weiss and Armin Kammel：*The Changing Landscape of Global Financial Governance and the Role of Soft Law*，Brill，2015，pp.312—336.

在银行业国际监管框架中进行角色转变的背景下，本书仍在讨论如何将《巴塞尔协议》中的相关原则应用于中国，有一定的滞后性。二是在这一背景下，本书未能进一步研究中国银行监管应用比例原则对银行业国际监管框架的反作用，也未能研究如何以比例原则应用为契机，进一步提升中国在银行业国际监管标准制订中的话语权。对中国研究的不足一定程度上降低了本书的深度和广度。

三、展望

本书的结论并不代表笔者在本领域研究的停止。首先，在这一领域，新的规范会不断地涌现，这些规范皆可成为笔者在本领域继续研究的对象；其次，本书在研究方法上仍有提升空间，法教义学偏向规范研究，实证研究偏向事实研究，二者互为补充。因此，笔者未来将进一步完善研究方法，尝试应用定量研究法继续解决本领域可能存在的问题；最后，笔者未来在这一领域进行研究的过程中，将更多考虑中国在银行业国际监管中的角色转变，为其提出进一步的理论和实践建议。

附 录

附 录 ①

附录 1 《有效银行监管的核心原则》中"合比例性"表述的中英对照

编号	位置	英文原文	中文翻译
1	Executive Summary	In conducting the review, the Committee has sought to achieve the right balance in raising the bar for sound supervision while retaining the Core Principles as a flexible, globally applicable standard. **By reinforcing the proportionality concept**, the revised Core Principles and their assessment criteria accommodate a diverse range of banking systems. The proportionate approach also allows assessments of compliance with the Core Principles that are commensurate with the risk profile and systemic importance of a broad spectrum of banks(from large internationally active banks to small, non-complex deposit-taking institutions).	在进行审查时，委员会力求在提高健全监管的标准的同时，保持核心原则作为灵活的、全球适用的标准的适当平衡。修订后的银行通过加强"合比例性"概念，修订后的银行核心原则及其评估标准适应了不同对核心原则行体系。成比例的方法还允许对评估结果与广则的遵守情况进行评估，评估结果与广泛范围的银行（从国际活跃的大型银行到不复杂的小型吸收存款机构）的风险概况和系统重要性成比例。

① 注：本附录所涉中文翻译非官方翻译。

(续表)

编号	位置	英文原文	中文编译
2	General Approach	To fulfil their purpose, the Core Principles must be capable of application to a wide range of jurisdictions whose banking sectors will inevitably include a broad spectrum of banks (from large internationally active banks to small, non-complex deposit-taking institutions). Banking systems may also offer a wide range of products or services and the Core Principles are aligned with the general aim of catering to different financial needs. To accommodate this breadth of application, a proportionate approach is adopted, both in terms of the expectations on supervisors for the discharge of their own functions and in terms of the standards that supervisors impose on banks. Consequently, the Core Principles acknowledge that supervisors typically use a risk-based approach in which more time and resources are devoted to larger, more complex or riskier banks. In the context of the standards imposed by supervisors on banks, **the proportionality concept** is reflected in those Principles focused on supervisor's assessment of bank's risk management, where the Principles prescribe a level of supervisory expectation commensurate with a bank's risk profile and systemic importance.	为实现其目的，核心原则必须能够适用于广泛的司法管辖区，这些司法管辖区的银行业不可避免地将包括广泛的小型吸存款机构（从国际活跃收存款机构）。银行系统也可能提供广泛的产品或服务，核心原则与满足不同金融需求的总体目标是一致的。为了适应这种广泛的应用，无论是在对监管机构对银行行其职能的期望方面，还是应采取一种成比例的方法施加的标准方面，都应采取一种成比例的方法。因此，核心原则承认监管机关通常采用基于风险的方法，将更多的时间和资源用于更大、更复杂或风险更高的银行。在监管机关对银行实施的标准的背景下，**"合比例性"概念**反映在那些专注于监管机关对银行风险管理的评估的原则中。这些原则规定了与银行风险状况和系统重要性成比例的监管期望水平。
3	Structure and Assessment of Core Principles: Assessment	This revision of the Core Principles retains the previous practice of including both essential criteria and additional criteria as part of the assessment methodology. Essential criteria set out minimum baseline requirements for sound supervisory practices and are of universal applicability to all countries. An assessment of a country against the essential criteria must, however, recognise that its supervisory practices should be commensurate with the risk profile and systemic importance of the banks being supervised. In other words, the assessment must consider the context in which the supervisory practices are applied. **The concept of proportionality** underpins all assessment criteria even if it is not always directly referenced.	核心原则的修订保留了以前的做法，包括基本标准和附加标准作为评估方法的一部分。基本标准规定了良好监管实践的最低基准要求，并普遍适用于所有国家。然而，必须认识到，该国的监管做法应与被监管银行的风险状况和系统重要性成比例。换句话说，评估必须考虑监管实践应用的背景。即使并不总是直接引用，**"合比例性"概念**是所有评估标准的基础。

（续表）

编号	位置	英文原文	中文翻译
4	Structure and Assessment of Core Principles: Assessment	In the past, countries were graded only against the essential criteria, although they could volunteer to be assessed against the additional criteria too and benefit from assessor's commentary on how supervisory practices could be enhanced. In future, countries undergoing assessments by the IMF and/or the World Bank can elect to be graded against the essential and additional criteria. It is anticipated that this will provide incentives to jurisdictions, particularly those that are important financial centres, to lead the way in the adoption of the highest supervisory standards. As with the essential criteria, any assessment against additional criteria should recognise **the concept of proportionality** as discussed above.	在过去，各国只根据基本标准进行评级，尽管它们也可以自愿接受附加标准的评估，并从评估人员关于如何加强监管实践的评论中受益。今后，接受货币基金组织和（或）世界银行评估的国家可以选择根据基本标准和附加标准进行评级。预计这将激励各司法管辖区（尤其是那些重要的金融中心）率先采用最高监管标准。与基本准则一样，任何针对附加准则的评估都应认识到上文所讨论的"合比例性"概念。
5	Structure and Assessment of Core Principles: Assessment	While the publication of the assessments of jurisdictions affords transparency, an assessment of one jurisdiction will not be directly comparable to that of another. First, **assessments will have to reflect proportionality.** Thus, a jurisdiction that is home to many SIBs will naturally have a higher hurdle to obtain a "Compliant" grading versus a jurisdiction which only has small, non-complex deposit-taking institutions. Second, with this version of the Core Principles, jurisdictions can elect to be graded against essential criteria only or against both essential and additional criteria. Third, assessments will inevitably be country-specific and time-dependent to varying degrees. Therefore, the description provided for each Core Principle and the qualitative commentary accompanying the grading for each Core Principle should be reviewed in order to gain an understanding of a jurisdiction's approach to the specific aspect under consideration and the need for any improvements. Seeking to compare countries by a simple reference to the number of "Compliant" versus "Non-Compliant" grades they receive is unlikely to be informative.	虽然公布司法管辖区的评估提供了透明度，但对一个司法管辖区的评估不会与另一个司法管辖区的评估直接比较。首先，评估必须反映"合比例性"。因此，与只有小型、不复杂的吸收存款机构的司法管辖区相比，拥有许多"合规"评级的具有系统重要性银行的司法管辖区要获得"合规"评级自然会有更高的障碍。其次，根据这一版本的核心原则，司法管辖区可以选择仅根据基本标准进行评级，也可以同时根据基本标准和附加标准进行评级。再次，评估将不可避免地在不同程度上取决于国家和时间。因此，应审阅为每项核心原则提供的说明，以及为每项核心原则评分时附带的具体评论，以了解司法管辖区对所审议的具体方面的处理方法，以及需要作出任何改进。试图通过简单地参考"合规"和"不合规"等级的数量来比较各国不太可能提供信息。

附录 2 欧盟银行法条例和指令中的比例原则表述中英对照

编号	位置	英文原文	中文翻译
1	Paragraph 87 of Preamble in **SSM Regulation**	(87) Since the objectives of this Regulation, namely setting up an efficient and effective framework for the exercise of specific supervisory tasks over credit institutions by a Union institution, and ensuring the consistent application of the single rulebook to credit institutions, cannot be sufficiently achieved at the Member State level and can therefore, by reason of the pan-Union structure of the banking market and the impact of failures of credit institutions on other Member States, be better achieved at the Union level, the Union may adopt measures, in accordance with the principle of subsidiarity as set out in Article 5 TEU. **In accordance with the principle of proportionality**, this Regulation does not go beyond what is necessary in order to achieve those objectives …	鉴于本条例的目标，即建立一个高效和有效的框架，由欧盟机构对信贷机构执行具体的监督任务，并确保在成员国层面无法充分实现的单一规则手册对信贷机构的一致应用得以实现。因此，由于银行市场的泛联结构以及信贷机构破产对其他成员国的影响，如果在联盟层面能够更好地实现，则联盟可以根据《欧洲联盟条约》第 5 条规定的辅助原则采取措施。**根据该条例所规定的比例原则**，本条例不会超出为实现这些目标所必需的范围……
2	Paragraph 104 of Preamble in **CRD IV**	(104) Since the objectives of this Directive, namely the introduction of rules concerning access to the activity of institutions, and the prudential supervision of institutions, cannot be sufficiently achieved by the Member States and can therefore, by reason of the scale and the effects of the proposed action, be better achieved at Union level, the Union may adopt measures, in accordance with the principle of subsidiarity as set out in Article 5 of the Treaty on European union. **In accordance with the principle of proportionality**, this Directive does not go beyond what is necessary in order to achieve those objectives.	由于本指令的目标，即引入有关机构活动的准入规则，以及对机构进行审慎监督，由于拟议行动的规模和效果，可以在欧盟层面更好地实现，因此，欧盟可以根据《欧洲联盟条约》第 5 条规定的辅助原则采取措施。**根据该条**所述的比例原则，本指示不会为实现这些目标所必需的范围。

（续表）

编号	位置	英文原文	中文翻译
3	Article 74 of **CRD Ⅳ**	4. Competent authorities shall ensure that recovery plans for the restoration of an institution's financial situation following a significant deterioration, and resolution plans are put in place. **In accordance with the principle of proportionality**, the requirements for an institution to draw up, maintain and update recovery plans and for the resolution authority, after consulting the competent authority, to prepare resolution plans, may be reduced if, after consulting the national macroprudential authority, competent authorities consider that the failure of a specific institution due, inter alia, to its size, to its business model, to its interconnectedness to other institutions, or to the financial system in general, will not have a negative effect on financial markets, on other institutions or on funding conditions. Institutions shall cooperate closely with resolution authorities and shall provide them with all information necessary for the preparation and drafting of viable resolution plans setting out options for the orderly resolution of the institutions in the case of failure, **in accordance with the principle of proportionality** …	主管部门应当制定信贷机构财务状况严重恶化后的恢复计划，并制定解决方案。**根据比例原则**，如果主管部门在与国家宏观审慎监管机关协商后认为，某一特定机构的倒闭，除其他外，是由于其规模、业务模式、与其他机构的互联性等原因，可以降低对机构制定、维持和更新恢复计划的要求，以及对决议机构在与主管部门协商后编制决议计划的要求，或对金融体系总体而言，不会对金融市场、其他机构或融资条件产生负面影响。各机构应与决议当局密切合作，**并应根据比例原则**，向其提供一切必要信息，以便编制和起草可行的决议计划，列出在机构破产时有序解散的备选方案……
4	Article 97 of **CRD Ⅳ**	4. Competent authorities shall establish the frequency and intensity of the review and evaluation referred to in paragraph 1 having regard to the size, systemic importance, nature, scale and complexity of the activities of the institution concerned and **taking into account the principle of proportionality**. The review and evaluation shall be updated at least on an annual basis for institutions covered by the supervisory examination programme referred to in Article 99(2).	主管当局应根据有关机构活动的规模、系统重要性、性质、规模和复杂性，并**考虑到比例原则**，确定第 1 款所述审查和评价的频率和强度。对第九十九条第（2）款规定的监督检查项目所涵盖的机构，审查和评估应当至少每年更新一次。

编号	位置	英文原文	中文翻译
5	Article 161 of **CRD Ⅳ**	2. By 30 June 2016, the Commission shall, in close cooperation with EBA, submit a report to the European Parliament and to the Council, together with a legislative proposal if appropriate, on the provisions on remuneration in this Directive and in Regulation (EU) No 575/2013, following a review thereof, taking into account international developments and with particular regard to: (a) their efficiency, implementation and enforcement, **including the identification of any lacunae arising from the application of the principle of proportionality to those provisions** …	欧盟委员会应在2016年6月30日之前，与欧洲银行业管理局密切合作，向欧洲议会和理事会提交一份报告，并在适当情况下提交一份立法提案，说明本指令和条例（EU）第575/2013号中关于薪酬的规定，在审查之后，考虑到国际发展，特别是关于：a）其效率、落实和执行，**包括查明因适用比例原则而产生的任何漏洞……**
6	Paragraph 29 of Preamble in **CRD Ⅴ**	(29) Since the objectives of this Directive, namely to reinforce and refine already existing Union legal acts ensuring uniform prudential requirements that apply to institutions throughout the Union, cannot be sufficiently achieved by the Member States but can rather, by reason of their scale and effects, be better achieved at Union level, the Union may adopt measures, in accordance with the principle of subsidiarity asset out in Article 5 of the Treaty on European Union. **In accordance with the principle of proportionality**, as set out in that Article, this Directive does not go beyond what is necessary in order to achieve those objectives.	由于本指令的目标，即加强和完善已经存在的欧盟法律，确保成员国无法充分实现的适用于整个联盟的统一审慎要求得以落实，但由于其规模和效果，在联盟层面可以更好地实现，因此欧盟可以根据《欧洲联盟条约》第5条规定的辅助原则，采取措施。**根据该条所述的比例原则，本指示不会超出为实现这些目标所必需的范围。**
7	Paragraph 28 of **CRD Ⅴ**	Article 97 is amended as follows: … (b) in paragraph 4, the following subparagraph is added: "When conducting the review and evaluation referred to in paragraph 1 of this Article, **competent authorities shall apply the principle of proportionality in accordance with the criteria disclosed pursuant to point(c) of Article 143(1).**"	第九十七条修改如下：（b）第4款增加下列分段："在进行本条第1款所述的审查和评估时，**主管当局应根据第143（1）条（c）点所披露的标准，适用比例原则。**"
8	Paragraph 54 of **CRD Ⅴ**	in Article 143(1), point(c) is replaced by the following: (c) the general criteria and methodologies they use in the review and evaluation referred to in Article 97, **including the criteria for applying the principle of proportionality as referred to in Article 97(4).**	在第143条第1款中，第（c）项改为：（c）它们在第97条所指的审查和评价中使用的一般标准和方法，**包括第97（4）条所指的适用比例原则的标准。**

附录3　中国银行监管法中体现"合比例性"的条款

编号	位置	条款
1	《商业银行资本管理办法（试行）》第一百六十八条	经银监会同意，在满足信息披露总体要求的基础上，同时符合以下条件的商业银行可以**适当简化**信息披露的内容： （一）存款规模小于2 000亿元人民币。 （二）未在境内外上市。 （三）未跨区域经营。
2	《商业银行流动性风险管理办法》第三十七条	流动性风险监管指标包括流动性覆盖率、净稳定资金比例、流动性比例、流动性匹配率和优质流动性资产充足率。 资产规模不小于2 000亿元人民币的商业银行应当持续达到流动性覆盖率、净稳定资金比例、流动性比例和流动性匹配率的最低监管标准。 资产规模小于2 000亿元人民币的商业银行应当持续达到优质流动性资产充足率、流动性比例和流动性匹配率的最低监管标准。
3	《商业银行流动性风险管理办法》第七十二条	对于资产规模首次达到2 000亿元人民币的商业银行，在首次达到的当月仍可适用原监管指标；自次月起，无论资产规模是否继续保持在2 000亿元人民币以上，均应当适用针对资产规模不小于2 000亿元的商业银行的监管指标。
4	《商业银行流动性风险管理办法》第七十三条	经银行业监督管理机构批准，资产规模小于2 000亿元人民币的商业银行可适用流动性覆盖率和净稳定资金比例监管要求，不再适用优质流动性资产充足率监管要求。 商业银行提交的申请调整适用监管指标的报告中，应当至少包括：管理信息系统对流动性覆盖率、净稳定资金比例指标计算、监测、分析、报告的支持情况，流动性覆盖率中稳定存款、业务关系存款的识别方法及数据情况，流动性覆盖率与优质流动性资产充足率的指标差异及原因分析，以及优质流动性资产管理情况等。 商业银行调整适用监管指标后，非特殊原因，不得申请恢复原监管指标。

参考文献

一、中文参考文献

（一）专著

[1] 艾麦德·莫萨著、周世愚、吴晓雪译：《大而不倒之谜》，中国金融出版社 2015 年版。

[2] 奥托·迈耶：《德国行政法》，商务印书馆 2013 年版。

[3] 巴曙松、金玲玲：《巴塞尔资本协议Ⅲ的实施》，中国人民大学出版社 2014 年版。

[4] 巴曙松、邢毓静、朱元倩等：《金融危机中的巴塞尔新资本协议：挑战与改进》，中国金融出版社 2010 年版。

[5] 包勇恩：《巴塞尔Ⅲ规制资本法律制度研究》，中国政法大学出版社 2013 年版。

[6] 韩秀丽：《论 WTO 法中的比例原则》，厦门大学出版社 2007 年版。

[7] 拉格纳·弗里希、乌拉夫·彼尔考特编，王庆新、钱勇等译：《弗里希文萃》，首都经济贸易大学出版社 2006 年版。

[8] 马云泽：《规制经济学》，经济管理出版社 2008 年版。

[9] 托马斯·M.、J.默勒斯：《法学方法论（第 4 版）》，北京大学出版社 2022 年版。

[10] 王文宇：《金融法（第 9 版）》，中国台北元照出版社 2016 年版。

[11] 王雄元：《上市公司信息披露策略研究》，中国财政经济出版社 2008 年版。

[12] 王煦棋、李俊毅等：《欧洲联盟经贸政策之新页》，中国台湾大学出版中心 2011 年版。

[13] 肖祖斑：《巴塞尔资本协议与商业银行全面风险管理》，中国人民大学出版社 2014 年版。

[14] 徐鹏：《海上执法比例原则研究》，上海交通大学出版社 2015 年版。

[15] 许宗力：《法与国家权力（二）》，中国台北元照出版社 2007 年版。

[16] 章彰：《巴塞尔新资本协议：监管要求与实施中的问题》，中国金融出版社 2011 年版。

（二）期刊论文

[1] 安德烈亚斯·冯·阿尔诺、刘权：《欧洲基本权利保护的理论与方法——以比例原则为例》，《比较法研究》2014 年第 1 期。

[2] 巴曙松：《巴塞尔委员会的基本监管原则的形成及其发展新趋势》，《投资研究》2001 年第 1 期。

[3] 巴曙松：《金融风险监管框架发展中的巴塞尔新资本协议》，《国际经济评论》2003 年第 2 期。

[4] 巴曙松、曹海珍：《国际经济金融环境的变化与国际银行业有效监管方式的调整——评巴塞尔委员会"有效银行监管的核心原则"》，《学术界》1997 年第 6 期。

[5] 巴曙松、刘清涛、牛播坤：《向成熟国际银行标准靠拢——中国资本充足监管框架的形成及发展》，《国际贸易》2004 年第 12 期。

[6] 巴曙松、沈长征：《国际金融监管改革趋势与中国金融监管改革的政策选择》，《西南金融》2013 年第 8 期。

[7] 白俊伟、余方勇：《银行监管如何面对 WTO 的挑战》，《武汉金融》2002 年第 7 期。

［8］白宁：《巴塞尔协议与我国中央银行监管》，《西安金融》1994 年第 9 期。

［9］卞加振、龚晓蕾：《美国次级按揭贷款危机的触发机制及对我国银行业监管的启示》，《商业文化（学术版）》2008 年第 2 期。

［10］蔡静：《国际影子银行监管改革及启示》，《青海金融》2012 年第 6 期。

［11］蔡文斌：《论行政法的一般法律原则》，《求是学刊》2000 年第 1 期。

［12］蔡正旺：《中国版巴塞尔协议Ⅲ对我国上市银行的影响》，《金融与经济》2011 年第 8 期。

［13］陈斌彬：《论中央与地方金融监管权配置之优化——以地方性影子银行的监管为视角》，《现代法学》2020 年第 1 期。

［14］陈栋、于艳华：《基于产品生命周期理论的金融监管滞后性研究》，《时代金融》2015 年第 11 期。

［15］陈锋、曹清：《原则性监管下跨境资金流动管理实践研究——基于资本项目可兑换前景》，《金融纵横》2015 年第 10 期。

［16］陈国进、沈炳熙：《自我责任、市场纪律与国际银行监管制度改革——新巴塞尔协议草案初探》，《中国金融》2001 年第 12 期。

［17］陈建：《原则性监管的可行性分析》，《中国外汇》2014 年第 5 期。

［18］陈景辉：《比例原则的普遍化与基本权利的性质》，《中国法学》2017 年第 5 期。

［19］陈镜先：《欧洲法院在欧盟税法发展中的作用》，《欧洲研究》2020 年第 3 期。

［20］陈庆柏：《德国对银行业的法律管理》，《金融科学》1993 年第 1 期。

［21］陈伟、李晓：《积极主义刑事立法的理性限制：比例原则的植

人》,《河北法学》2020 年第 12 期。

[22] 陈新民:《论宪法人民基本权利的限制（上）》,《律师通讯》1999 年第 7 期。

[23] 陈璇:《正当防卫与比例原则——刑法条文合宪性解释的尝试》,《环球法律评论》2016 年第 6 期。

[24] 陈颖:《系统性金融风险的国际监管路径初探——兼论〈新巴塞尔协议〉防范系统性风险的漏洞与弥补》,《福建师范大学学报（哲学社会科学版）》2010 年第 3 期。

[25] 迟福林、朱华友、夏汛鸽:《论中国商业银行体制改革》,《城市金融论坛》1996 年第 1 期。

[26] 崔卓兰:《试论非强制行政行为》,《吉林大学社会科学学报》1998 年第 5 期。

[27] 董华南、卢峰红:《关于发展我国中小银行机构的思考》,《昆明理工大学学报（理工版）》2003 年第 5 期。

[28] 范剑虹:《欧盟与德国的比例原则——内涵、渊源、适用与在中国的借鉴》,《浙江大学学报（人文社会科学版）》2000 年第 5 期。

[29] 房绍坤、张泽嵩:《比例原则视域下无效法律行为转换司法适用之判断》,《社会科学战线》2020 年第 12 期。

[30] 费伟、李洋:《论银行监管有效性的资产证券化风险隔离机制》,《求索》2011 年第 7 期。

[31] 高建明:《论银行监管法律的法学基础》,《河北法学》2001 年第 6 期。

[32] 高秦伟:《论欧盟行政法上的风险预防原则》,《比较法研究》2010 年第 3 期。

[33] 高晓燕:《建立社区银行——解决中小企业融资难问题的路径选择》,《中央财经大学学报》2006 年第 4 期。

[34] 龚明华、张晓朴、文竹:《影子银行的风险与监管》,《中国金融》

2011 年第 3 期。

　　〔35〕顾宾：《硬化国际金融法的探索——金融稳定理事会（FSB）的视角》，《武大国际法评论》2016 年第 1 期。

　　〔36〕郭丽双、付畅一：《消解与重塑：超国家主义、文化共同体、民族身份认同对国家身份认同的挑战》，《国外社会科学》2016 年第 4 期。

　　〔37〕郭周明、田云华、王凌峰：《"逆全球化"下建设国际金融新体制的中国方案——基于"一带一路"研究视角》，《国际金融研究》2020 年第 1 期。

　　〔38〕韩秀丽：《比例原则进入 WTO 法的必要性分析》，《中共福建省委党校学报》2005 年第 8 期。

　　〔39〕韩秀丽：《论比例原则在有关征收的国际投资仲裁中的开创性适用》，《甘肃政法学院学报》2008 年第 6 期。

　　〔40〕韩秀丽：《欧洲法院在反倾销案件中对比例原则的适用》，《欧洲研究》2005 年第 6 期。

　　〔41〕韩秀丽：《寻找 WTO 法中的比例原则》，《现代法学》2005 年第 4 期。

　　〔42〕何德旭：《新巴塞尔协议与我国银行业监管》，《上海金融》2003 年第 7 期。

　　〔43〕何帆：《G20 向何处去》，《国际经济评论》2010 年第 4 期。

　　〔44〕贺培：《评析〈银行业有效监管核心原则〉对跨国银行业监管的指导意义》，《国际金融研究》1997 年第 11 期。

　　〔45〕胡琛罡：《比例原则在注册商标权利边界认定中的适用》，《中华商标》2020 年第 5 期。

　　〔46〕胡琨、刘东民：《欧债危机下欧盟银行规制与监管体系的转型与创新》，《欧洲研究》2013 年第 3 期。

　　〔47〕胡平、王彦：《行政比例原则在海关行政执法中的现实命运——以海关行政处罚的设定和实施为视角》，《上海海关高等专科学校学报》

2006 年第 4 期。

[48] 黄辉：《〈巴塞尔协议〉的演变：银行监管新问题与新对策》，《环球法律评论》2006 年第 1 期。

[49] 黄洁琼：《论比例原则在外资国家安全审查中适用》，《河北法学》2020 年第 10 期。

[50] 黄学贤：《行政法中的比例原则简论》，《苏州大学学报》2001 年第 1 期。

[51] 黄学贤：《行政法中的比例原则研究》，《法律科学（西北政法学院学报）》2001 年第 1 期。

[52] 黄昭元：《宪法权利限制的司法审查标准——美国类型化多元标准模式的比较分析》，《中国台湾大学法学论丛》，2004 年 5 月，第 33 卷，第 3 期，第 45—148 页。

[53] 霍华德·戴维斯：《国际金融监管标准不应"一刀切"》，《中国金融家》2004 年第 9 期。

[54] 季涛：《法学方法论的更新与中国法学的发展》，《浙江社会科学》2000 年第 5 期。

[55] 贾玉革：《金融机构"大而不倒"中的道德风险及其防范》，《中央财经大学学报》2009 年第 8 期。

[56] 江合宁：《金融市场的开放及我国银行法的完善》，《甘肃政法学院学报》2002 年第 1 期。

[57] 江曙霞：《"巴塞尔协议"的精神》，《中国金融》1994 年第 7 期。

[58] 姜波克、吕秋凉：《银行监督当局国际协作的发展与巴塞尔委员会》，《世界经济》1984 年第 3 期。

[59] 姜广瑞：《比例原则在商标侵权判定中的适用》，《人民司法》2020 年第 5 期。

[60] 姜涛：《追寻理性的罪刑模式：把比例原则植入刑法理论》，《法律科学》2013 年第 1 期。

［61］蒋红珍：《比例原则适用的规范基础及其路径：行政法视角的观察》，《法学评论》2021年第1期。

［62］蒋莹、戴洪文：《国际金融一体化趋势与金融风险的法律防范》，《现代法学》1999年第3期。

［63］金玉：《以比例原则指导著作权集体管理制度的立法完善》，《江汉大学学报（社会科学版）》2020年第3期。

［64］靳馥境、张群：《我国银行市场集中度对中小企业融资的影响》，《经济与管理》2015年第3期。

［65］寇俊生：《关于金融监管法原则的思考》，《金融研究》2003年第4期。

［66］兰磊：《比例原则视角下的〈反不正当竞争法〉一般条款解释——以视频网站上广告拦截和快进是否构成不正当竞争为例》，《东方法学》2015年第3期。

［67］蓝虹、穆争社：《论我国影子银行的发展与监管》，《中南财经政法大学学报》2014年第6期。

［68］蓝学友：《规制抽象危险犯的新路径：双层法益与比例原则的融合》，《法学研究》2019年第6期。

［69］黎四奇：《后危机时代金融监管国际合作法治化的难点及对策分析》，《法学评论（双月刊）》2010年第4期。

［70］李爱君：《系统重要性金融机构的特殊风险法律防范》，《中国政法大学学报》2015年第1期。

［71］李成、李玉良、王婷：《宏观审慎监管视角的金融监管目标实现程度的实证分析》，《国际金融研究》2013年第1期。

［72］李慈强：《后危机时代金融监管法的四重转向》，《经济法学评论》2015年第2期。

［73］李丹儿：《从〈巴塞尔核心原则〉看我国银行业的有效监管》，《金融研究》1997年第12期。

[74] 李广子、李薮：《美欧对系统重要性银行的监管与启示》，《银行家》2019 年第 2 期。

[75] 李国安：《跨国银行风险的管理与规制》，《国际经济法论丛》2002 年第 1 期。

[76] 李吉平、陈民、唐克定：《西方国家的批发银行与批发银行业务》，《城市金融论坛》2000 年第 7 期。

[77] 李建良：《论国际条约的国内法效力与法位阶定序——国际条约与宪法解释之关系的基础课题》，廖福特编，《宪法解释之理论与实务》（第八辑），中国台湾新学林出版社 2014 年版，第 19 页。

[78] 李建伟、姚晋升：《非上市公众公司信息披露制度及其完善》，《证券市场导报》2009 年第 12 期。

[79] 李健男：《论后金融危机时代金融监管国际合作的组织机制——全球金融集体安全机制构建思考之一》，《现代法学》2010 年第 4 期。

[80] 李金泽：《加入 WTO 后中国银行法制的局限性及其克服》，《法律科学》2002 年第 2 期。

[81] 李金泽：《论我国银行业消费者保护与自律机制之完善》，《时代法学》2004 年第 6 期。

[82] 李婧：《欧盟银行业单一监管机制及其对中国的借鉴》，《现代经济探讨》2015 年第 11 期。

[83] 李倩、申兴芳：《中国影子银行存在的问题及其监管措施》，《商》2014 年第 26 期。

[84] 李仁真：《论巴塞尔协议的原则架构和性质》，《国际经济法论丛》1999 年第 2 期。

[85] 李仁真：《论巴塞尔银行监管体制的原则框架》，《国际金融研究》1998 年第 12 期。

[86] 李仁真：《论欧盟银行法的构架和特征》，《武汉大学学报（哲学社会科学版）》1998 年第 1 期。

[87] 李荣珍、尹霞：《试论比例原则及其在我国行政诉讼中的适用》，《海南大学学报（人文社会科学版）》2004 年第 2 期。

[88] 李诗洋：《国际金融监管模式比较及启示》，《国际融资》2010 年第 6 期。

[89] 李文红：《国际金融危机后银行监管的两个重要发展趋势与中国实践》，《新金融评论》2016 年第 3 期。

[90] 李喜莲、邢会强：《金融危机与金融监管》，《法学杂志》2009 年第 5 期。

[91] 李燕：《论比例原则》，《行政法学研究》2001 年第 2 期。

[92] 李志辉、李源、李政：《基于 Shapley Value 方法的金融控股公司综合经营风险评估研究——以光大集团和中信集团为例》，《南开经济研究》2015 年第 1 期。

[93] 廖凡：《从"繁荣"到规范：中国国际经济法学研究的反思与展望》，《政法论坛》2018 年第 5 期。

[94] 廖凡：《国际金融监管的新发展：以 G20 和 FSB 为视角》，《武大国际法评论》2012 年第 1 期。

[95] 廖凡：《跨境金融监管合作：现状、问题和法制出路》，《政治与法律》2018 年第 12 期。

[96] 廖凡：《论软法在全球金融治理中的地位和作用》，《厦门大学学报（哲学社会科学版）》2016 年第 2 期。

[97] 廖凡：《全球金融治理的合法性困局及其应对》，《法学研究》2020 年第 5 期。

[98] 林明锵：《比例原则之功能与危机》，《月旦法学杂志》2014 年第 8 期。

[99] 林志远：《巴塞尔国际银行监管委员会简介》，《中国外汇管理》1996 年第 1 期。

[100] 刘蔡宽：《新的战争形态下国际人道法适用研究——以比例原则

为中心》,《湖南科技大学学报（社会科学版）》2020 年第 6 期。

[101] 刘定华、郑远民：《金融监管的立法原则与模式》,《法学研究》2002 年第 5 期。

[102] 刘连泰：《"公共利益"的解释困境及其突围》,《文史哲》2006 年第 2 期。

[103] 刘权：《目的正当性与比例原则的重构》,《中国法学》2014 年第 4 期。

[104] 刘啸：《〈巴塞尔协议Ⅲ〉在中国的实施》,《社科纵横（新理论版）》2013 年第 2 期。

[105] 刘新仕：《信息充分披露与商业秘密保护的均衡——基于成本效益的分析》,《商业研究》2009 年第 4 期。

[106] 刘艳平、赵达：《"一带一路"倡议下金融监管国际合作制度探析》,《知与行》2020 年第 4 期。

[107] 刘阳：《比例原则在惩罚性赔偿判决跨国承认执行领域的适用》,《苏州大学学报（法学版）》2020 年第 1 期。

[108] 刘轶：《金融监管模式的新发展及其启示——从规则到原则》,《法商研究》2009 年第 2 期。

[109] 刘轶：《论欧盟金融服务法中的母国控制原则》,《法学论坛》2006 年第 3 期。

[110] 刘媛：《金融领域的原则性监管方式》,《法学家》2010 年第 3 期。

[111] 刘云：《英国银行业监管》,《金融会计》1996 年第 6 期。

[112] 陆静：《巴塞尔协议Ⅲ及其对国际银行业的影响》,《国际金融研究》2011 年第 3 期。

[113] 吕劲松：《关于中小企业融资难、融资贵问题的思考》,《金融研究》2015 年第 11 期。

[114] 吕晓莉：《论巴塞尔协议的性质》,《法学杂志》1998 年第 6 期。

［115］罗伯塔·罗曼诺著，陶永祺、沈伟译：《寻求金融机构国际监管的多样性：对巴塞尔结构的批评与再校准（上）》，《财经法学》2016 年第1 期。

［116］罗伯塔·罗曼诺著，陶永祺、沈伟译：《寻求金融机构国际监管的多样性：对巴塞尔结构的批评与再校准（下）》，《财经法学》2016 年第2 期。

［117］罗奕：《破解中小企业融资困局：国外经验与我国对策》，《企业经济》2012 年第 7 期。

［118］马怀德：《我国行政强制执行制度及立法构想》，《国家行政学院学报》2000 年第 2 期。

［119］马煜婷：《巴塞尔协议Ⅲ：跨入"后危机时代"的国际金融监管新时代?》，《经济》2010 年第 11 期。

［120］买木提明·热西提、沈伟：《间接征收语境下公共利益的多重维度及比例原则的解释路径》，《中南大学学报（社会科学版）》2020 年第4 期。

［121］迈克尔·斯宾塞、魏晨阳：《后疫情时代全球经济金融形势评论与展望》，《国际金融》2021 年第 1 期。

［122］毛晓威：《法国对银行业的监管及其启示》，《国际金融研究》1995 年第 7 期。

［123］孟琪：《WTO 争端解决机制中报复制度的完善与重构》，《国际经济合作》2016 年第 7 期。

［124］诺伯特·赖希、金晶：《欧盟民法的比例原则》，《财经法学》2016 年第 3 期。

［125］戚建刚：《试论行政强制执行的法律性质、强疲表现与救济途径》，《中央政法管理干部学院学报》2000 年第 4 期。

［126］秦会忠：《澳大利亚的银行监管》，《中国金融》1995 年第 12 期。

［127］邱鹭风、杨晓东：《论巴塞尔协议在我国的实施与我国金融法制

的完善》,《现代法学》1999 年第 5 期。

[128] 邱文毅、钱进、张家祝等:《比例原则及其在〈国际卫生条例 (2005)〉中的体现》,《中华卫生杀虫药械》2014 年第 5 期。

[129] 饶艳芳:《商业银行零售业务与批发业务的捆绑研究》,《财经界》2009 年第 2 期。

[130] 任映国:《巴塞尔协议对西方及亚太地区银行业的影响》,《金融与经济》1992 年第 10 期。

[131] 单锋:《行政程序法基本原则的比较与借鉴》,《南京大学法律评论》2002 年第 1 期。

[132] 沈伟:《后金融危机时代的国际经济治理体系与二十国集团——以国际经济法—国际关系交叉为视角》,《中外法学》2016 年第 4 期。

[133] 沈伟:《银行的影子:以银行法为中心的影子银行分析框架》,《清华法学》2017 年第 6 期。

[134] 沈伟:《中国的影子银行风险及规制工具选择》,《中国法学》2014 年第 4 期。

[135] 盛学军:《论金融监管法的基本原则》,《中共四川省委省级机关党校学报》2012 年第 3 期。

[136] 施正文:《论税法的比例原则》,《涉外税务》2004 年第 2 期。

[137] 时磊、李立群、李琪、安嘉理:《格局变迁:中国金融监管的"分与合"》,《中国银行业》2019 年第 1 期。

[138] 司久贵、杨田:《略论行政自由裁量权的行使规则》,《河南社会科学》1999 年第 6 期。

[139] 宋清华:《论我国中央银行监管职能的强化》,《中南财经大学学报》1993 年第 4 期。

[140] 宋旭光:《面对社科法学挑战的法教义学——西方经验与中国问题》,《环球法律评论》2015 年第 6 期。

[141] 宋阳、穆凯盈:《对国际经济法与国内经济法关系的再思考》,

《东北大学学报（社会科学版）》2014年第2期。

[142] 汤德宗：《违宪审查基准体系建构初探——"阶层式比例原则"构想》，《宪法解释之理论与实务》2009年第六辑（下册），2009：1—78。

[143] 唐双宁：《21世纪国际银行监管新趋势及其对我国的启示》，《金融研究》2001年第1期。

[144] 唐新宇：《影响国际银行业的重要建议——巴塞尔委员会建议》，《国际金融研究》1988年第4期。

[145] 田宏杰：《比例原则在刑法中的功能、定位与适用范围》，《中国人民大学学报》2019年第4期。

[146] 田野、向孟毅：《原则监管、规则监管与中国金融监管框架改革》，《金融经济学研究》2019年第1期。

[147] 汪伟、蔡荀：《香港的资金来源与运用及银行监管》，《银行与企业》1992年第11期。

[148] 王达：《美国主导下的现行国际金融监管框架：演进、缺陷与重构》，《国际金融研究》2013年第10期。

[149] 王刚：《国际银行监管理念的最新演进——基于有效银行监管核心原则修订的分析》，《国际金融研究》2007年第1期。

[150] 王刚、徐浩然：《影子银行体系：发展沿革、风险表现及国际监管动态》，《华北金融》2011年第10期。

[151] 王贵国：《香港的银行制度与国际合作》，《法学家》1993年第Z1期。

[152] 王建强：《统筹巴塞尔Ⅱ和Ⅲ实施，全面推进风险管理转型升级》，《银行家论坛》2011年第5期。

[153] 王圣：《论我国金融监管法基本原则》，《商》2012年第15期。

[154] 王学东：《国家声誉在大国崛起中的作用》，《国际政治科学》2005年第1期。

[155] 王志勇：《"司法裁判的客观性"之辨析》，《法制与社会发展》

2019 年第 3 期。

[156] 王中华：《跨国银行监管的国际惯例及其启示》，《国际贸易问题》2003 年第 8 期。

[157] 吴榕：《霍礼义就职后的香港银行监管制度》，《广东金融》1986 年第 2 期。

[158] 向雅萍：《次贷危机下对〈新巴塞尔资本协议〉的反思》，《2008 全国博士生学术论坛（国际法）论文集——国际经济法、国际环境法分册，武汉大学国际法研究所会议论文集》，2008：224—229。

[159] 解冬：《良法彰显国际金融中心"法治软实力"》，《上海人大月刊》2020 年第 5 期。

[160] 谢平、邹传伟：《金融危机后有关金融监管改革的理论综述》，《金融研究》2010 年第 2 期。

[161] 邢会强：《金融监管措施是一种新的行政行为类型吗?》，《中外法学》2014 年第 3 期。

[162] 熊良俊：《国际银行业监管：趋势与启示》，《经济研究参考》1996 年第 J2 期。

[163] 熊良俊：《国际银行业监管趋势与启示》，《世界经济》1997 年第 6 期。

[164] 徐飞、唐建新、程利敏：《国际贸易网络与股价崩盘传染：竞争性货币贬值视角》，《国际金融研究》2018 年第 12 期。

[165] 许宗力：《基本权的保障与限制（下）》，《月旦法学教室》2003 年第 14 期。

[166] 严军：《关于中小银行监管政策偏差问题的探析》，《长春金融高等专科学校学报》2000 年第 4 期。

[167] 颜建国：《国际银行监管的基石——介绍〈巴塞尔协议〉》，《广州市财贸管理干部学院学报》1997 年第 1 期。

[168] 阳建勋：《大而不倒、利益冲突与权义平衡——系统重要性金融

机构监管制度的法理构造》，《现代法学》2014 年第 3 期。

[169] 杨临宏：《行政法中的比例原则研究》，《法制与社会发展》2001 年第 6 期。

[170] 杨梅瑰：《论比例原则在人身保险合同现金价值强制执行中的适用》，《法学杂志》2020 年第 9 期。

[171] 杨松：《"巴塞尔协议"在国际金融领域的法律影响》，《辽宁大学学报（哲学社会科学版）》1994 年第 3 期。

[172] 杨小苹、马立新：《国际银行监管比较及对我国的借鉴》，《浙江金融》1996 年第 12 期。

[173] 叶传星：《论设定法律责任的一般原则》，《法律科学（西北政法学院学报）》1999 年第 2 期。

[174] 叶建勋：《市场化思维下的金融消费者保护机制研究》，《金融监管研究》2014 年第 27 期。

[175] 叶金育、顾德瑞：《税收优惠的规范审查与实施评估——以比例原则为分析工具》，《现代法学》2013 年第 6 期。

[176] 佚名：《行政法中的比例原则》，《中国法学》1990 年第 1 期。

[177] 银红武：《涉环境国际投资仲裁案中比例原则的适用》，《广州大学学报（社会科学版）》2018 年第 9 期。

[178] 尹晓敏：《高校处分权的行使与比例原则的适用》，《高教探索》2005 年第 3 期。

[179] 于爱华、阎青鹏、吕松：《〈银行业有效监管核心原则〉及对我国银行业的借鉴》，《云南金融》1998 年第 5 期。

[180] 于尔根·布尔迈著，徐苗译：《欧盟及其成员国：金融危机下的德国和超国家主义》，《中德法学论坛》2014 年第 11 期。

[181] 于改之、吕小红：《比例原则的刑法适用及其展开》，《现代法学》2018 年第 4 期。

[182] 于品显：《欧洲中央银行单一监管机制研究》，《武汉金融》2019

年第 6 期。

[183] 余文建、黎桂林：《后危机时代的金融监管》，《中国金融》2009 年第 17 期。

[184] 余湘青：《论比例原则与公安行政强制措施的适用》，《吉林公安高等专科学校学报》2004 年第 3 期。

[185] 袁达松：《对影子银行加强监管的国际金融法制改革》，《法学研究》2012 年第 2 期。

[186] 袁曙宏、赵永伟：《西方国家依法行政比较研究——兼论对我国依法行政的启示》，《中国法学》2000 年第 5 期。

[187] 岳彩申：《跨国银行监管体制研究》，《现代法学》2001 年第 4 期。

[188] 岳以芝：《论国际银行监管新趋势》，《南开经济研究》1996 年第 5 期。

[189] 曾国烈：《G20 领袖会议后国际金融监理新形势与我国因应之道》，《金融联合征信双月刊》2009 年第 7 期。

[190] 张皑梅：《从国际银行监管三大支柱谈我国银行业监管的趋势》，《西南金融》2008 年第 5 期。

[191] 张斌：《〈巴塞尔资本充足协议〉的补充协议及其对我国银行业的影响》，《农村金融研究》1996 年第 9 期。

[192] 张佳、许华伟：《影子银行业务的风险及监管对策》，《经济纵横》2012 年第 10 期。

[193] 张坤世：《比例原则及其在行政诉讼中的适用——由一个具体案例引发的思考》，《行政法学研究》2002 年第 2 期。

[194] 张兰兰：《私法比例原则之普遍性：以德国法为观察重点》，《民商法论丛》2020 年第 1 期。

[195] 张敏、薛彦平：《国际金融危机下的欧盟金融监管体制改革》，《国际问题研究》2010 年第 5 期。

［196］张明楷：《法益保护与比例原则》，《中国社会科学》2017 年第 7 期。

［197］张鹏：《国际体育仲裁中比例原则适用研究》，《武汉体育学院学报》2019 年第 1 期。

［198］张庆麟、余海鸥：《论比例原则在国际投资仲裁中的适用》，《时代法学》2015 年第 4 期。

［199］张晓朴：《国际影子银行体系监管及其对中国的启示》，《金融市场研究》2014 年第 11 期。

［200］张宇霖、王亨利、赵亚茄：《试论对跨国银行监管的法律原则》，《法学杂志》2000 年第 4 期。

［201］章彰：《巴塞尔新资本协议与银行监管难题》，《经济导刊》2003 年第 Z1 期。

［202］章彰、杨瑾、沈鸿：《系统重要性银行国际监管改革进展及启示》，《金融监管研究》2015 年第 11 期。

［203］赵畅：《我国金融监管的发展探讨——以银保监会的组建为例》，《中国市场》2019 年第 19 期。

［204］赵万一、吴敏：《我国商业银行破产法律制度构建的反思》，《现代法学》2006 年第 3 期。

［205］赵杨：《论侦查比例原则的构建》，《福建公安高等专科学校学报》2004 年第 3 期。

［206］赵宇霆：《中国跨国银行法律监管体系建构之探索》，《法制与社会发展》2000 年第 3 期。

［207］郑晓剑：《比例原则在民法上的适用及展开》，《中国法学》2016 年第 2 期。

［208］中国人民银行济南分行调查统计处课题组：《国际金融监管体制改革比较研究及对我国的启示》，《金融发展评论》2012 年第 9 期。

［209］周淳：《论美国金融监管法律制度变迁的政治逻辑》，《法学评

论》2015 年第 6 期。

[210] 周道许：《发达国家商业银行的监管制度及其启示》，《经济研究参考》1995 年第 9 期。

[211] 周启元、隋绍楠：《巴塞尔协议与我国金融国际化的思考》，《吉林大学社会科学学报》1995 年第 2 期。

[212] 周友苏、廖笑非：《金融危机背景下中国金融监管模式的选择与完善》，《清华法学》2009 年第 2 期。

[213] 周仲飞：《巴塞尔国际银行监管合作模式的缺陷及完善》，《法学评论》2003 年第 1 期。

[214] 周子淇、丁禹心：《证券监管的密度弹性及其演化规律研究》，《福建质量管理》2016 年第 3 期。

[215] 朱慈蕴：《中国影子银行：兴起、本质、治理与监管创新》，《清华法学》2017 年第 6 期。

（三）学位论文

[1] 冯超：《宏观审慎管理视角下我国银行系统性风险监管研究》，湖南大学 2016 年。

[2] 宿营：《后危机时代国际金融监管理念的变革》，武汉大学 2011 年。

[3] 郁方：《中国银行业垄断与规制研究》，华南理工大学 2011 年。

[4] 喻文光：《论行政法上的比例原则》，中国政法大学 2001 年。

（四）报纸

[1] 佚名：《全国金融工作会议在京召开——温家宝讲话　李克强出席》，《人民日报》2012-1-8。

[2] 佚名：《习近平在全国金融工作会议上强调"服务实体经济防控金融风险深化金融改革　促进经济和金融良性循环健康发展"——李克强讲话　俞正声　王岐山　张高丽出席》，《人民日报》2017-7-16。

（五）网络资源

[1] FT 中文网：《中国一地方政府出手平息银行挤兑》，http：//www.

ftchinese.com/story/001055461，2022-12-25。

［2］维基百科：《英国大宪章》，https://zh.m.wikisource.org/zh/%E8%8B%B1%E5%9c%8B%E5%A4%A7%E6%86%B2%E7%AB%A0，2022-12-25。

［3］中国人大网：《中华人民共和国商业银行法释义》，http://www.npc.gov.cn/npc/c2215/200410/2f6c5f59fa524a2296c11c737c2f25d7.shtml，2022-12-25。

［4］中国银行业监督管理委员会令 2012 年第 1 号：《商业银行资本管理办法（试行）》，http://www.gov.cn/gongbao/content/2012/content—2245522.htm，2022-12-25。

［5］中国银行业监督管理委员会令 2018 年第 3 号：《商业银行流动性风险管理办法》，http://www.gov.cn/gongbao/content/2018/content—5312246.htm，2022-12-25。

［6］中国银行业监督管理委员会：《中国银行业监督管理委员会 2016 年报附表》，http://zhuanti.cbrc.gov.cn/subject/subject/nianbao2016/12.pdf，2022-12-25。

［7］中华人民共和国国家外汇管理局：《中国外汇储备在 21 世纪前十年由 2001 年的 1 655 亿美元增长到 2011 年的 31 811 亿美元》，http://www.safe.gov.cn/wps/portal/sy/tjsj-lnwhcb，2022-12-25。

［8］中华人民共和国中央人民政府：《国务院机构改革方案》，http://www.gov.cn/xinwen/2018-03/17/content—5275116.htm，2022-12-25。

二、英文参考文献

（一）专著

［1］Alan Dashwood, Michael Dougan, Derrick Wyatt, Barry Rodger and Eleanor Spaventa: *Wyatt and Dashwood's European Union Law*, Hart Publishing, 2011, pp.235—285.

〔2〕Alan Reid and W. Green: *European Union*, Thomson Reuters, 2010, p.14.

〔3〕Alan Ryan: On Politics: *A History of Political Thought: From Herodotus to the Present*, Liveright, 2020, p.83.

〔4〕Alina Kaczorowska-Ireland: *European Union Law*, *Fourth Edition*, Routledge, 2016, pp.22—23.

〔5〕Ananda S. Upadhyaya and Dharmendra Singh: *Financial Inclusion in Emerging Markets: A Road Map for Sustainable Growth*, Palgrave Macmillan, 2021, pp.73—93.

〔6〕Andrew Guzman: *How International Law Works: A Rational Choice Theory*, Oxford University Press, 2007, pp.71—111.

〔7〕Andrew Legg: *The Margin of Appreciation in International Human Rights Law: Deference and Proportionality*, Oxford University Press, 2012, pp.1—10.

〔8〕Arend Lijphart: *Electoral Systems and Party Systems: A Study of Twenty-Seven Democracies*, *1945—1990*, Oxford University Press, 1994, p.19.

〔9〕Bernard Stirn: *Towards a European Public Law*, Oxford University Press, 2017, p.110.

〔10〕Birgit Rost: *Handbook of Transnational Economic Governance Regimes*, Brill Nijhoff, 2010, pp.319—328.

〔11〕Brian Bix and Horacio Spector: *Rights: Concepts and Contexts 1st Edition*, Routledge, 2012, pp.267, 463—486.

〔12〕Caroline Henckels: *Proportionality and Deference in Investor-State Arbitration*, Cambridge University Press, 2015, pp.7—19.

〔13〕Catherine Barnard: *The Substantive Law of the EU: The Four Freedoms*, Oxford University Press, 2014, pp.28—33.

［14］Charles Goodhart：*The Basel Committee on Banking Supervision：A History of the Early Years 1974—1997*，Cambridge University Press，2011，pp.6&151.

［15］Chris Brummer：*Minilateralism：How Trade Alliances，Soft Law and Financial Engineering are Redefining Economic Statecraft*，Cambridge University Press，2014，p.94.

［16］Chris Brummer：*Soft Law and the Global Financial System：Rule Making in the 21st Century*，Cambridge University Press，2015，p. 120 & 131.

［17］C. L. Lim，Jean Ho and Martins Paparinskis：*International Investment Law and Arbitration Commentary，Awards and other Materials，2nd Edition*，Cambridge University Press，2021，p.346.

［18］Cornelia Manger-Nestler：*Democratic Legitimation of Central Bank Independence in the European Union*，Springer Nature，2021，p.13.

［19］Dafni Diliagka：*The Legality of Public Pension Reforms in Times of Financial Crisis：The Case of Greece*，Nomos Publishing House，2018，pp.186—188.

［20］Dan Friedmann and Daphne Barak-Erez：*Human Rights in Private Law*，Bloomsbury Publishing，2002，p.13.

［21］Eddy Wymeersch，Klaus Hopt and Guido Ferrarini：*Financial Regulation and Supervision：A post-crisis analysis*，Oxford University Press，2012，pp.193—232.

［22］Emily Crawford：*Non-Binding Norms in International Humanitarian Law：Efficacy，Legitimacy，and Legality*，Oxford University Press，2021，pp.8—39，83.

［23］E. Thomas Sullivan and Richard S. Frase：*Proportionality Principles in American Law：Controlling Excessive Government Actions*，

Oxford University Press，2008，pp.54—55.

［24］ Evelyn Elllis：*The Principle of Proportionality in the Laws of Europe*，Hart Publishing，1999，p.58，95—100.

［25］ Federico Fabbrini and Marco Ventoruzzo：*Research Handbook on EU Economic Law*，Edward Elgar Publishing，2019，pp.262—280.

［26］ Francisca Pou-Giménez，Laura Clérico and Esteban Restrepo-Saldarriaga：*Proportionality and Transformation：Theory and Practice from Latin America*，Cambridge University Press，2022，pp.1—18.

［27］ Friedl Weiss and Armin Kammel：*The Changing Landscape of Global Financial Governance and the Role of Soft Law*，Brill，2015，pp.312—336.

［28］ Gary H. Stern and Paul A. Volcker：*Too Big to Fail：The Hazards of Bank Bailouts*，Brookings Institution Press，2009，pp.1—8.

［29］ Gebhard Bücheler：*Proportionality in Investor-State Arbitration*，Oxford University Press，2015，pp.301—306.

［30］ George Gerapetritis：*The Application of Proportionality in Administrative Law：Judicial Review in France：Greece，England and in the European Community*，Oxford University Press，1995，pp.8—17.

［31］ Gianni Lo Schiavo：*The Role of Financial Stability in EU Law and Policy*，Wolters Kluwer，2016，pp.155—157.

［32］ Helen Keller and Alec Stone Sweet：*A Europe of Rights：The Impact of the ECHR on National Legal Systems*，Oxford University Press，2008，pp.677—712.

［33］ H. L. Ahuja：*Principles of Microeconomics：A New-Look Textbook of Microeconomic Theory*，*22e*，Schand，2020，p.291.

［34］ Hugh Thirlway：*The Sources of International Law*，*Second Edition*，Oxford University Press，2014，pp.1—8.

［35］Jaime Arancibia：*Judicial Review of Commercial Regulation*，Oxford University Press，2011，pp.133—196.

［36］John H. Jackson：*Sovereignty, the WTO, and Changing Fundamentals of International Law*，Cambridge University Press，2006，pp.3—17.

［37］John Locke：*Two Treatises of Government*，Cambridge University Press，1988，p.119.

［38］Kai Ambos，Antony Duff，Julian Roberts，Thomas Weigend and Alexander Heinze：*Core Concepts in Criminal Law and Criminal Justice*，Cambridge University Press，2019，pp.213—260.

［39］Kai Möller：*The Global Model of Constitutional Rights*，Oxford University Press，2012，pp.99—133.

［40］Laurent Balthazar：*From Basel 1 to Basel 3：The Integration of State-of-the-Art Risk Modelling in Banking Regulation*，Springer，2006，pp.12—13.

［41］Marco Bodellini：*International Bank Crisis Management：A Transatlantic Perspective*，Bloomsbury Publishing，2022，p.27.

［42］Marco Migliorelli：*New Cooperative Banking in Europe：Strategies to Adapt the Business Model Post-Crisis*，Palgrave Macmillan，2018，pp.31—33.

［43］Mario P. Chiti and Vittorio Santoro：*The Palgrave Handbook of European Banking Union Law*，Palgrave Macmillan，2019，pp.65—90.

［44］Marios Costa，Steve Peers and Steiner Woods：*EU Law，Fourteenth Edition*，Oxford University Press，2020，p.86.

［45］Martin Neisen and Stefan Roth：*Basel IV：The Next Generation of Risk Weighted Assets 2nd Edition*，Wiley-VCH，2018，pp.1—7.

［46］Matthias Klatt and Moritz Meister：*The Constitutional Structure of Proportionality*, Oxford University Press, 2012, pp.7—14.

［47］Michael A. Newton and Larry May: *Proportionality in International Law*, Oxford University Press, 2014, pp.299—304.

［48］Mitsuo Matsushita, Thomas J. Schoenbaum, Petros C. Mavroidis and Michael Hahn: *The World Trade Organization: Law, Practice, and Policy*, Oxford University Press, 2015, pp.11—109.

［49］Mordechai Kremnitzer, Talya Steiner and Andrej Lang: *Proportionality in Action: Comparative and Empirical Perspectives on the Judicial Practice*, Cambridge University Press, 2020, pp.22—133.

［50］Nicholas Emiliou: *The Principle of Proportionality in European Law: A Comparative Study*, Springer Netherlands, 1996, pp.28 & 142.

［51］OECD: *Financing SMEs and Entrepreneurs 2022: An OECD Scoreboard*, OECD Publishing, 2022, pp.25—28.

［52］OECD: *New Approaches to SME and Entrepreneurship Financing: Broadening the Range of Instruments*, OECD Publishing, 2015, p.9.

［53］Pedro Gustavo Teixeira: *The Legal History of the European Banking Union: How European Law Led to the Supranational Integration of the Single Financial Market*, Bloomsbury Publishing, 2022, pp.200—210.

［54］Peter Cane and Herbert M. Kritzer: *The Oxford Handbook of Empirical Legal Research*, Oxford University Press, 2010, pp.901—925.

［55］Peter Conti-Brown and Rosa María Lastra: *Research Handbook on Central Banking*, Edward Elgar Publishing, 2018, p.158.

［56］Pieter Jan Kuijper, Fabian Amtenbrink, Deirdre Curtin, Bruno De Witte and Alison McDonnell: *The Law of the European Union and the European Communities*, Kluwer Law International, 2018, pp.320—325.

［57］Po Jen Yap: *Proportionality in Asia*, Cambridge University Press,

2020，pp.3—22.

[58] Sir Ross Cranston，Emilios Avgouleas，Kristin van Zwieten，Christopher Hare and Theodor van Sante：*Principles of Banking Law Third Edition*，Oxford University Press，2018，pp.28—29.

[59] Stephen Weatherill：*Cases and Materials on EU Law*，*Twelfth Edition*，Oxford University Press，2016，pp.84—94.

[60] Thomas Beukers，Diane Fromage and Giorgio Monti：*The New European Central Bank：Taking Stock and Looking Ahead*，Oxford University Press，2022，pp.186—189.

[61] Thomas M. J. Möllers：*Legal Methods：How to Work With Legal Arguments*，Hart Publishing，2020，pp.306—372.

[62] T. Tridimas：*The General Principles of EU Law*，Oxford University Press，2013，pp.139—140.

[63] Uwe Kischel：*Comparative Law*，Oxford University Press，2019，pp.87—200.

[64] Wojciech Sadurski：*Rights Before Courts：A Study of Constitutional Courts in Post-Communist States of Central and Eastern Europe*，Springer，2014，pp.3—44.

（二）期刊论文

[1] Abdulkadir Gülçür："The Necessity, Public Interest, and Proportionality in International Investment Law：A Comparative Analysis"，*University of Baltimore Journal of International Law*，Volume 6，Issue 2，Article 3（2018），pp.240—249.

[2] Abel Elizaldea and Rafael Repullob："Economic and Regulatory Capital in Banking：What is the Difference?"，*International Journal of Central Banking*，Volume 3，No.3（2007），pp.87—92.

[3] Aharon Barak："Proportionality and Principled Balancing"，*Law*

& *Ethics of Human Rights*, Volume 4, Issue 1 (2010), pp.3—16.

[4] Ahmed Al-Darwish, Michael Hafeman, Gregorio Impavido, Malcolm Kemp and Padraic O'Malley: "Possible Unintended Consequences of Basel III and Solvency II", *IMF Working Paper*, WP/11/187 (2011), pp.13&51.

[5] Aileen McHarg: "Reconciling Human Rights and the Public Interest: Conceptual Problems and Doctrinal Uncertainty in the Jurisprudence of the European Court of Human Rights", *The Modern Law Review*, Volume 62, No.5 (1999), pp.671—696.

[6] Alan J. Wilson: "There Goes the Neighborhood: Regulating Away the Community Bank—An Analysis of the Costs of Current Regulations on Community Bank", *West Virginia Law Review*, Volume 116, Issue 1 (2013), pp.463—496.

[7] Amos Tversky and Daniel Kahneman: "Judgment under Uncertainty: *Heuristics and Biases*", *Science New Series*, Volume 185, No.4157 (1974), pp.1124—1131.

[8] Ana Gaio: "Policy Formation in the European Community—the Case of Culture", Unpublished Doctoral Thesis, *City University London*, 2015, p.12.

[9] Andrea Beltratti and Giovanna Paladino: "Basel II and Regulatory Arbitrage. Evidence from Financial Crises", *Journal of Empirical Finance*, Volume 39 (2016), pp.180—196.

[10] Andrea Magliari: "Intensity of Judicial Review of the European Central Banks's Supervisory Decisions", *Central European Public Administration Review*, Volume 17, No.2 (2019), p.74.

[11] Andreas Jobst: "What is Securitization?", *Finance & Development*, September 2008, pp.48—49.

［12］Andre O Santos and Douglas Elliott: "Estimating the Costs of Financial Regulation", *IMF Working Paper*, SDN/12/11 (2012), pp.10—22.

［13］Andrew T. Guzman: "The Design of International Agreements", *European Journal of International Law*, Volume 16, Issue 4 (2005), p.591.

［14］Anne Peters: "A Plea for Proportionality: A Reply to Yun-chien Chang and Xin Dai", *International Journal of Constitutional Law*, Volume 19, Issue 3 (2021), pp.1135—1145.

［15］Ariel L. Bendor and Tal Sela: "How Proportional is Proportionality?", *International Journal of Constitutional Law*, Volume 13, Issue 2 (2015), pp.530—544.

［16］Arigho Redmond: "The Supremacy of European Union Law: An Inevitable Revolution or Federalism in Action?", *Journal of Postgraduate Research*, Volume 13 (2014), pp.8—10.

［17］Asen Lefterov: "The Single Rulebook: Legal Issues and Relevance in the SSM Context", *ECB Legal Working Paper Series* No.15 (2015), pp.31—42.

［18］August Reinisch: "How Narrow are Narrow Dispute Settlement Clauses in Investment Treaties?", *Journal of International Dispute Settlement*, Volume 2, Issue 1 (2011), p.117.

［19］Ayodeji Michael Obadire, Vusani Moyo and Ntungufhadzeni Freddy Munzhelele: "Basel III Capital Regulations and Bank Efficiency: Evidence from Selected African Countries", *International Journal of Financial Studies*, Volume 10, No.3 (2022), pp.1—22.

［20］Bart Joosen etc.: "Stability, Flexibility and Proportionality: Towards a two-tiered European Banking Law?", *European Banking Institute Working Paper Series 2018*, No.20, 21 February 2018, pp.14—20.

[21] Beverly Hirtle, Anna Kovner and Matthew Plosser: "The Impact of Supervision on Bank Performance", *The Journal of Finance*, Volume 75, Issue 5 (2020), pp.2765—2808.

[22] Brynne Krause: "The Dodd-Frank Wall Street Reform and Consumer Protection Act: How Increased Regulation Has Given Large Banks an Artificial Competitive Edge", *UMKC Law Review*, 2015, pp.1045—1085.

[23] BVR (National Association of German Cooperative Banks) etc.: "Proportionality in EU banking regulation: the case for a step-change to accompany the introduction of 'Basel 4' ", June 2019, pp.4—6.

[24] Caio Ferreira, Nigel Jenkinson and Christopher Wilson: "From Basel I to Basel III: Sequencing Implementation in Developing Economies", *IMF Working Paper*, WP/19/127 (2019), pp.11—13.

[25] Carla Stamegna: "Amending Capital Requirements—The 'CRD V Package' ", *European Parliamentary Research Service*, PE 599.385, July 2019, pp.2—3.

[26] Chris Brummer: "Why Soft Law Dominates International Finance—and not Trade", *Journal of International Economic Law*, Volume 13, Issue 3 (2010), pp.623—643.

[27] Christian Tietje and Matthias Lehmann: "The Role and Prospects of International Law in Financial Regulation and Supervision", *Journal of International Economic Law*, Volume 13, Issue 3 (2010), pp.663—682.

[28] Clifford J. Carrubba and Lacey Murrah: "Legal Integration and Use of the Preliminary Ruling Process in the European Union", *International Organization*, Volume 59, No.2 (2005), pp.399—418.

[29] CRS, "Enhanced Prudential Regulation of Large Banks", *CRS*

Report, *R45711*, May 2019, pp.2—4.

[30] Dan Costin Nițescu: "Diversity and Proportionality, Challenges or Opportunities for the European Banking Sector?", *Theoretical and Applied Economics*, Volume XXV (2018), pp.133—148.

[31] Daniela Laas and Caroline Franziska Siegel: "Basel III Versus Solvency II: An Analysis of Regulatory Consistency Under the New Capital Standards", *The Journal of Risk and Insurance*, Volume 84, No.4 (2017), pp.1231—1267.

[32] Daniel Müller: "Reservations and Time: Is There Only One Right Moment to Formulate and to React to Reservations?", *European Journal of International Law*, Volume 24, Issue 4 (2013), pp.1113—1134.

[33] Danny Busch and Mirik B. J. van Rijn: "Towards Single Supervision and Resolution of Systemically Important Non-Bank Financial Institutions in the European Union", *European Business Organization Law Review*, Volume 19 (2018), pp.301—363.

[34] David Epstein and Sharyn O'Halloran: "Sovereignty and Delegation in International Organizations", *The Law and Politics of International Delegation*, Volume 71, No.1 (2008), pp.89—92.

[35] David Zaring: "Best Practices", *New York University Law Review*, Volume 81, No.1 (2006), pp.294—350.

[36] David Zaring: "Informal Procedure, Hard and Soft, in International Administration", *Chicago Journal of International Law*, Volume 5, No.2 (2005), pp.547—601.

[37] Dieter Grimm: "Proportionality in Canadian and Geraman Constitutional Jurisprudence", *The University of Toronto Law Journal*, Volume 57, No.2, Education, Administration, and Justice: Essays in Honour

of Frank Iacobucci (2007), pp.383—397.

[38] Donald C. Langevoort: "Global Securities Regulation after the Financial Crisis", *Journal of International Economic Law*, Volume 13, Issue 3 (2010), pp.799—815.

[39] Douglas W. Arner and Michael Taylor: "The Global Financial Crisis and the Financial Stability Board: Hardening the Soft Law of International Financial Regulation?", *University of New South Wales Law Journal*, Volume 32 (2009), p.5.

[40] Duncan Alford: "The Lamfalussy Process and EU Bank Regulation: Another Step on the Road to Pan-European Bank Regulation?", *Annual Review of Banking & Finance Law*, Volume 25 (2006), pp.397—406.

[41] EBA: "Study of the Cost of Compliance with Supervisory Reporting Requirements", *Report EBA*/Rep/2021/15, 2021, pp.13—15.

[42] Emmanuel Mourlon-Druol: " 'Trust is good, Control is better': The 1974 Herstatt Bank Crisis and its Implications for International Regulatory Reform", *Business History*, Volume 57, Issue 2 (2015), pp.1—19.

[43] Francesco Cannata and Mario Quagliariello: "The Role of Basel II in the Subprime Financial Crisis: Guilty or Not Guilty?", *CAREFIN Research Paper*, No.3/09 (2009), pp.1—16.

[44] Geoffrey M. Hodgson: "What is Capital? Economists and Sociologists Have Changed its Meaning: Should it be Changed Back?", *Cambridge Journal of Economics*, Volume 38, No.5 (2014), p.2.

[45] George W. Downs and Michael A. Jones: "Reputation, Compliance, and International Law", *The Journal of Legal Studies*, Volume 31, No.S1 (2002), pp.S95—S114.

[46] Geraldo Vidigal: "Living Without the Appellate Body: Multilat-

eral，Bilateral and Plurilateral Solutions to the WTO Dispute Settlement Crisis"，*The Journal of World Investment & Trade*，Volume 20，Issue 6 (2019)，pp.863—864.

［47］Gerard Caprio and Daniela Klingebiel："Bank Insolvencies：Cross-Country Experience"，*The World Bank Policy Research Department Policy Research Working Paper 1620*，July 1996，pp.1—10.

［48］Gillian Moon："GATT Article XX and Human Rights：What Do We Know from the First Twenty Years?"，*Melbourne Journal of International Law*，Volume 16 (2015)，pp.432—483.

［49］Giovanni Dell' Ariccia："Asymmetric information and the structure of the banking industry"，*European Economic Review*，Volume 45，Issue 10 (2001)，pp.1957—1980.

［50］Gregory C. Shaffer and Mark A. Pollack："Hard Versus Soft Law in International Security"，*Boston College Law Review*，Volume 52，Issue 4 (2011)，pp.1147—1239.

［51］Gregory Shaffer and Mark A. Pollack："Hard vs. Soft Law：Alternatives，Complements and Antagonists in International Governance"，*Minnesota Law Review*，Volume 94 (2010)，pp.706—718.

［52］Guido Ferrarini："Single Supervision and the Governance of Banking Markets：Will the SSM Deliver the Expected Benefits?"，*European Business Organization Law Review*，Volume 16 (2015)，pp.513—537.

［53］Hal S. Scott，"The Reduction of Systemic Risk in the United States Financial System"，*Harvard Journal of Law & Public Policy*，Volume 33，No.2 (2010)，p.681.

［54］Hans Riedwyl and Jürg Steiner："What is Proportionality Anyhow?"，*Comparative Politics*，Volume 27，No.3 (1995)，p.358.

［55］Heikki Patomaki："Neoliberalism and the Global Financial

Crisis", *New Political Science*, Volume 31, No.4 (2009), pp.441—442.

[56] Jacco Bomhoff: "Balancing, the Global and the Local Judicial Balancing as a Problematic Topic in Comparative (Constitutional) Law", *Hastings International and Comparative Law Review*, Volume 31, No.2, Article 2 (2008), pp.560—567.

[57] Jacob Gersen and Eric Posner: "Soft Law: Lessons from Congressional Practice", *Stanford Law Review*, Volume 61, Issue 3 (2008), pp.573—627.

[58] Jacques Ziller: "Hierarchy of Norms: Hierarchy of Sources and General Principles in European Union Law", *Verfassung und Verwaltung in Europa Festschrift für Jürgen Schwarze zum 70. Geburtstag, Ulrich Becker, Armin Hatje, Michael Potacs, Nina Wunderlich (eds.), Nomos Verlagsgesellschaft, Baden-Baden*, 2014, pp.335&352.

[59] Jagadish Prasad Bist: "Financial Development and Economic Growth: Evidence from a Panel of 16 African and Non-African Low-income Countries", *Cogent Economics & Finance*, Volume 6, Issue 1 (2018), pp.2—14.

[60] Jean Galbraith and David T. Zaring: "Soft Law as Foreign Relations Law", *Cornell Law Review*, Volume 99, No.4 (2014), pp.785—787.

[61] Jeanne Gobat: "Banks: At the Heart of the Matter", *Finance & Development*, June 2022, pp.56—57.

[62] Jens-Hinrich Binder: "Proportionality at the Resolution Stage: Calibration of Resolution Measures and the Public Interest Test", *European Business Organization Law Review*, Volume 21 (2020), pp.453—474.

[63] Jide Nzelibe: "The Credibility Imperative: The Political Dynamics of Retaliation in the World Trade Organization's Dispute Resolution Mecha-

nism", *Theoretical Inquiries in Law*, Volume 6, Issue 1 (2000), pp.215—216.

[64] J. L. Stocks: "The Golden Mean", *The Monist*, Volume 41, No.2 (1931), pp.161—179.

[65] Jochen Schanz, David Aikman, Paul Collazos, Marc Farag, David Gregory and Sujit Kapadia: "The Long-Term Economic Impact of Higher Capital Levels", *BIS Papers Chapters in: Bank for International Settlements* (ed.), *Macroprudential Regulation and Policy*, Volume 60 (2011), pp.1—9.

[66] Joseph G. Haubrich: "A Brief History of Bank Capital Requirements in the United States", *Federal Reserve Bank of Cleveland*, Economic Commentary (May 2020), pp.4—5.

[67] Jürg Steiner: "The Principles of Majority and Proportionality", *British Journal of Political Science*, Volume 1, Issue 1 (1971), p.63.

[68] Juha-Pekka Kallunki, Teppo Martikainen and Jukka Perttunen: "The Proportionality of Financial Ratios: Implications for Ratio Classifications", *Applied Financial Economics*, Volume 6, Issue 6 (1996), p.535.

[69] Julia Black: "Forms and Paradoxes of Principles-Based Regulation", *Capital Markets Law Journal*, Volume 3, No.4 (2008), pp.425—457.

[70] Julia Black: "Forms and Paradoxes of Principles Based Regulation", *LSE Law, Society and Economy Working Papers*, 13 (2008), pp.1—36.

[71] Julia Black, Martyn Hopper and Christa Band: "Making a success of Principles-based regulation", *Law and Financial Markets Review*, Volume 1, Issue 3 (2007), pp.191—206.

[72] Julian Rivers: "Proportionality and Variable Intensity of Review",

The Cambridge Law Journal, Volume 65, No.1 (March, 2006), pp.174—189.

[73] Jun Wang, Jinghua Tan, Jiujiu Chen and Hanlei Jin: "A Knowledge-aware and Time-sensitive Financial News Recommendation System Based on Firm Relation Derivation", *International Conference on Data Mining Workshops* (*ICDMW*), 2021, pp.1104—1111.

[74] Katalin Méró and Dora Piroska: "Banking Union and banking nationalism—Explaining opt-out choices of Hungary, Poland and the Czech Republic", *Policy and Society*, Volume 35, Issue 3: Institutional and Policy Design for the Financial Sector (2016), pp.215—226.

[75] Kenneth F. Ledford: "Formalizing the Rule of Law in Prussia: The Supreme Administrative Law Court, 1876—1914", *Central European History*, Volume 37, No.2 (2004), pp.203—224.

[76] Kenneth W. Abbott and Duncan Snidal: "Hard and Soft Law in International Governance", *International Organization*, Volume 54, No.3 (2000), pp.421—422.

[77] Kenneth W. Abbott and Duncan Snidal: "Hard and Soft Law in International Governance", *Legalization and World Politics*, Volume 54, No.3 (2000), pp.421—456.

[78] Kenneth W. Abbott and Duncan Snidal: "Hard and Soft Law in International Governance", *Legalization and World Politics*, Volume 54, No.3 (2000), pp.421—456.

[79] Kern Alexander: Financial Inclusion and Banking Regulation: The Role of Proportionality, *Law and Contemporary Problems*, Volume 84 (2021), p.148.

[80] Kern Alexander: "Principles v. Rules in Financial Regulation: Re-assessing the Balance in the Credit Crisis Symposium at Cambridge Uni-

versity, 10—11 April 2008", *European Business Organization Law Review*, Volume 10 (2009), pp.169—173.

[81] Kian Navid: "How Many Single Rulebooks? The EU's Patchwork Approach to Ensuring Regulatory Consistency in the Area of Investment Management", *European Business Organization Law Review*, Volume 23 (2022), pp.347—390.

[82] Laurence R. Helfer and Ingrid B. Wuerth: "Customary International Law: An Instrument Choice Perspective", *Michigan Journal of International Law*, Volume 37, Issue 4 (2016), pp.563—568.

[83] Lucia Quaglia: "The Politics of State Compliance with International 'Soft Law' in Finance", *Governance*, Volume 32, Issue 1 (2019), pp.45—62.

[84] Ludger Schuknecht and Vincent Siegerink: "The Political Economy of the G20 Agenda on Financial Regulation", *European Journal of Political Economy*, Volume 65 (2020), pp.1—4.

[85] Mads Andenas and Stefan Zleptnig, "Proportionality and balancing in WTO law: a comparative perspective", *Cambridge Review of International Affairs*, Volume 20, Issue 1 (2007), pp.371—381.

[86] Mahir Binici, Michael Hutchison and Evan Weicheng Miao: "Are Credit Rating Agencies Discredited? Measuring Market Price Effects from Agency Sovereign Debt Announcements", *BIS Working Papers*, No.704, February 2018, pp.2—4.

[87] Maria J. Nieto and Dalvinder Singh: "The Path to Euro Area and Banking Union Membership: Assessing the Incentives for 'Close Cooperation' and Adherence to the Exchange Rate Mechanism II", *SUERF Policy Brief*, No.188, September 2021, pp.1—7.

[88] Mariusz Prochniak and Katarzyna Wasiak: "The Impact of the

Financial System on Economic Growth in the Context of the Global Crisis: Empirical Evidence for the EU and OECD Countries", *Empirica*, Volume 44 (2017), pp.296—334.

[89] Matteo Arrigoni and Mattia Rivolti: "Fit and Proper Requirements in the EU Banking Sector. A Step Further", *European Business Organization Law Review*, (2022), pp.2—16.

[90] Michael C. Dorf: "Dynamic Incorporation of Foreign Law", *Cornell Law Faculty Publications*, Paper 114 (2008), pp.132—146.

[91] Michael S. Barr and Geoffrey P. Miller: "Global Administrative Law: The View from Basel", *European Journal of International Law*, Volume 17, Issue 1 (2006), pp.15—46.

[92] Michele Fratianni and John C. Pattison: "Basel III in Reality", *Journal of Economic Integration*, Volume 30, No.1 (2015), pp.2—20.

[93] M. Magnus, A. Margerit, B. Mesnard and A. Korpas: "Upgrading the Basel Standards: From Basel III to Basel IV?", *Economic Governance Support Unit*, *European Parliament Briefing Paper*, PE 587.361 (2017), pp.1—15.

[94] Moshe Cohen-Eliya and Iddo Porat: "American Balancing and German Proportionality: The Historical Origins", *International Journal of Constitutional Law*, Volume 8, No.2 (2010), p.263.

[95] Muhammad Suhail Rizwan, Muhammad Moinuddin, Barbara L'Huillier and Dawood Ashraf: "Does a One-Size-Fits-All Approach to Financial Regulations Alleviate Default Risk? The Case of Dual Banking Systems", *Journal of Regulatory Economics*, Volume 53 (2018), pp.37—74.

[96] Naoyuki Yoshino and Farhad Taghizadeh-Hesary: "The Role of SMEs in Asia and Their Difficulties in Accessing Finance", *ADBI Working Paper Series*, No.911, December 2018, pp.14—16.

［97］Nicholas W. Turner："The Financial Action Task Force：International Regulatory Convergence Through Soft Law"，*The New York Law School Law Review*，Volume 59，Issue 3（2015），pp.548—559.

［98］Niels Petersen and Konstantin Chatziathanasiou："Balancing Competences? Proportionality as an Instrument to Regulate the Exercise of Competences after the PSPP Judgment of the Bundesverfassungsgericht"，*European Constitutional Law Review*，Volume 17，Issue 2（2021），pp.318—319.

［99］Niels Petersen："The German Constitutional Court and Legislative Capture"，*International Journal of Constitutional Law*，Volume 12，Issue 3（2014），pp.664—668.

［100］Olga Aloupi："The Bail-in Resolution Tool under the Banking Recovery and Resolution Directive 2014/59：Passing through the clashing rocks of Bilateral Investment Treaties"，*Journal of International Banking Law and Regulation*，Volume 31，Issue 9（2016），p.139.

［101］Oona A. Hathaway："Between Power and Principle：An Integrated Theory of International Law"，*The University of Chicago Law Review*，Volume 72，No.2（2005），pp.469—536.

［102］Peter Majcher："Increased Bank Capital Requirements：Neither Panacea nor Poison"，*Procedia Economics and Finance*，Volume 25（2015），pp.253—255.

［103］Peter Yeoh："Basel IV：International Bank Capital Regulation Solution or the Beginnings of a Solution?"，*Business Law Review*，Volume 39，Issue 5（2018），p.181.

［104］Piet Clement and Ivo Maes："The BIS and the Latin American Debt Crisis of the 1980s"，*National Bank of Belgium Working Paper*，No.247，December 2013，pp.1—5.

[105] Piet Clement and Ivo Maes: "The BIS and the Latin American Debt Crisis of the 1980s", *National Bank of Belgium Working Paper*, No.247, December 2013, pp.1—5.

[106] P. S. Sudarsanam and R. J. Taffler: "Financial Ratio Proportionality and Inter-Temporal Stability: An Empirical Analysis", *Journal of Banking & Finance*, Volume 19, Issue 1 (1995), p.45.

[107] Radek Stech: "Poking the Hornet's Nest: An Analysis of EU Proposals on the Cap on Bankers' Bonuses", *Journal of International Banking Law and Regulation*, Volume 28, Issue 9 (2013), pp.363—367.

[108] Rajkamal Iyer and Manju Puri: "Understanding Bank Runs: The Importance of Depositor-Bank Relationships and Networks", *The American Economic Review*, Volume 102, No.4 (2012), pp.1414—1445.

[109] Reza Siregar: "Macro-Prudential Approaches to Banking Regulation: Perspectives of Selected Asian Central Banks", *ADBI Working Paper Series*, No.325 (2011), pp.23—24.

[110] Richard A. Werner: "A Lost Century in Economics: Three Theories of Banking and the Conclusive Evidence", *International Review of Financial Analysis*, Volume 46 (2016), pp.374—375.

[111] Richard A. Werner: "How do Banks Create Money, and Why can Other Firms not do the Same? An Explanation for the Coexistence of Lending and Deposit-Taking", *International Review of Financial Analysis*, Volume 36 (2014), p.75.

[112] Robert Alexy: "The Construction of Constitutional Rights", *Law and Ethics of Human Rights*, Volume 4, No.1 (2010), pp.21—32.

[113] Robert Stokes: "The Banker's Duty of Confidentiality, Money Laundering and the Human Rights Act", *Journal of Business Law*, 2007, pp.502—526.

［114］Rolf H. Weber and Dominic N. Staiger："Financial Stability Board：Mandate and Implementation of Its Systemic Risks Standards"，*International Journal of Financial Studies*，Volume 2，Issue 1（2014），pp.85—89.

［115］Rolf H. Weber and Dominic N. Staiger："Financial Stability Board：Mandate and Implementation of Its Systemic Risks Standards"，*International Journal of Financial Studies*，Volume 2（2014），p.83.

［116］Romualdo Canini："Central Counterparties are Too Big for the European Securities and Markets Authority（Alone）：Constructive Critique of the 2019 CCP Supervision Regulation"，*European Business Organization Law Review*，Volume 22（2021），pp.673—717.

［117］Russell Cooper and Kalin Nikolov："Government Debt and Banking Fragility：The Spreading of Strategic Uncertainty"，*International Economic Review*，Volume 59，No.4（2018），pp.1905—1925.

［118］Russell Cooper and Thomas W. Ross："Bank Runs：Deposit Insurance and Capital Requirements"，*International Economic Review*，Volume 43，No.1（2002），pp.55—72.

［119］Ryan T. O'Shields："Historic Literature Presages Dodd-Frank Act as A Death Knell for Community Banks"，*Consumer Finance Law Quarterly Report*，2013，pp.1—27.

［120］Salwa Abdelaziz and Mariam Wagdy Francis："Financial Stability and Supervisory Cooperation（SSM in Eurozone—Banking supervisory cooperation in Egypt）"，*Review of Economics and Political Science*，Volume 7，Issue 1（2021），p.26.

［121］Sami Ben Naceur，Jérémy Pépy and Caroline Roulet："Basel III and Bank-Lending：Evidence from the United States and Europe"，*IMF Working Paper*，No.2017/245（2017），pp.22—24.

[122] Sasan Bakhtiari, Robert Breunig, Lisa Magnani and Jacquelyn Zhang: "Financial Constraints and Small and Medium Enterprises: A Review", *IZA Discussion Paper Series*, No. 12936 (January 2020), pp.27—30.

[123] Sideek Mohamed: "National Interests Limiting E.U. Cross-Border Bank Mergers", *European Competition Law Review*, Volume 21 (2000), pp.248—257.

[124] Silvia Miranda-Agrippino and Giovanni Ricco: "The Transmission of Monetary Policy Shocks", *American Economic Journal: Macroeconomics*, Volume 13, No.3 (2021), pp.74—107.

[125] Stavros Gadinis: "The Financial Stability Board: The New Politics of International Financial Regulation", *Texas International Law Journal*, Volume 48, Issue 2 (2013), pp.157—165.

[126] Stefan Brehm and Christian Macht: "Banking Supervision in China: Basel I, Basel II, and the Basel Core Principles", *Zeitschrift für Chinesisches Recht*, Volume 4 (2004), pp.316—327.

[127] Stefan Hohl, Maria Cynthia Sison, Tomas Stastny and Raihan Zamil: "The Basel Framework in 100 Jurisdictions: Implementation Status and Proportionality Practices", *FSI Insights on Policy Implementation*, No.11 (2018), pp.3—29.

[128] Stijn Claessens and Mr. Ayhan Kose: "Financial Crises Explanations, Types, and Implications", *IMF Working Paper*, No.WP/13/28 (2013), pp.11—22.

[129] Stijn Claessens, Ayhan Kose, Luc Laeven and Fabian Valencia: "Financial Crises: Causes, Consequences, and Policy Responses", *International Monetary Fund*, 2014, pp.61—93.

[130] Stijn Claessens, Giovanni Dell'Ariccia, Deniz Igan and Luc Lae-

ven: "Cross-Country Experiences and Policy Implications from the Global Financial Crisis", *Economic Policy*, Volume 25, No. 62, Crisis Issue (2010), pp.267—293.

[131] Surendra Arjoon: "Striking a Balance Between Rules and Principles-based Approaches for Effective Governance: A Risks-based Approach", *Journal of Business Ethics*, Volume 68 (2006), pp.53—82.

[132] Susan Fieldsend, Nicholas Longford and Stuart Mcleay: "Industry Effects and the Proportionality Assumption in Ratio Analysis. A Variance Component Analysis", *Journal of Business Finance & Accounting*, Volume 14, Issue 4 (1987), pp.663—682.

[133] Theoharry Grammatikos and Nikolaos I. Papanikolaou: "What Lies behind the 'Too-Small-To-Survive' Banks?", *Luxembourg School of Finance (LSF) Research Working Paper Series*, No.13—12 (2013), pp.2—14.

[134] Thomas Cottier, Roberto Echandi, Rafael Leal-Arcas, Rachel Liechti, Tetyana Payosova and Charlotte Sieber-Gasser: "The Principle of Proportionality in International Law", *NCCR Trade Working Paper*, No.2012/38 (2012), pp.4—10.

[135] Toni Marzal: "From Hercules to Pareto: of bathos, Proportionality, and EU Law", *International Journal of Constitutional Law*, Volume 15, Issue 3 (2017), pp.637—639.

[136] Viral V. Acharya: "The Dodd-Frank Act and Basel III: Intentions, Unintended Consequences, and Lessons for Emerging Markets", *ADBI Working Paper Series*, No.392, October 2012, pp.22—28.

[137] W. Shan: "Towards a Balanced Liberal Investment Regime: General Report on the Protection of Foreign Investment", *ICSID Review—Foreign Investment Law Journal*, Volume 25, Issue 2 (2010), p.475.

[138] Yun-chien Chang and Xin Dai: "The Limited Usefulness of the

Proportionality Principle", *International Journal of Constitutional Law*, Volume 19，Issue 3（2021），pp.1110—1115.

［139］Zhong Xing Tan："The Proportionality Puzzle in Contract Law：A Challenge for Private Law Theory?"，*Canadian Journal of Law & Jurisprudence*，Volume 33，Issue 1（2020），pp.215—244.

［140］Zsolt Darvas，Dirk Schoenmaker and Nicolas Véron："Reform of the European Union Financial Supervisory and Regulatory Architecture and Its Implications for Asia"，*Bruegel Working Papers 17682*，（2016），pp.5—7.

（三）网络资源

［1］Article 288 of the TFEU，https://eur-lex. europa. eu/legal-content/EN/TXT/HTML/?uri＝CELEX：12012E288&from＝EN，last visited on 25th December 2022.

［2］BCBS："A Brief History of the Basel Committee"，October 2014，http://www.spaeth.ru/HS20152016/artikel_14.pdf，pp.1—3，last visited on 25th December 2022.

［3］BCBS："Amendment to the Capital Accord to Incorporate Market Risks"，10 June 2004，https://www. bis. org/publ/bcbs24. pdf，pp.1—6，last visited on 25th December 2022.

［4］BCBS："Basel Committee Charter"，https://www. bis. org/bcbs/charter.htm?m＝3070，last visited on 25th December 2022.

［5］BCBS："Basel Committee membership"，https://www. bis. org/bcbs/membership.htm，last visited on 25th December 2022.

［6］BCBS："Basel III：A Global Regulatory Framework for more Resilient Banks and Banking Systems"，16 December 2010，https://www. bis.org/publ/bcbs189_dec2010.pdf，para.1，18—19，42，49，50，52，last visited on 25th December.

［7］BCBS："Basel III：Finalising Post-Crisis Reforms"，7 December 2017，https：//www.bis.org/bcbs/publ/d424.pdf，pp.1，3，7—11，38—58，128，last visited on 25th December 2022.

［8］BCBS："Basel II：International Convergence of Capital Measurement and Capital Standards：a Revised Framework"，10 June 2004，https：//www.bis.org/publ/bcbs107.pdf，para.1，4，20—39，644，last visited on 25th December.

［9］BCBS："Core Principles for Effective Banking Supervision"，14 September 2012，https：//www.bis.org/publ/bcbs230.pdf，para.11—18，29—35，41，71，last visited on 25th December 2022.

［10］BCBS："Core Principles Methodology"，5 October 2006，https：//www.bis.org/publ/bcbs130.pdf，p.1，last visited on 25th December 2022.

［11］BCBS："Exchanges of Information between Supervisors of Participants in the Financial Markets"，28 April 1990，https：//www.bis.org/publ/bcbs07a.pdf，pp.1—7，last visited on 25th December 2022.

［12］BCBS："Implementation of Basel Standards：A report to G20 Leaders on implementation of the Basel III regulatory reforms"，July 2017，https：//www.bis.org/bcbs/publ/d412.pdf，pp.4—5.last visited on 25th December 2022.

［13］BCBS："International Convergence of Capital Measurement and Capital Standards"，15 July 1988，https：//www.bis.org/publ/bcbs04a.pdf，para.7，12—14，28，31—32，44，last visited on 25th December 2022.

［14］BCBS："Minimum Standards for the Supervision of International Banking Groups and their Cross-Border Establishments"，28 July 1992，https：//www.bis.org/publ/bcbsc314.pdf，pp.1—6，last visited on 25th December 2022.

[15] BCBS: "Pillar 3 Disclosure Requirements—Updated Framework", 11 December 2018, https://www.bis.org/bcbs/publ/d455.pdf, last visited on 25th December 2022.

[16] BCBS: "Principles for the Supervision of Banks' Foreign Establishments—Concordat", 28 May 1983, https://www.bis.org/publ/bcbsc312.pdf, pp.1—7, last visited on 25th December 2022.

[17] BCBS: "RCAP: Role, Remit and Methodology", https://www.bis.org/bcbs/implementation/rcap_role.htm, last visited on 25th December 2022.

[18] BCBS: "Report on the Regulations that Implement the Basel Capital Framework in China.", 27 September 2013, https://www.bis.org/bcbs/implementation/l2_cn.pdf, pp.5—12, last visited on 25th December 2022.

[19] BCBS: "Report on the Supervision of Banks' Foreign Establishments—Concordat", 28 September 1975, https://www.bis.org/publ/bcbs00a.pdf, pp.1—5, last visited on 25th December 2022.

[20] BCBS: "The Basel Core Principles-Executive Summary", 30 July 2020, https://www.bis.org/fsi/fsisummaries/bcps.pdf, pp.1—3, last visited on 25th December 2022.

[21] BCBS: "The Supervision of Cross-Border Banking", 4 October 1996, https://www.bis.org/publ/bcbs27.pdf, pp.1—29, last visited on 25th December 2022.

[22] BIS: "BIS International Banking Statistics and Global Liquidity Indicators at end-March 2022", 28 July 2022, https://www.bis.org/statistics/rppb2210.pdf, pp.1—2, last visited on 25th December 2022.

[23] BVR (National Association of German Cooperative Banks): Taking Proportionality Seriously—Protecting the Diversity of the Banking Sector, 2015,

https://www.bvr.de/p.nsf/0/794D216D0ED3F93FC1257ED70045A9BC/ $ file/
EN-Positionspapier-Gutachten _ 30092015.pdf, pp.1—6.

［24］Congressional Research Service Report: "An Analysis of the
Regulatory Burden on Small Banks", https://crsreports. congress. gov/
product/pdf/R/R43999, 2015, pp. 1—7, last visited on 25th December
2022.

［25］Council Regulation (EU) No 1024/2013 of 15 October 2013 con-
ferring specific tasks on the European Central Bank concerning policies rela-
ting to the prudential supervision of credit institutions (SSM Regulation),
https:// eur-lex. europa. eu/legal-content/EN/TXT/PDF/? uri = CELEX:
32013R1024&from＝EN, last visited on 25th December 2022.

［26］Directive 2013/36/EU of the European Parliament and of the
Council of 26 June 2013 on access to the activity of credit institutions and
the prudential supervision of credit institutions and investment firms,
amending Directive 2002/87/EC and repealing Directives 2006/48/EC and
2006/49/EC Text with EEA relevance (CRD IV), https://eur-lex.europa.
eu/legal-content/EN/TXT/PDF/?uri＝CELEX: 32013L0036&from＝EN,
last visited on 25th December 2022.

［27］ECB: Banking Union, https://www.bankingsupervision.europa.
eu/about/bankingunion/html/index. en. html ♯:～:text ＝ The％20banking％
20union％20is％20an, and％20safer％20market％20for％20banks., last visi-
ted on 25th December 2022.

［28］ECB Legal Conference 2017—Shaping a new legal order for Eu-
rope: a tale of crises and opportunities, 4—5, September 2017, pp.126—127,
https://www. ecb. europa. eu/pub/pdf/other/ecblegalconferenceproceed-
ings201712.en.pdf, last visited on 25th December 2022.

［29］ECB: LSI Supervision Report 2022, https://www.bankingsupervision. europa. eu/ecb/pub/html/LSIreport/ssm. LSIreport2022~aac442c1a3. en. html#toc3，last visited on 25th December 2022.

［30］Euro Area Summit Statement：https://www.consilium.europa. eu/uedocs/cms _ data/docs/pressdata/en/ec/131359. pdf，29 June 2012， last visited on 25th December 2022.

［31］European Commission：Capital movements，https://ec.europa. eu/info/business-economy-euro/banking-and-finance/financial-markets/capital-movements _ en，last visited on 25th December 2022.

［32］European Parliament：European System of Financial Supervision （ESFS），https://www. europarl. europa. eu/factsheets/en/sheet/84/euro-pean-system-of-financial-supervision-esfs-，last visited on 25th December 2022.

［33］First Council Directive 77/780/EEC of 12 December 1977 on the coordination of the laws，regulations and administrative provisions relating to the taking up and pursuit of the business of credit institutions，https://eur-lex. europa. eu/legal-content/EN/TXT/PDF/? uri ＝ CELEX：31977L0780&from＝ EN ，last visited on 25th December 2022.

［34］FSA："Principles Based Regulation：Focusing on the Outcomes that Matter"，http://www.fsa.gov.uk/pubs/other/principles.pdf，last vis-ited on 25th December 2022.

［35］FSB website：http://www. fsb. org/about/fsb-members/，last visited on 25th December 2022.

［36］FSB website：http://www.fsb.org/what-we-do/，last visited on 25th December 2022.

［37］Gary S. Corner，"The Changing Landscape of Community Banking"， Central Banker，Fall 2010，https://www. stlouisfed. org/publications/central-banker/fall-2010/the-changing-landscape-of-community-banking，last visited on

25th December 2022.

［38］G20 Leaders Statement：The Pittsburgh Summit（September 24—25，2009，Pittsburgh）Preamble paragraph 19，http://www. g20. utoronto. ca/2009/2009communique0925. html，last visited on 25th December 2022.

［39］G20 website：https://www.g20.org/Webs/G20/EN/G20/Agen-da/agenda_node.html，last visited on 25th December 2022.

［40］International Cooperative Banking Association："Regulation and Sustainability of Cooperative Bank：A Cross Country Study"，https://www. ica. coop/sites/default/files/news-item-attachments/full-report-regu-lation-and-sustainability-final-2124565230. pdf，pp. 49—55，last visited on 25th December 2022.

［41］International Monetary Fund：Financial Sector Assessment Pro-gram（FSAP），https://www. imf. org/en/Publications/fssa，last visited on 25th December 2022.

［42］Jacques de Larosière："The High-Level Group on Financial Su-pervision in the EU"，2009，https://ec.europa.eu/economy_finance/pub-lications/pages/publication14527_en.pdf，last visited on 25th December 2022.

［43］Lamfalussy Report，https://www. esma. europa. eu/sites/default/files/library/2015/11/lamfalussy_report.pdf，last visited on 25th December 2022.

［44］OECD：Better civil justice systems can boost investment，compe-tition，innovation and growth，https://www. oecd. org/economy/better-civiljusticesystemscanboostinvestmentcompetitioninnovationandgrowthoecdsays. htm，last visited on 25th December 2022.

［45］Proposal for a DIRECTIVE OF THE EUROPEAN PARLIAMENT

AND OF THE COUNCIL amending Directive 2013/36/EU as regards exempted entities, financial holding companies, mixed financial holding companies, remuneration, supervisory measures and powers and capital conservation measures, COM/2016/0854 final-2016/0364 (COD), https://eur-lex.europa.eu/legal-content/EN/TXT/PDF/? uri = CELEX: 52016PC0854&from = EN, last visited on 25th December 2022.

[46] Proposal for a REGULATION OF THE EUROPEAN PARLIA-MENT AND OF THE COUNCIL amending Regulation (EU) No.575/2013 as regards the leverage ratio, the net stable funding ratio, requirements for own funds and eligible liabilities, counterparty credit risk, market risk, exposures to central counterparties, exposures to collective investment undertakings, large exposures, reporting and disclosure requirements and amending Regulation (EU) No.648/2012, COM/2016/0850 final-2016/0360 (COD), https://eur-lex.europa.eu/resource.html?uri=cellar: 9b17b18d-cdb3-11e6-ad7c-01aa75ed71a1.0001.02/DOC _ 1&format=PDF, last visited on 25th December 2022.

[47] PwC: " 'Basel IV': Big Bang—or the Endgame of Basel III? BCBS Finalises on Risk-Weighted Assets (RWA) ", December 2017, https://www.pwc.com/il/he/bankim/assets/2018/basel-iv-big-bang-or-endgame-of-basel-iii-201712.pdf, p.9, last visited on 25th December 2022.

[48] PwC New Zealand: "Financial Markets Authority Efficiency, Effectiveness and Baseline Review, Final Report", https://www.mbie.govt.nz/assets/final-report-financial-markets-authority-efficiency-effectiveness-and-baseline-review.pdf, 2019, p.28, last visited on 25th December 2022.

[49] PwC UK: "Being Better Informed: FS Regulatory Bulletin", https://www.pwc.co.uk/financial-services/assets/pdf/being-better-informed-march-2022.pdf, 2022, pp.4—8, last visited on 25th December 2022.

［50］ Regulation （EU） No 468/2014 of the European Central Bank of 16 April 2014 establishing the framework for cooperation within the Single Supervisory Mechanism between the European Central Bank and national competent authorities and with national designated authorities （ SSM Framework Regulation ） （ECB/2014/17）, https：//eur-lex. europa. eu/ legal-content/EN/TXT/PDF/？uri ＝ CELEX： 32014R0468&from ＝ EN, pp.17—18, last visited on 25th December 2022.

［51］ Second Council Directive 89/646/EEC of 15 December 1989 on the coordination of laws, regulations and administrative provisions relating to the taking up and pursuit of the business of credit institutions and amending Directive 77/780/EEC, https：//eur-lex.europa.eu/legal-content/EN/ TXT/PDF/？uri＝CELEX： 31989L0646&from＝EN, last visited on 25th December 2022.

［52］ Summit of the Euro Area Countries： Declaration on a Concerted European Action Plan of the Euro Area Countries, 2008, https：//ec.europa. eu/economy＿finance/publications/pages/publication13260＿en.pdf, last visited on 25th December 2022.

［53］ The Single Rulebook： https：//www. eba. europa. eu/regulation-and-policy/single-rulebook, last visited on 25th December 2022.

［54］ Thorsten Beck and Liliana Rojas-Suarez： "Making Basel III Work for Emerging Markets and Developing Economies： A CGD Task Force Report", April 2019, https：//www.cgdev.org/sites/default/files/making-basel-iii-work-emerging-markets-developing-economies. pdf, pp. 43—56, last visited on 25th December, 2022.

［55］ Treaty establishing a Constitution for Europe, Official Journal of the European Union, C 310, 16 December 2004, http：//publications.europa. eu/resource/cellar/7ae3fd7e-8820-413e-8350-b85f9daaab0c.0005.02/DOC＿

1，pp.14—15，last visited on 25th December 2022.

［56］Treaty of Lisbon amending the Treaty on European Union and the Treaty establishing the European Community，signed at Lisbon，13 December 2007，OJ C 306，17.12.2007，http://publications. europa. eu/resource/ cellar/688a7a98-3110-4ffe-a6b3-8972d8445325.0007.01/DOC＿19，pp.12— 13，last visited on 25th December 2022.

［57］World Bank：Assessment Standards and Tools of Financial Sector Assessment Program （FSAP），https://www. worldbank. org/en/ programs/financial-sector-assessment-program ♯ 2，last visited on 25th December 2022.

（四）判例

ECJ

［1］Judgment of the Court （First Chamber） of 9 June 2016，*Giovanni Pesce and Others v. Presidenza del Consiglio dei Ministri-Dipartimento della Protezione Civile and Others*，Joined Cases C-78/16 and C-79/16，para.20.

［2］Judgment of the Court （First Chamber） of 2 October 2019，*Crédit Mutuel Arkéa v European Central Bank*，Joined Cases C-152/18 P and C-153/18 P，para.15—27，201—202.

［3］Judgment of the Court （Grand Chamber） of 11 December 2018，*Proceedings brought by Heinrich Weiss and Others*，*Request for a preliminary ruling from the Bundesverfassungsgericht*，Case C-493/17，para. 16—111.

［4］Judgment of the Court （Grand Chamber） of 5 November 2019，*European Central Bank （ECB） and Others v. Trasta Komercbanka and Others*，Joined Cases C-663/17 P，C-665/17 P and C-669/17 P，para.19.

［5］Judgment of the Court （Grand Chamber） of 9 November 2010，*Volker und Markus Schecke GbR （C-92/09） and Hartmut Eifert （C-93/*

09）*v. Land Hessen*，Joined cases C-92/09 and C-93/09，para.86—87.

［6］Judgment of the Court of 17 December 1970，*Internationale Handelsgesellschaft mbH v. Einfuhr- und Vorratsstelle für Getreide und Futtermittel. Reference for a preliminary ruling*：*Verwaltungsgericht Frankfurt am Main—Germany*，Case 11—70，pp.1128—1132.

［7］Judgment of the Court of 5 February 1963，*NV Algemene Transport- en Expeditie Onderneming van Gend & Loos v. Netherlands Inland Revenue Administration*，Reference for a preliminary ruling：Tariefcommissie—Netherlands，Case 26—62，para.1—6.

［8］Judgment of the Court of 21 September 1989，*Hoechst AG v. Commission of the European Communities*，Joined cases 46/87 and 227/88，para.2&62.

［9］Judgment of the General Court（Fourth Chamber，Extended Composition）of 16 May 2017，*Landeskreditbank Baden-Württemberg—Förderbank v. European Central Bank*，Case T-122/15，para. 1—7，67—68.

［10］Judgment of the General Court（Second Chamber，Extended Composition）of 11 May 2022，*Finanziaria d'investimento Fininvest SpA（Fininvest）and Silvio Berlusconi v. European Central Bank*，Case T-913/16，para.27—177.

ICSID

［1］*CMS Gas Transmission Company v. The Republic of Argentina*，ICSID Case No.ARB/01/8.

［2］*LG&E Energy Corp.*，*LG&E Capital Corp.*，*and LG&E International*，*Inc. v. Argentine Republic*，ICSID Case No.ARB/02/1.

［3］*Técnicas Medioambientales Tecmed*，*S. A. v. The United Mexican States*，ICSID Case No. ARB（AF）/00/2.

[4] *Total S. A. v. The Argentine Republic*, ICSID Case No. ARB/04/01.

[5] *Urbaser S. A. and Consorcio de Aguas Bilbao Bizkaia*, *Bilbao Biskaia Ur Partzuergoa v. The Argentine Republic*, ICSID Case No. ARB/07/26.

ECtHR

[1] *Handyside v. The United Kingdom*, Judgment (July 12, 1976).

[2] *Iatridis v. Greece*, No.31107/96, Judgement (March 25, 1999).

[3] *James and Others v. The United Kingdom*, No.8793/79, Judgement (February 21, 1986).

[4] *Lithgow and Others v. the United Kingdom*, No.9006/80; 9262/81; 9263/81; 9265/81; 9266/81; 9313/81; 9405/81, Judgement (July 8, 1986).

[5] *Matos e Silva*, *Lda.*, *and Others v. Portugal*, No.15777/89, Judgement (September 16, 1996).

[6] *Mellacher and Others v. Austria*, No. 10522/83; 11011/84; 11070/84, Judgement (February 21, 1986).

[7] *Naci Akkuş and Necmi Akkuş v. Turkey*, No.10443/08, Final Judgement (February 3, 2012).

[8] *OAO Neftyanaya Kompaniya Yukos v. Russia*, No.14902/04, Final Judgement (March 8, 2012).

[9] *Pressos Compañía Naviera and Others v. Belgium*, No.17849/91, Judgment (November 20, 1995).

[10] *Schembri and Others v. Malta*, No.42583/06, Final Judgement (February 21, 2011).

[11] *Sporrong and Lönnroth v. Sweden*, No. 7151/75; 7152/75, Judgment (September 23, 1982).

［12］ *Vaskrsić v. Slovenia*，No.31371/12，Judgement（April 25，2017）.

［13］ *Wendenburg and others v. Germany*，No. 71630/01，Decision（February 6，2003）.

［14］ *Zelenchuk and Tsytsyura v. Ukraine*，Nos. 846/16 &1075/16，Final Judgement（August 22，2018）.

图书在版编目(CIP)数据

《巴塞尔协议》体系中的比例原则研究 / 曲光毅著.
上海 : 上海人民出版社,2024. -- (国际法与涉外法治
文库). -- ISBN 978-7-208-19154-9

Ⅰ. F831.2

中国国家版本馆 CIP 数据核字第 2024RG6946 号

责任编辑 罗俊华
封面设计 谢定莹

国际法与涉外法治文库

《巴塞尔协议》体系中的比例原则研究

曲光毅 著

出	版	上海人民出版社
		(201101 上海市闵行区号景路 159 弄 C 座)
发	行	上海人民出版社发行中心
印	刷	上海商务联西印刷有限公司
开	本	720×1000 1/16
印	张	16
插	页	4
字	数	216,000
版	次	2024 年 11 月第 1 版
印	次	2024 年 11 月第 1 次印刷

ISBN 978 - 7 - 208 - 19154 - 9/D・4397

定	价	78.00 元

国际法与涉外法治文库